三联·哈佛燕京学术丛书
学术委员会：

季羡林　李学勤
　（主任）

李慎之　苏国勋

厉以宁　陈　来

刘世德　赵一凡
　　　　（常务）

王　蒙

李开元 著

汉帝国的建立与刘邦集团

军功受益阶层研究

增订版

The Establishment of the Han
Empire and the Group of
Liu Bang:

Studies on the
Military Meritocracy

(Revised and Enlarged Edition)

生活・讀書・新知 三联书店

Copyright © 2023 by SDX Joint Publishing Company.
All Rights Reserved.

本作品版权由生活·读书·新知三联书店所有。
未经许可，不得翻印。

图书在版编目（CIP）数据

汉帝国的建立与刘邦集团：军功受益阶层研究／李开元著．—增订本．—北京：生活·读书·新知三联书店，2023.1 （2025.2 重印）
（三联·哈佛燕京学术丛书）
ISBN 978－7－108－07396－9

Ⅰ．①汉…　Ⅱ．①李…　Ⅲ．①官制－研究－中国－汉代
Ⅳ．① D691.42

中国版本图书馆 CIP 数据核字（2022）第 053513 号

责任编辑	张　龙
装帧设计	蔡立国
责任校对	曹秋月
责任印制	董　欢
出版发行	生活·讀書·新知 三联书店
	（北京市东城区美术馆东街 22 号 100010）
网　　址	www.sdxjpc.com
经　　销	新华书店
制　　作	北京金舵手世纪图文设计有限公司
印　　刷	鸿博昊天科技有限公司
版　　次	2023 年 1 月北京第 1 版
	2025 年 2 月北京第 5 次印刷
开　　本	880 毫米 × 1230 毫米　1/32　印张 11.375
字　　数	275 千字
印　　数	26,001－31,000 册
定　　价	69.00 元

（印装查询：01064002715；邮购查询：01084010542）

三联·哈佛燕京学术丛书
从1994年创始至今,
二十年来,推出了近百种中青年学者的学术论著。

◆

本丛书由哈佛大学哈佛-燕京学社
（Harvard-Yenching Institute）
和生活·读书·新知三联书店共同负担出版资金,
保障作者版权权益。

◆

本丛书邀请国内资深专家组成编审委员会,
依照严格的专业标准评审遴选,定出每辑书目。
丛书保证学术品质,力求建立有益的学术规范与评审制度。

◆

展望未来,
本丛书将一如既往,稳健地推出新著,
为中文学术的繁荣发展竭尽绵薄。

目 录

增订版序 ··· 001

序　方法论和问题意识 ·· 003
　第一节　中华帝国问题 ··· 003
　第二节　西嶋旧说之启示 ·· 005
　第三节　高层史学与研究方法之设定 ······························ 009
　第四节　中层史学与典型王朝及典型集团之选取 ··············· 011
　第五节　基层史学与原典史料之运用 ····························· 013
　第六节　统计例证法 ··· 017
　第七节　理论工具论 ··· 019
　第八节　理论脱离实际 ·· 023
　第九节　理论和实际的差异提供了知识进步的空间 ············ 026
　第十节　3＋N 的历史学知识构成 ································· 029

第Ⅰ章　汉初军功受益阶层之形成 ································ 035
　第一节　释"高帝五年诏" ·· 035
　　一、"高帝五年诏"之史料来源 ································· 035
　　二、"诸侯子"之解读 ·· 039
　　三、"高帝五年诏"之考析 ······································ 043
　第二节　秦楚汉间的爵制变动 ······································ 053
　　一、秦楚汉间的军功爵 ··· 053

二、关于"韩信申军法" ····················· *058*

　第三节　汉初军功受益阶层之形成 ················ *060*

　　一、西汉初年的军功爵赏制 ··················· *060*

　　二、汉初军功受益阶层之形成 ·················· *068*

第2章　汉初军功受益阶层之兴衰与社会阶层之变动 ······· *073*

　第一节　汉代官僚的类型划分 ··················· *073*

　第二节　汉初军功受益阶层的起伏升降轨迹 ············ *077*

　第三节　汉初一百二十年间社会阶层的变动轨迹 ········· *083*

第3章　秦末汉初的王国 ······················ *087*

　第一节　秦楚汉间的历史特点 ··················· *087*

　　一、秦楚汉间的国际关系 ···················· *087*

　　二、秦楚汉间的政治类型 ···················· *089*

　第二节　秦楚汉间的王国 ····················· *092*

　　一、陈涉之复国建王与平民王政 ················· *092*

　　二、怀王之王政复兴与贵族王政 ················· *095*

　　三、项羽之众建列国与军功王政 ················· *097*

　第三节　汉初之王国 ························ *102*

　　一、异姓诸侯王与军功王政之延续 ················ *102*

　　二、同姓诸侯王与新贵族王政之兴起 ·············· *104*

　　三、吕氏封王与新贵族王政之扩大 ················ *107*

　　四、文帝即位与诸侯王国之调整 ················· *110*

　　五、景帝在位与诸侯王国之郡县化 ················ *115*

　第四节　汉之王国分封起源于楚说 ················· *118*

　　一、汉之王国分封与周之诸侯分封无直接关系 ·········· *118*

　　二、汉之异姓王国分封乃楚之王国分封的承续 ·········· *122*

三、汉之同姓王国分封乃异姓王国分封之改进……… 125

第4章 汉初军功受益阶层与西汉政权之建立……… 131
第一节 刘邦集团的发展阶段性……… 131
一、群盗集团期……… 132
二、楚国郡县期……… 134
三、汉王国期……… 135
四、汉帝国期……… 136

第二节 汉政权之法统渊源……… 137
一、张楚法统与沛县政权……… 137
二、怀王之约与汉国王政……… 140

第三节 汉帝国皇权之起源……… 146
一、定陶即位……… 146
二、功与德——刘邦即皇帝位之理念……… 148
三、"共天下"与有限皇权……… 153

第5章 刘邦集团之地域构成……… 159
第一节 前期刘邦集团之地域构成……… 159
一、地域移动之概况……… 159
二、地域构成之统计……… 162
三、丰沛元从集团……… 168
四、砀泗楚人集团……… 172

第二节 后期刘邦集团之地域构成……… 177
一、地域移动之概况……… 177
二、地域构成之统计……… 180
三、楚人集团之连续性……… 183
四、秦人集团……… 186

五、多国合纵集团 188

第6章　汉初军功受益阶层与汉代政治 192
第一节　高帝政治与汉初军功受益阶层 192
　　一、栗原朋信说之检讨 193
　　二、盟和誓之语意 199
　　三、封爵之誓分析 201
　　四、白马之盟及其历史背景 204
第二节　吕后政治与汉初军功受益阶层 209
　　一、汉初的政府和宫廷 209
　　二、吕后宫廷之形成 214
　　三、汉初丞相之任选与汉初军功受益阶层之关系 220
第三节　文帝政治与汉初军功受益阶层 227
　　一、文帝即位与代国旧臣 227
　　二、列侯之国与侯国迁移 230
　　三、贾谊左迁与新旧对立 234
第四节　景帝政治与汉初军功受益阶层 239
　　一、法吏集团之兴起 239
　　二、军吏集团之兴起 243
　　三、周亚夫之死与专制皇权之形成 246

结　语 251
第一节　军功受益阶层论 251
　　一、汉初军功受益阶层概论 251
　　二、军功受益阶层通论 254
第二节　汉帝国国家论 259
　　一、汉帝国之起源 259

二、有限皇权 ……………………………………………… 262
　　三、联合帝国 ……………………………………………… 264
第三节　汉帝国政治论 ………………………………………… 268
　　一、马上天下与军功政治 ………………………………… 268
　　二、无为而治与有限皇权 ………………………………… 270
　　三、秦楚汉之历史连续性 ………………………………… 275
　　四、后战国时代论 ………………………………………… 280

附　录

高帝—武帝期间三公九卿、王国相及郡太守表 ……………… 284
《商君书·境内篇》为秦军法残文说 ………………………… 307
　　一、关于《商君书》及《境内篇》的诸研究 …………… 307
　　二、《境内篇》为秦军法残文说 ………………………… 308
　　三、《境内篇》与汉"军法"及上孙家寨汉简的
　　　　对照研究 ……………………………………………… 311

主要参考文献 …………………………………………………… 326
索　引 …………………………………………………………… 335
后　记 …………………………………………………………… 344

The Establishment of the Han Empire and the Group of Liu Bang:
—Studies on the Military Meritocracy

Contents

Preface to the Revised Edition

Introduction

    I. The Problem of the Chinese Empire

    II. The Insightful Thesis Advanced by Nisijima

    III. Historiography at the Highest Level: the Methodological Orientation

    IV. Historiography at the Middle Level: the Selection of Typical Dynasty and Groups

    V. Historiography at the Lowest Level: the Use of Original Sources

    VI. Statistics and Selective Examples

    VII. The Utility of Theories

    VIII. Incompatibility between Theory and Reality

    IX. The Difference between Theory and Reality Providing the Opportunity of Advances in Knowledge

    X. The Composition of Historical Knowledge from 3 plus N Perspectives

Chapter I   The Formation of New Military Meritocracy at the Beginning of the Han Dynasty

    I. On the Imperial Edict of the 5th Year of Emperor Gao

        1. Its Sources

        2. The Interpretations of Zhuhouzi

        3. Comments

Ⅱ. The Changes in the Aristocratic Orders between Qin, Chu and Han

    1. Military Orders in Qin, Chu and Han

    2. Han Xin Recapitulated Older Military Laws

Ⅲ. The Formation of New Military Meritocracy

    1. Military Orders at the Beginning of Han

    2. The Formation of the New Military Meritocracy

Chapter 2   The New Military Meritocracy and the Social Classes

Ⅰ. Types of Bureaucrats in the Han Dynasty

Ⅱ. The Rise and Fall of New Military Meritocracy

Ⅲ. The Changes among Social Classes during the First 120 Years of Han

Chapter 3   Kingdoms at the End of Qin and the Beginning of Han

Ⅰ. From Qin, Chu to Han: Historical Peculiarities

    1. International Relations

    2. Political Structures

Ⅱ. Form Qin, Chu to Han: Kingdoms

    1. Chen She's Restoration of Monarchy and the Kingship of Commoners

    2. Huai Wang and the Kingship of Aristocracy

    3. Xiang Yu's Establishment of Kingdoms and the Military Kingship

Ⅲ. Kingdoms at the Beginning of Han

    1. Kings outside the Family of Liu and the Continuation of Military Kingship

    2. Kings within the Family of Liu and the Rise of New Aristocratic Kingship

    3. Kings from the Family of Lü and the Expansion of Aristocratic Kingship

    4. Emperor Wen and the Adjustments among the Kingdoms

    5. Emperor Jing and the Substitution of Kingdoms with Jun and Xian

Ⅳ. The Thesis that the Kingdoms of Han Originated from Chu

    1. No Connection between Han and Zhou in the Establishment of Kingdoms

    2. Continuation between Chu and Han in the Establishment of Kingdoms

outside the Clan of Liu

3. Innovations in the Establishment of the Kingdoms within the Family of Liu

Chapter 4　New Military Meritocracy and the Political Power of Western Han Dynasty

Ⅰ. The Clique of Liu Bang: The Periods of Its Development

1. The Period of Rebellion

2. The Period of Chu Xian and Chu Jun

3. The Period of the Han Kingdom

4. The Period of the Han Empire

Ⅱ. The Sources of Law in the Han Empire

1. Zhang Chu Jurisdiction and Pei Xian Government

2. The Agreement with Huai Wang and The Kingdom of Han

Ⅲ. The Origin of Political Authority for the Han Empire

1. Enthronement at Dingtao

2. Accomplishments and Virtues: Why Liu Bang Became an Emperor

3. Constitutional Monarchy

Chapter 5　Geographical Background of the Clique of Liu Bang

Ⅰ. At the Earlier Stage

1. Changes in the Geographical Background

2. Statistics in the Geographical Background

3. The Primary Group of Feng Pei

4. The Group of Dang Si

Ⅱ. At the Later Stage

1. Changes in the Geographical Background

2. Statistics in the Geographical Background

3. The Tenacity of the Group of Chu Men

4. The Group of Qin Men

        5. The Mixed Group

    Chapter 6   New Military Meritocracy and the Politics in the Han Dynasty

        Ⅰ. The Reign of Emperor Gao and the New Military Meritocracy

            1. A Discussion on the Thesis of Kulihara Tomonobu

            2. The Implications of Covenant and Oath

            3. An Analysis of the Oath in Receiving Aristocratic Orders

            4. The Bai-ma Covenant and Its Historical Background

        Ⅱ. Empress Lü and the New Military Meritocracy

            1. The Court and the Government at the Beginning of Han

            2. The Court under Empress Lü

            3. The Appointment of Prime Ministers and the Influence of the New Military Meritocracy

        Ⅲ. The Reign of Emperor Wen and the New Military Meritocracy

            1. The Enthronement of Emperor Wen and His Officials from the Kingdom of Dai

            2. Hou Demesnes and Their Changes

            3. Demotion and Exile of Jia Yi and the Confrontation between the Old and the New Group

        Ⅳ. The Reign of Emperor Jing and the New Military Meritocracy

            1. The Rise of Judicial Bureaucracy

            2. The Rise of Military Bureaucracy

            3. The Death of Zhou Yafu and the Formation of Absolutist Monarchy

Conclusion

        Ⅰ. Some Comments on the New Military Meritocracy

            1. The New Military Meritocracy at the Beginning of Han

            2. A General Survey of the New Military Meritocracy

        Ⅱ. Some Comments on the Han Empire

1. On the Origin of the State

2. On the Constitutional Monarchy

3. On the Federated Empire

III. Some Comments on the Political Life in the Han Empire

1. Military Conquest and the Rule of Military Meritocracy

2. The Policy of Wuweierzhi and the Constitutional Monarchy

3. The Historical Continuation between Qin, Chu and Han

4. On the Post-Warring States Era

Appendixes

The Table of Major Officials from the Reign of Emperor Gao to that of Emperor Wu

The Article *Inside the Border* in *Book of Lord Shang* is a Residual of Qin Military Laws

References

Index

Epilogue

增订版序

这本书的底稿,是我的博士论文。日文和中文的初版,都在2000年。

经过二十余年的时间检验,本书的学术价值,依然不减。三联书店以精装的形式再出增订版,就是其验证之一。

相对于旧版,新版增添了以下内容:

一、序章之方法论和问题意识,在原有七节的基础上,增加了三节:第八节,理论脱离实际;第九节,理论和实际的差异提供了知识进步的空间;第十节,3+N的历史学知识构成。都是多年以来,我继续理论思考的结晶。

二、结语增加了"后战国时代论"一文。"后战国时代"的概念,在初版第3章第一节之一"秦楚汉间的国际关系"中已经提出来了,但没有展开做理论概括,新版弥补了这个遗憾。"后战国时代"与"军功受益阶层"并列,是本书最重要的两个基本理论概念。

三、附录增加了"《商君书·境内篇》为秦军法残文说"。该文原为日文,附在本书日文版的附录中。这次增补在中文版中,使本书的基本论据更加完整。

本书中文版售罄以来,多家出版社表示有意再版,我都没有答应。一个原因是我忙于历史叙事的转型;另一个原因是我想做较大的修改,将这些年来新发现的出土史料和新的研究成果吸收进来。

然而，着手修订时，我发现几乎不可能实现这一想法。全书原本自成体系，一旦改动将涉及整体变更，可谓牵一发而动全身。于是作罢，除了订正错误外，基本上不做改动，只做个别必要的增改。

在这些增改中，有一点值得提一下。本书初版刊行于 2000 年 3 月。我根据《汉书·高帝纪》所载的"高帝五年诏"，首次提出了一个大胆的推想，西汉初年，汉朝政府曾经实行过大规模授田的政策，是军功受益阶层得以成立的经济基础。2001 年 11 月，《张家山汉墓竹简（二四七号墓）》由文物出版社出版，其《二年律令·户律》，完全证实了我的推想。这是笔者深引以为自豪的典型案例，其意义不仅在实证研究中，也在理论思考上。在新版中，我将这一新的史料及其研究成果补充进去了。

另外，这本增订版紧接着笔者的新著《汉兴：从吕后到汉文帝》（2021 年，三联书店）推出，别有一番意味。历史学是有科学基础的人文学科。研究与叙事，是支撑历史学的两轮，同体并重，交相辉映。《汉帝国的建立与刘邦集团：军功受益阶层研究》是科学主义的历史研究，《汉兴：从吕后到汉文帝》是人文主义的历史叙事。两本内容紧密相关、形式迥然不同的书前后相继出版，体现了笔者多年的追求：研究与叙事齐举，科学与艺术并重。

2022 年 5 月 6 日

序

方法论和问题意识

第一节 中华帝国问题

公元前221年,秦始皇统一六国,建立了秦帝国。从此以后,中国历史结束了远古以来的列国并立,进入了统一的帝国时代。公元1912年,清朝最后一位皇帝宣统帝退位,清帝国灭亡,中国历史之帝国时代宣告结束。从秦始皇到宣统帝,中国历史之帝国时代持续了二千余年之久。在这二千余年里,虽然历史有无数变化,社会有种种变迁,秦始皇所开创的皇权官僚集权体制却没有本质性的改变,同时,在皇权官僚集权体制持续稳定的基础上,王朝交替反复进行,成为同期中国历史的另一恒定特点。可以说,帝国时代的中国二千余年的历史,从政治形态上看,是皇权官僚集权体制下的王朝循环的历史。

二千年中国历史的这种特点,在世界历史中找不到类似的例子,长久以来,吸引了中外关注中国历史的学者们的注意,成为学术史上若干重要课题的起点。在西欧,对此问题的关注,形成了所谓东方专制主义和亚洲停滞论的议题,其脉络可以从孟德斯鸠、黑格尔、马克思,一直追寻到20世纪的韦伯和魏特夫。❶ 在中国，该问题演化为中国历史之分期、专制主义中央集权长期延续等问题，其问题意识可以从 20 世纪 30 年代首开中国社会史论战的陶希圣开始，经郭沫若、侯外庐等，一直到 70 年代的中国史学界。❷ 在日本，基于同样的问题意识，从 50 年代到 70 年代，围绕着时代区分和古代帝国的问题，有激烈的论辩和丰富的研究，其代表人物从西嶋定生开始，可以举出增渊龙夫、守屋美都雄、滨口重国、木村正雄，一直到好并隆司、尾形勇等。90 年代，渡边信一郎再次将此问题提出探讨❸。对于该问题的缘起由来、评价批判，世间已有多种论著，笔者有意另拟他文以详细讨

---

❶ 诸氏关于该问题之论述，主要见于以下各书：モンテスキュー『法の精神』第一部第三编第八、九章，『世界の大思想』16，根岸国孝訳，河出書房新社，1966 年；ヘーゲル『歴史哲学』，武市健人訳，岩波文庫，1971 年；マルクス『資本主義的生産に先行する諸形態』，手島正毅訳，国民文庫，大月書店，1963 年；マックス・ヴェーバー『支配の社会学』，世良晃志郎訳，創文社，1960 年；ヴィットフォーゲル『東洋的社会の理論』，森谷克己、平野太郎訳編，日本評論社，1939 年。

❷ 诸氏关于该问题之论述，主要见于以下各书：陶希圣《中国社会之史的分析》，新生命书局，1928 年；郭沫若《中国古代社会研究》，联合书店，1930 年；侯外庐《中国古代社会史论》，人民出版社，1955 年；侯外庐《中国封建社会史论》，人民出版社，1979 年。关于该问题之综合性评述，中国大陆方面的可以参见林甘泉等编《中国古代分期讨论五十年》，上海人民出版社，1982 年。中国台湾方面的可以参见郑学稼《社会史论战的起因和内容》，中华杂志丛书。近年，杜正胜《古代社会与国家》（允晨文化有限公司，1992 年）所收之《中国社会史研究的探索》中，对此也有综述。

❸ 诸氏关于该问题之论述，主要见于以下各书：鈴木俊、西嶋定生編『中国史の时代区分』，東京大学出版会，1983 年；西嶋定生『中国古代帝国の形成と構造——二十等爵制の研究』，東京大学出版会，1961 年；増淵龍夫『中国古代の社会と国家』，岩波書店，1996 年；木村正雄『中国古代帝国の形成』，不昧堂社，1965 年；守屋美都雄『中国古代の家族と国家』，東洋史研究会，1968 年；濱口重国『秦漢隋唐史の研究』，東京大学出版会，1966 年；濱口重国『唐王朝の賎人制度研究』，東洋史研究会，1966 年；好并隆司『秦漢帝国史研究』，未来社，1978 年；尾形勇『中国古代の家と国家』，岩波書店，1979 年；渡邊信一郎『中国古代国家の思想構造』，校倉書房，1994 年。日本学界关于该问题的研究综述，可参见刘俊文编《日本学者研究中国史论著选译》二（中华书局，1993 年）附录，谷川道雄和东晋次等学者之评论。

论，在此不再赘述。

如上所述，在中国历史上持续了二千余年之久的皇权官僚集权体制下的王朝循环，从世界史的角度着眼，是独一无二的特殊现象，从中国史的角度着眼，则是中国历史的最为基本的特点之一。为了论述的方便，笔者把该问题之整体用"中华帝国问题"一语来加以概括。也就是说，中华帝国问题，就是对于从秦王朝到清末，在中国历史上延续了二千年之久的皇权官僚集权体制下的王朝循环之认识和研究。

很明显，笔者所谓的中华帝国问题，从问题的内容上看，首先是基于政治角度的帝国形态史研究。因而，从政治体制的角度上看，中华帝国时代直接承继了先秦列国并立的时代，最终为民国以来的共和时代所取代，其时代之区分是一清二楚的。进而，如果我们把时间跨越二千年之久的中华帝国问题当作一个整体来看待的话，自然就面临着其起源、机制、结构，其发展、变化、衰退，其与先前时代的承接，与尔后时代的联系等一系列问题。同时，中华帝国问题既然是关于有二千年之久的特定历史时代的认识和研究，其内容又是不仅限于政治，而且将广泛涉及社会、文化、经济和对外关系诸方面的。因此之故，对于中华帝国问题这样一个庞大的课题，从何处着手进行研究，显然是一个首先必须解决的问题。

第二节　西嶋旧说之启示

1949年，西嶋定生发表了《中国古代帝国形成考察之一——

汉高祖与其功臣集团》❶，在这篇论文中，西嶋注意到《史记》和《汉书》功臣表所记载的，早年随同刘邦起兵的功臣们多出身卑下，他们在刘邦集团结成之初，多以客、中涓、舍人、卒的称号居于刘邦之下。西嶋进一步从个人出身之阶级属性分析说，客之身份相当于拟制的家族成员，中涓、舍人、卒皆相当于家内奴隶，他们和集团首领刘邦之间，以一种父家长性的家内奴隶制方式相结合，组成了初期刘邦集团。初期刘邦集团的结构性质，也由此而被规定。

在此基础上，西嶋展开其说，认为：自春秋、战国以来，氏族制被破坏，政治权力之构成方式是以某个血缘集团为中心，将非血缘者以拟制家族成员和家内奴隶的方式编入其中。秦汉民间普遍存在的豪族集团是如此，刘邦集团是如此，由刘邦集团所创建的汉帝国也是如此。也就是说，西嶋试图寻找一个统一的原理来规范秦汉之社会关系和政治关系，对中华帝国的初期做性质上的规定。很清楚，这个统一原理和统一性质就是父家长性的家内奴隶制及其派生物——拟制家族制。西嶋的上述见解，被学界简称为西嶋旧说。

西嶋旧说，引起了日本东洋史学界的热烈争论和严厉批评，其中，最具建设性的当推增渊龙夫。增渊在批判西嶋旧说的同时，创造性地解析出秦汉民间社会之人际关系中普遍存在着一种"任侠性的结合关系"。他进而提出，刘邦集团的性质当由此寻求。❷ 与此同时，在批判西嶋学说的过程中，守屋美都雄对于汉代民间秩序的

---

❶ 西嶋定生「中国古代帝国形成の一考察——漢の髙祖とその功臣集団」，收于氏著『中国古代国家と東アジア世界』，東京大学出版会，1983年。
❷ 増淵龍夫「漢代における民間秩序の構造と任侠的習俗」，収入氏著『中国古代の社会と国家』。

中心角色——"父老"进行了系统的考察❶，滨口重国则提出了天子同臣下和庶民之关系的"汉家"问题❷。接受了学界批评的西嶋，收回了自己的旧说，于1961年出版了洋洋五百余页的代表性著作《中国古代帝国的形成及其结构——二十等爵制研究》，以二十等爵制为中心，就秦汉帝国的构造提出了体系性的西嶋新说，试图对自己提出的问题，做一总结性的实证解答。❸ 以上，即50年代日本东洋史学界的中心议题——西嶋旧说之始末的简述。

西嶋为战后日本东洋史学界富有开创性的人物，因而，也是富有争议性的人物，五六十年代日本东洋史学之动向，在相当程度上就是围绕着西嶋诸说展开的。西嶋为学之独创性和开拓性，其深厚的理论素养和体系构筑能力，其在史学研究中能够在不同的层次做跨越和贯通，在日本东洋史学界可谓首屈一指。西嶋旧说，如诸史家所批评的那样，对史料之解释逸出了实证的界限，其理论之构筑超越了史实之范围，他本人也将此说撤回，但其在学术史上的价值，则是历久不衰的。

60年后的今天，根据阎步克先生基于张家山汉简的新研究，重新认识和评价西嶋旧说，已经成为史学界的一项新课题。❹ 今天看来，因为时代的限制，西嶋旧说尽管有对于史料解读不充分和提升运用不够精确的欠缺，但其释读史料的基本见解和提升运用的基

---

❶ 守屋美都雄「漢の高祖集団の性格について」、「父老」，收入氏著『中国古代の家族と国家』。
❷ 濱口重国「部曲と家人之語」、「中国史上の古代社会に関する覚書」，收入氏著『秦漢隋唐史の研究』。
❸ 西嶋定生『中国古代帝国の形成と構造——二十等爵制の研究』。
❹ 阎步克《从爵本位到官本位——秦汉官僚品位结构研究》，上编第三章"分等分类三题之一：'比秩'与'宦皇帝者'"，下编第四章《二年律令》中的'宦皇帝者'"，生活·读书·新知三联书店，2009年。

序　方法论和问题意识

本方向是深刻、适当的，且具有相当的前瞻性。脱胎于家内奴隶制的人身依附关系，不但在皇权官僚集权体制形成的过程中发挥了重要作用，也在其所建立的制度中占有独特的地位。这种从属于君王的家臣性的关系和制度，以不同的形式遍及古今中外，在中国的秦汉时期，有典型的意义和鲜明的类型。这种典型的意义和鲜明的类型，在刘邦政治军事集团成长为汉帝国统治集团的过程中也有完整的体现，是一个值得继续深入探讨的重要课题。

笔者于70年代后期在北京大学历史系学习时，初次接触到西嶋旧说，迄今超四十年，仍然为其在方法论上的启发性所折服。西嶋旧说之学术史的价值可以从四个方面去理解：

（一）开启了战后日本东洋史学界关于中国古代帝国研究的先声，引发了一连串富有成果的系列研究，离开了西嶋旧说，几乎无法谈论日本战后的东洋史研究，它在学术史上的价值，已经与其时代连接在一起，怎么估计也不会过高。❶

（二）西嶋试图由创建汉帝国的刘邦集团之性质入手，去分析秦汉帝国和秦汉社会之性质，提示了起源分析的方法。理解了这一点后，我们才明白，为什么当西嶋旧说本身逸出了实证的界限而被撤回时，受其学说之启发，循其方法去分析同一问题的增渊等人的见解却在实证的领域坚实地确立了。

（三）通过对于史料的原创性解读，前瞻性地预见了基于家内奴隶制的人身依附关系在皇权官僚集权体制形成中的重要作用，提示了这种政治制度具有"内"与"外"、"公"与"私"混合的

---

❶ 参见饭尾秀幸对于战后日本的中国史研究所作的系列考察，「『アジア的専制』と戦後中国古代史研究」(『歴史評論』第542号，1995年)，「中国古代国家発生論のための前提」(『古代文化』第48巻，1996年)，「戦後の『記録』としての中国古代史研究」(『中国——社会と文化』第11号，1996年)。

两重性。❶

（四）在秦汉史研究中，西嶋敏锐地注意到《史记》和《汉书》功臣表潜藏的史料价值，首次对其进行大规模的深入分析，提示了以新的问题意识带动旧史料之新解读的巨大可能性。

正如上面已经谈到的，西嶋在撤回了其旧说以后，提出了实证的体系化的新说，即二十等爵制说。关于西嶋新说，学界评论甚多，笔者有意另作他论，在此暂不置评。然而，笔者只想从方法论的角度指出一点：西嶋在其新说当中采用了新的分析角度和分析方法，即由二十等爵制之基层实证研究入手，以此为立论的基点，再升高层面，对秦汉帝国及其社会做结构功能之分析。也就是说，西嶋在其新说中放弃了旧说的起源分析的方法，同时，旧说中所提示的《史记》和《汉书》功臣表的巨大史料价值和对其进行大规模深入分析的可能性，也被搁置了。

第三节　高层史学与研究方法之设定

笔者于1986年曾经提出历史学的层次模式理论，指出：历史学至少可以划分为三个层次部分，即基层史学、中层史学和高层史学。基层史学，以确立史料之可靠和构建史实之可信陈述为目的，主要使用考释和叙述的方法。❷ 中层史学，在基层史学已经确立了

---

❶ 今天看来，西嶋旧说的这种前瞻性的意义，由于西嶋对旧说的放弃而一直被忽视了。笔者以为，秦汉帝国的宫廷和政府、内朝和外朝、帝室财政和国家财政等诸多问题，都与此有不可忽视的渊源。

❷ 历史学层次模式的基本思想和内涵，在三十余年后的今天看来，依然有价值。为了追求更高的精度，笔者在认识深化的同时，不断地修改思路和文字表述。在本书的增订中明确地使用"史料"和"史真"等词，乃是基于笔者的"3＋N的历史学知识构成"理论。参见本章第十节"3＋N的历史学知识构成"。

的史实之基础上，以探讨各个史实间的相互关系为目的，以分析和归纳的方法追究史实间关系的合理解释。高层史学，乃是在基层史学和中层史学已经确立了的史实和史论的基础上，建立历史演化的一般法则和理论模式，抽象和假设为其方法之特点。以上三个层次的史学，构成了史学之整体。这三个层次的史学，尽管有贯通之处，彼此间在方法上仍有深刻的隔阂。❶ 如果我们把上述三个史学层次作为标准来衡量中华帝国问题，很清楚，该问题之整体乃是一高层史学的课题。

20世纪80年代，中国学者金观涛和刘青峰曾经尝试用系统论的整体分析方法论述这个问题，建立了独特的理论，给历史学提供了相当的启发，也带来了无穷的烦恼。❷ 对于这种高层性质的理论之评价，笔者曾经提出了自体性、涵盖性、参照性三个价值衡量尺度❸，有意于他文中具体述评，在此不欲深入。

然而，笔者只想指出这样一点，迄今有关中华帝国的高层次理论，大体有三个共同特点：一、皆是一种总体性的假设；二、其理论之意义局限于通史之一般性解释，和实际进行的实证性历史研究难以建立相关关系；三、这些理论皆非出于从事实证研究的历史学者之手，其立论的根据是非常间接的。也就是说，这些理论皆是次生性的推论和假设，是无法还原到较低层次的史学研究中求得实证的。

---

❶ 拙论《史学理论的层次模式和史学的多元化》，《历史研究》1986年第1期。在该文中，笔者将历史学划分为低层史学、中层史学、高层史学、哲学史学共四个部分，后来，接受田中正俊先生的意见，将"低层"一语改为"基层"，接受周一良先生的意见，将哲学史学单独分出，笔者对于史学的划分，遂确立为基层史学、中层史学和高层史学三部分。如今，两位先生已经仙逝，笔者在此对两位先生表示悼念，并致感谢。

❷ 金观涛、刘青峰《兴盛与危机：论中国社会超稳定结构》，香港中文大学出版社，1992年。

❸ 拙论《史学理论的层次模式和史学的多元化》。

这种状况，一方面使我们不得不反省历史学和历史学者的种种知识结构问题；另一方面，也使我们不能不考虑到，以总体假设的方式直接建立中华帝国理论的方法，也许不是最佳的方法。能否探讨一种新的分析方法，这种方法可以将史学的三个层次贯通，上可以上升到理论模式之建立，下可以直接带动原始史料的考证解读，中间也可以有助于史实间关系的建立和分析。这种考虑固然是一种理想性的设想，同时也是一个有意义的尝试，对于笔者自己所进行的史学研究来说，正是一个值得追求的目标。

第四节　中层史学与典型王朝及典型集团之选取

如前所述，二千年中华帝国时代，其历史的基本特点乃是在皇权官僚集权体制持续稳定的基础上，王朝交替反复进行。也就是说，在中华帝国的时代，其政治形态上保持着皇权官僚集权体制下的王朝循环这种稳定性，因而，一个王朝可以视为中华帝国整体中的一个完整的典型，一个可以分析的独立单位。选取一个典型王朝，建立一个典型模式，在典型模式的基础上发展出一个整体模式，也许不失为一种可行的方法。

事实上，战后的日本东洋史学界，已经开始摸索这种新的研究方式。我们知道，中华帝国问题在日本东洋史学界并非以纯粹的理论研究展开，而是结合传统的断代史实证研究，以古代帝国论的形式步步推进的，其成就可谓相当可观。然而，如上所述，以西嶋为代表的日本的中国古代帝国论者们，由于西嶋旧说之放弃而在方法上放弃了起源分析，受西嶋新说之影响，转入了结构功能分析。

这种方法上的转变，其成果是显而易见的，作为遵循这种方法构筑起来的相对完整的实证体系而言，在西嶋新说之后，有好并隆司的二重统治结构论体系和尾形勇的家国两极论体系❶。在批判继承西嶋关于中国古代帝国之统治原理，即一君万民式的个别人身支配的人头统治学说的基础上，好并提出基于人头统治的"齐民制"与基于家庭统治的"家产制"之两种统治结构同时并存的学说，尾形则从中国古代之家和国的关系入手，致力于分析代表国家秩序的"君臣之礼"和代表家庭秩序的"家人之礼"，将中国古代帝国的统治原理理解为两种秩序的区别和并立。毫无疑问，二者皆为引人注目的成就，其应当予以继承的部分也不在少数。

在检讨和批判地继承了先辈学者的成就以后，笔者以为，作为问题意识而言，西嶋旧说的放弃，诚为出于时代局限的遗憾。作为方法论而言，没有起源分析的结构功能论，由于其方法主要是一种横切面的剖析，不足之处也是相当明显的，最基本的一点，就是由于搁置了问题的起点，在历史连续性上有纵向的断裂。

我们知道，同其他多种学问一样，历史学的一个基本分析方法是还原论的，特别是从起源问题入手进行研究。起源问题之研究，就是确立该问题研究的出发点，研究对象的起源问题不首先搞清楚的话，其机能、特点、变化等诸种功能性问题就会由于起点不明而难以历史性地把握，其结构之建立也会因此而受到危害。正因为此，对于中华帝国问题的研究，笔者深感有必要重新退回其起点，再次从起源问题入手。

毋庸讳言，从秦始皇开创的秦王朝开始，中华帝国的起源问题就是秦王朝的起源问题。然而，我们知道，秦王朝之存在，从公

---

❶ 好并隆司『秦漢帝国史研究』，尾形勇『中国古代の家と国家』。今天看来，好并和尾形的分析方法，受西嶋新说的影响，属于结构分析，不过，从问题意识来看，应当渊源于西嶋旧说所提示的秦汉政治体制中"内"与"外"、"公"与"私"混合的两重性。

元前221年统一天下算起，到前207年二世而亡，一共只有短短的十五年。秦统一天下时，销毁了各国史籍，经秦末战乱，关于秦的史料，保存下来的也很少。这种状况使我们实证地具体研究秦王朝的起源问题变得相当困难。

幸运的是，史书为我们保留了相对丰富的有关西汉王朝创立之史料。我们知道，取代秦而建立的西汉王朝，作为秦王朝之领土、人民、法统、制度的全面继承者，稳定地持续了二百年之久，中华帝国之定型，正是在西汉王朝。史书史家以秦汉联称，往往并举秦汉帝国以为中华帝国时代之开端，充分显示了二者之连续一致性。基于此，通过研究西汉王朝之起源以了解中华帝国之起源的方案，不失为一种可行可取的替代方案。

我们知道，西汉王朝乃是刘邦集团通过长期的战争所建立的。刘邦集团是西汉王朝的创建者，刘邦集团之发生发展、成长壮大、统一天下的过程，就是西汉王朝建立的过程。换言之，汉帝国起源于刘邦集团，刘邦集团之结构和性质，规定了汉帝国之结构和性质的起点，离开了刘邦集团来谈汉帝国，难免割断汉帝国之历史连续性，有陷于无本之源之虞。因此之故，笔者在仔细分析了西嶋旧说，吸取了其合理部分以后，在方法论上将起源分析明确地放在第一步，意图清楚地力求通过对于刘邦集团之彻底分析以了解汉帝国之起源，在确切的起源之上来分析其结构。

第五节　基层史学与原典史料之运用

从何处着手分析刘邦集团，乃是研究能否顺利展开的关键。笔者一直以为，历史学是一门遵从证据的、表现人的过去向认识的知识体系。在历史学的层次结构中，较高层次的史学依赖于较低层次的史学，较高层次史学所使用的证据，往往是较低层次史学的结论。换言之，史学的基础在于其层次结构之下部，较低层次史学的研究结果，是较高层次史学立论的根据，较高层史学结论的成立与否，最终取决于较低层次史学的证实。笔者称史学的这种知识结构特点为史学的基础下向性。❶

由史学的基础下向性所规定的史学方法，至少有两大特点：其一，分析方法上的还原论。高层史学所建立的理论和法则，必须放到中层史学中求得证实，中层史学所阐述的史实间的关系，必须放到基层史学中求得证实，未能还原到较低层次中立证的较高层次的结论，皆是未经证实的假设。其二，在证据的使用上，严格地遵循原典优先主义。已如前述，高、中层史学的成立，最终依赖于基层史学的结果，基层史学对于史实的可信陈述，则完全建立在对于史料之考证和解释之上。

所谓史料，即历史（往事）的遗留信息的载体，包括口述传承、文字记录和实物留存。史学研究的首要目的，就是根据其中的信息来推想过去，逼近史真。毫无疑问，在信息的处理上，直接接收的信息最为可靠，信息传播的距离较短则失真较少。换言之，在史料使用上，直接的史料优于间接的，原始的优于加工过的，距其发信时代较近的优于较远的。一言以蔽之，即原典优先。据此，笔者在确立了还原论的分析方法之后，进而考虑、分析刘邦集团的着眼点，其最佳方案是选择能够和原典直接连接、可以直接带动对于原始史料的考证和解释的突破处。

笔者在北京大学历史系学习时，曾经选修过田余庆先生的秦汉

---

❶ 拙论《史学理论的层次模式和史学的多元化》。

史专题课，先生在该讲义中有专章分析《汉书·高帝纪》所载的"高帝五年诏"。先生指出：汉初安定政治和社会有两大政策，其一为迁徙关东六国旧人于关中帝陵之所谓徙陵政策，另一为"高帝五年诏"所集中反映的优宠军功政策。前者成功地抑制了潜在的敌对势力，后者则建立了支撑新政权的社会基础。❶先生之精辟分析，使笔者豁然开朗，开始将刘邦集团——"高帝五年诏"——新的统治阶层联系起来，力图通过对"高帝五年诏"之考释，确认刘邦集团由一政治军事集团转化为一新的统治阶层的具体过程，找到了分析刘邦集团的第一个着手点。

已如本章第二节所述，西嶋在提出其旧说时，着眼点在以刘邦集团的阶级属性之问题意识带动分析《史记》和《汉书》功臣侯表。据笔者所知，这是史家对于该材料的首次系统使用，既显示了西嶋对于史料使用的独到之处，更提示了功臣侯表的未开发的史料价值。受此启发，笔者在仔细整理了功臣侯表以后，深感其对于汉代历史，特别是秦末汉初之历史的研究价值，几乎完全处于未开发状态，其丰富之程度绝不亚于同等数量之出土简牍。笔者进而注意到该表中的时间、地名和官名、爵号问题，将其和刘邦集团之地域

---

❶ 田余庆先生之秦汉史讲义，部分内容已由先生整理成文，分别题为《说张楚——关于"亡秦必楚"问题的探讨》《论轮台诏》《汉魏之际的青徐豪霸》等，收于《秦汉魏晋史探微》(中华书局，1993年)，已经成为中层史学的学术精品。先生的学术，精致幽深，以其独特的风格独步古今，我曾经概括为精致的艺术性史学。这仅是一个侧面的概括，着眼于先生行文布局之考究，文辞之洗练精美，自有一种难得的历史学之美。先生史学之另一个特点是高瞻远瞩，能够从细微而不为人察觉处钩沉出史实间的隐秘关系，以人之活动为中心，刻画出贴切深邃的时代精神来，这是史家治史的极致。先生的史学论文，索隐钩沉考证，夹叙夹议叙事，绝无庞杂的臃注，只有精当的选文，那种起伏跌宕的说理推论，娓娓道来的解释叙述，不但可以做史学论文研读，也可以做文学作品赏读，启示了史学的一种新方向。至于如何全面地评价先生的学术成就，尚是未来的课题。

性问题（第五章）、秦楚汉之历史连续性问题（第一章和结语）联系起来，以这两个中层史学的问题意识，带动对于功臣侯表的全面考释和系统分析，找到了分析刘邦集团的另一个着眼点。

我们知道，秦汉史研究的基本材料之一，是《史记》和《汉书》。《史记》和《汉书》之史料价值，随着新的出土文物之佐证而不断提高，也随着新的研究而不断改进。❶《史记》和《汉书》之功臣侯表，乃是司马迁和班固从汉政府所保存的分封册书和侯籍中直接摘录的，是未经修饰的一级原始史料。❷ 在《史记》和《汉书》的本纪中，关于汉代的部分，不少取材于汉朝政府保存的"诏令集"，原文摘录也不在少数。班固在《汉书·高帝纪》中所详细采录的"高帝五年诏"文，直接摘录于汉高祖刘邦的诏令集《高皇帝所述书》（或称《高祖传十三篇》），是可信度极高的一级原始史料（本书第1章第一节），特别是其中关于授田的令文，乃是现有汉代文献史料中唯一的记载（新近出土的张家山汉简中，有关于汉初授田的简文，惜内容尚未公布），可谓极为珍贵。❸ 笔者在选取了这两个

---

❶ 关于《史记》各篇之史料来源及构成问题，日本学者藤田胜久著有『史記戦国史料の研究』（東京大学出版会，1997年）、『史記戦国列伝の研究』（汲古書院，2011年）和『史記秦漢史料の研究』（汲古書院，2015年）等系列研究著作，请参考。

❷ 司马迁在《史记》卷十八《高祖功臣侯者年表》序中说："余读高祖侯功臣，察其首封，所以失之者，曰：异哉所闻。"他在这里所提到的读物，当是汉政府所保存的分封策书。又，班固在《汉书》卷十六《高惠高后文功臣表》中也提到"元功之侯籍"，当是汉政府所保存的列侯之名籍。

❸ 本书初版刊行于2000年3月。《张家山汉墓竹简（二四七号墓）》于2001年11月由文物出版社出版，其《二年律令·户律》中，有汉初关于授田之详细而确切的律文，其依据爵位占有田宅的方式，与"高帝五年诏"完全吻合，可以说是"高帝五年诏"的实施细则。其依据爵位占有田宅的基本数字，也与笔者根据《商君书·境内篇》推定的数字吻合。出于用新史料对既有的学术成果做补充和改进的考虑，我在本书的第1章第三节，将这一部分内容补充进去了。不过，出于体现学术研究史原貌的考虑，我在此尽可能保留原文表述不做改动，只是将"高帝五年诏"中关于授田的令文，"乃是现有汉代史料中唯一的记载"，改为"乃是现有汉代文献史料中唯一的记载"，冀收两全之效。

研究的突破点后，感到在关于刘邦集团的研究中，已将中层和基层打通，中层的结论，不但可以还原到基层中得到原始史料的证实，而且，中层的问题意识，直接带动了对于原始史料的考证和解释，使迄今难以利用的大量零散史料，有了得到系统利用的可能。

第六节　统计例证法

定量分析乃是现代科学的发展趋势，在史学研究中引进数量分析，在特定的一些课题中是一种自然的需要。笔者所选取的课题，即对于创建汉帝国的刘邦集团的研究，在一定程度上也是一种社会史的课题，欲求研究之深入，统计及其图表之使用可以说是不可少的。近年以来，由于电脑使用的普及，使个体研究者对于有限史料的统计也变得切实可行了，笔者有幸分享时代之惠，开始学习利用电脑进行工作。在具体的操作上，非常简单而实在，将史料中所见的刘邦集团之所有成员及相关集团之所有成员，以个人档案的形式，全部输入电脑建立数据库。然后，根据需要调出，首先制成表，再绘成图，最后加以说明。在这个工作过程中，項目之设定最费苦心，而数据之输入最费时间和精力。通过笔者多年的努力，从西汉初年直到武帝末年的相关数据库已经建立❶，因而在对于汉初的社会集团的研究中，综合性统计变得简单易行了。

在利用电脑进行数据处理的过程中，统计数字和图表之简洁明

---

❶ 从昭帝到王莽的数据库，也已经完成，参见李开元、林鵠「前漢王朝主要官僚類型表」(『就実女子大学史学論集』第 17 号，2002 年)。其初步分析，参见拙论「前漢王朝における主流社会の転換について——官僚層の分析に見られる尚功・尚法・尚儒への変化」(『就実論叢』人文篇第 32 号，2002 年)。

了、详尽有力，使笔者深深体会到其对于史学论证之重大意义。仔细想来，传统的史学论证方法主要是一种举例论证法。在众多的证据当中选取若干最有代表性的事例以证实所论，我们可以简称其为例证法。然而，例证法在使用当中至少有两点较大的缺陷：一、证据不能尽举，因而论证的程度不能精确地表达；二、受文字叙述的限制，论证的问题不能直观地表现。

有鉴于此，如果能将所有的证据统计列表，再在其中选取有代表性的事例作例证，自然可以克服这一缺陷。在课题可能的情况下，如果能够根据统计数字将论证及结论以图像的形式表达，必将带来有力的直观性和时间空间的连续性，甚至得到意想不到的新结果❶，文字叙述也将大幅度缩短。事实上，对于证据的网罗统计，也就是我们传统史学研究中的穷尽史料、遍寻证据，不同之处只是在形式上以统计图表加以规范化而已。在此网罗统计的基础上再加以例证，与比较单纯的例证法相比，无疑更为完善有力。笔者将这两种方法的结合，称为统计例证法。

在本书第1章中，通过传统的考释方法确认了汉初军功受益阶层的形成以后，马上就面临另一些问题，即该社会阶层产生以后，其兴盛衰亡之过程是一种什么状况，该阶层和当时其他的社会阶层、社会集团间，具有一种什么样的关系等。对于这类问题，笔者在第2章中用统计例证法做了解答。在全面统计、列表、图示的基础上，再加以例证和说明，似乎收到了简洁明了、直观清楚的效果。

在数字、统计和图表之制作过程中，笔者在体会到便利和有力的同时，也深深感到其使用必须慎重。我们知道，对于古代史研究

---

❶ 有些问题，没有统计数字看不出来，也难以表述。比如本书第2章汉初军功受益阶层之兴衰与社会阶层之变动，第5章刘邦集团之地域构成，可以说是全在统计之功。

者来说，原始史料中数字的缺乏以及残缺数字的可信度有限，是很难克服的两大困境。因此，根据可信度有限的数字做机械性的推断，是不得已而采用的方法，只是聊胜于无而已，这是首先需要说明的一点。其次，由于史料有限，在做百分比计算和变动图像时，其可靠性不高，解释的余地也相当大，其实也只是一种聊胜于无的选取。据笔者的经验，至少对于古代史研究而言，数字和变化图像之使用，只能是考证论述的一种参考和辅助。同时，受论题之限制，绝不可勉强为之。

第七节　理论工具论

理论问题是一个长期困扰历史学的难题，也是笔者一直关注的研究课题之一。理论是什么，在史学研究中，有无使用理论的必要？如果有的话，在什么情况下有其必要和可能？

如前述，在笔者所提出的史学基础下向性中，表明了历史学有这样一个特点，即较高层次的史学依赖于较低层次的史学，较低层次的史学却并不依赖于较高层次的史学。较低层次的史学可能从较高层次的史学得到一些启发，其结论却并不受较高层次史学的影响。反之，较高层次的史学却必须接受较低层次的史学的检验，其结论往往受较低层次史学的左右。

何以会如此呢？一般而言，史学的层次越高，其理论化的程度越高；史学的层次越低，则越接近于史料。史料，即历史（往事）的遗留信息的载体，它最接近于史真，或者，其本身就是史真的一部分（如考古的实物）。历史学的目的，就是根据史料中的信息来推想过去，建立一种遵从证据的、表现人的历史认识的知识体系。在低层次的史学系统中,史学家所追求的历史认识可以通过史料的直接连缀和单纯的史实陈述来加以表现,往往没有借助于理论的必要。

然而,我们知道,史料常常是零碎的,由零碎的史料所直接反映的历史事实往往是片段的,史学家通过史料的直接连缀和单纯的史实陈述所能达到的历史认识,不但在认识的层次上是基层的,在时间和空间上也往往被限制在短时段和小范围。当我们需要在一个较为广阔的范围来观察历史,扩大我们的观测规模时,仅仅依靠零碎的史料和片段的史实是无法充分表达我们的历史认识的,在这个时候,我们需要进一步确立史实间的联系,探讨历史事件的时代背景,必要时做定性的时代划分。这时,伴随着观测规模的扩大,我们的认识层次也会相应提高,由基层史学的微观－基层研究,进入中层史学的中观－中层研究,毫无疑问,理论分析的可能和需要也就开始出现了。

进而,当我们在一个更为广阔的范围,从整体的角度来观察历史,对历史的演变做概括性说明时,或者是当我们进行地域间、国家间、社会间、文明间的历史比较时,抽象和概括、建立一般法则和理论模式的方法可以说是必不可少的。这时候,我们就进入了一个更高的认识层次,即宏观－高层研究。上述这种观测规模和认识层次的对应关系,就是笔者所谓的观测规模和认识层次的同步性❶。

很显然,当我们在不同的观察规模、不同的认识层次去研究历史时,根据研究的需要和表现的便利,需要使用不同的方法。在微观－基层研究中,主要使用考释和叙述的方法;在中观－中层研究中,主要使用分析和归纳的方法;在宏观－高层研究中,则主要

---

❶ 拙论《史学理论的层次模式和史学的多元化》。

使用抽象和假设的方法。不管是考释叙述也好，分析归纳也好，抽象假设也好，皆是我们认识历史和表述我们的历史认识的方法之一，只是分别适用于不同的研究对象。

总之，主要建立于分析、归纳和抽象、假设之上的历史学理论，不过是我们为了确认历史事实，表达历史认识而制造出来的一种便利的工具。如果我们把历史二字去掉，也许可以推而广之地说，理论乃是为了观测事实、表达认识结果而制造出来的一种便利的工具。理论的可能和需要的大小，与我们的认识层次的高低同步。

本书中，在基本史实的确立上，笔者大量地使用了考释和叙述的方法，通过对于史料的精确考察，发现和明确了一些新的历史事实。比如功臣表中从起地和籍贯之一致性问题（第5章第一节），汉中改制问题，爵制和军法的关联问题（第1章第二节），汉之王国分封起源于楚的问题（第3章第四节），等等。

在史实间关系之确立上，笔者也做了一些新的探索，将一些以前未曾联系起来的史实联系起来了，对一些历史事件的原因背景也做了新的分析和探讨。如怀王之约和汉国王政之关联（第4章第二节），白马之盟的分析，汉初之宫廷、政府与军功受益阶层的关系（第6章第一节、第二节），汉初皇权的相对有限性问题（第4章第三节，结语第二节），贾谊左迁与新旧政治势力的对立问题（第6章第三节），等等。在这些工作中，需要相当的分析能力，却没有出现理论性的需要。

然而，当笔者认识到秦末汉初之六十年为一具有独特性的时代，想要与其前后之时代，即战国时代和武帝以来的时代做一对比的时候，归纳和概括的需要自然就出现了，王业、帝业、霸业之政治形态类型的设定（第3章第一节），有限皇权、联合帝国（结语第二节之二、三），后战国时代之时代特点的概括，进而做新贵族主义、分权主义、保守主义、调和主义之理论形态归属（结语第三节之四），即为其例。同样，为了统计体现汉初一百二十年间各个政治集团之起伏升降关系，对于汉代官僚的类型也不得不做设定，以做分类的标准（第2章第一节）。

已如前述，笔者本来的意图，是选取刘邦集团作为典型集团，选取西汉王朝作为典型王朝，以求解决二千年中华帝国的起源、结构、机制等一系列问题，然而，由于工作进展的关系，笔者仅仅从政治史的角度完成了对刘邦集团的典型研究，进而探讨了汉帝国的起源，就西汉王朝之二百余年的历史而言，也只涉及其最初的六十余年，可谓预定的计划刚刚开了个头。正因为如此，不但典型王朝之典型模式尚未进入组建阶段，结构、机制等问题也尚未触及。但是，对于刘邦集团这个本书的中心部分，笔者仍然有意识地做了一些理论性的抽象和概括：首先，将建立汉帝国的刘邦集团概括为一个新的社会阶层，即汉初军功受益阶层（第1章第三节，结语第一节之一）；其次，将这个特定时代的社会阶层进一步抽象为军功受益阶层，推广到二千年中华帝国的历史中，作为一个具有普遍性的理论概念来加以使用（结语第一节之二）。

由笔者的研究可以看到，军功受益阶层的概念直接产生于原始史料的考证和解释，与可以确认的史实、可以确立的史论具有相当的一致性，这个概念没有违背已经确认的史实、史论，而是包含概括了它们。这一点，用笔者衡量理论的标准来说，就是具有相当的涵盖性。当我们把"军功受益阶层"这样一个概念运用于汉代历史研究中时，刘邦集团的特性不但得到了凸显，与军功受益阶层并立的其他社会阶层和集团的面貌也清晰起来。

进而，具体如汉朝皇权的起源和演变、汉初政治的分野、汉初诸历史事件的背景，笼统如王权官僚制之取代邦国氏族制、皇权官僚制中央集权统一帝国之成立，甚至二千年中华帝国之王朝交替循环的根源等，大大小小远远近近的问题，也可以由军功受益阶层概念的引进而获得相当的启发，增加新的知识，同时，也为这些问题的解决提供了一种便利的工具。这一点，用笔者衡量理论的标准来说，就是具有相当的参照性。毋庸置疑，由于军功受益阶层只是一个单纯的理论性概念，而不是一个复杂的理论体系，其自身内部的一致性当是没有问题的，这就是说，它是符合笔者衡量理论的第三个标准，即自体性的。

第八节　理论脱离实际

"军功受益阶层"这个理论概念提出以后，得到了国内外学界一定的肯定和评价。同时，也受到了一些质疑和批评，在这些质疑和批评当中，笔者注意到一个具有共同性的指摘：若将"军功受益阶层"这个概念放进特定时代的实证性的史学研究中时，总会出现和已知史实有所差异的现象[1]。这个问题，促进了笔者的思考，引发了笔者从理论上做更深入解答的念头。

笔者所提出的"军功受益阶层"概念，实际上包含了两个部分。其一，通过对于西汉初年的历史所进行的实证性研究，抽取

---

[1] 对于拙著的批评，中文主要见于：张继海《李开元〈汉帝国的建立与刘邦集团〉》（《中国学术》第四辑，2000年）；叶炜《自觉的理论意识——读李开元先生〈汉帝国的建立与刘邦集团〉》（《北京大学学报》2001年第1期）；卜宪群《评〈汉帝国的建立与刘邦集团〉》（《中国史研究》2001年第2期）；刘复生《军功阶层与有限皇权》（《读书》2001年第7期）；龚留柱《避免史学"碎片化"，"会通"之义大矣哉》（《史学月刊》2011年第5期）。日文有阿部幸信「李開元著『漢帝国の成立と劉邦集団——軍功受益階層研究』」（《史学雑誌》第110編第6号，2001年）。

了汉初军功受益阶层这个短时态的特殊概念;其二,将汉初军功受益阶层这个短时态的特殊概念,放进中华帝国二千年的历史中,推论出军功受益阶层这个长时段的普遍概念来。正如批评者所指出的,在笔者自身所进行的以汉初军功受益阶层为主线,重新整理和诠释汉代历史的实证研究中,得到了不少新的有益的发现,同时,也出现了和已知的史实之间有差异的地方。至于把军功受益阶层的普遍概念放进其他朝代的历史研究中时,与已知史实间的差异就变得比较明显。

笔者以为,汉初军功受益阶层和军功受益阶层,为两个理论概念,研究汉初的历史和中华帝国二千年的历史,可以视为历史学研究中的两个实际问题,二者之间差异的出现,牵涉一个更为基本的问题,即理论和实际的关系问题。长期以来,我们一直接受理论联系实际的教导,视理论为指导实际的真理,视理论和实际的相符为必然。这种观念,至今仍然以负面的形式影响着历史学界,表现为对于教条危害的余悸,惶然地回避理论的运用和创新。

我们知道,命题的陈述往往有其前提,理论联系实际之命题,其前提是什么呢?理论联系实际之命题,由一动词(联系)和两个名词(理论,实际)组合而成,表示"理论"和"实际"这两个范畴,有"联系"这种关系。联系所表现的关系,可以是自然的联系,也可以是人为的联系。在自然的意义上讲,理论联系实际,就是表示理论和实际之间有一种天然的联系,其准确的表达应当是理论和实际是有联系的。在人为的意义上讲,理论联系实际,就是表示在理论和实际之间应当施加一种人为的努力使二者联系起来,其完整的表达就应当是使理论联系实际。显然,作为我们所接受的教导之理论联系实际,主要是在人为意义上讲的,希望大家做出努力,将理论和实际联系起来,讲的是理论要联系实际,理论应联系实际,理论须联系实际。稍加思考即可明白,这种理论(要)联系实际的前提,就是理论和实际之间有所差异,难以自然相联,所以,才要施加外在的人为努力使二者联系起来。换言之,理论联系实际的前提,乃是理论脱离实际。

爱因斯坦说:"科学是这样一种努力,它把我们纷繁复杂的感觉经验与一种逻辑上连贯一致的思想体系对应起来。""感觉经验是当下的主观感觉,但用来解释感觉的理论却是人造的。"❶ 当代物理学家霍金也说道:"理论只不过是宇宙或它的受限制的一部分的模型,一些联接这模型和我们所观察到的量的规则。它只存在于我们的头脑中,(不管在任何意义上)不再具有任何其他实在性。"❷ 在他们看来,自然科学理论是一种人造的逻辑上连贯一致的思想体系,是用来解释经验感觉的。基于历史学的工作经验,笔者认识到理论是为了观测事实,表达认识结果而制造出来的一种便利工具。❸ 事实是经验事实,是我们的认识对象,理论是人造的工具,是我们为了达到认识事实之目的的手段,二者分属不同范畴,是不同质的两种东西,在本质上是相互独立的。理论和实际互相独立,分属不同的范畴,这是理论脱离实际的第一意义。

理论是工具,工具有用没用,好用不好用,用处大或是用处小,需要将工具放到观测事实的实践活动中去使用才能明白。科学理论的证伪,是哲学家波普最杰出的发现,物理学家霍金结合自己的工作经验,强调证伪在物理学理论和观测事实之间的方法论意义时说:"在它只是假设的意义上来讲,任何物理理论总是临时性的,你永远不可能将它证明。不管多少回实验的结果和某一理论一致,

---

❶ 爱因斯坦《理论物理学的基础》,收于《爱因斯坦晚年文集》,海南出版社,2000年,第94页。
❷ 霍金《时间简史》,湖南科学技术出版社,2000年,第19页。
❸ 本章第七节"理论工具论"。

你永远不可能断定下一次结果不会和它矛盾。另一方面，哪怕你只要找到一个和理论预言不一致的观测事实，即可证伪之。正如哲学家卡尔·波普所强调的，一个好的理论的特征是，它能给出许多原则上可以被观测否定或证伪的预言，每回观测到与这预言相符的新的实验，则这理论就幸存，并且增加了我们对它的信任度；然而若有一个新的观察与之不符，则我们只得抛弃或修正这理论。至少被认为这迟早会发生，问题在于人们有无才干去实现这样的观测。"❶

显然，波普的科学证伪理论的前提，乃是科学理论和观测事实之间的不一致，或者说是二者之间的差异（也就是笔者所谓的"理论脱离实际"）。能够在未来发现与理论预言不一致的观测结果，乃是科学在实验上的进步，由此而修正旧理论，或者是抛弃旧理论而提出新的理论，乃是科学在理论上的进步。科学进步的前提，正是在于理论脱离实际，在于发现理论和实际间的差异（新事实的发现），通过统合调整这种差异得到的新的理论（新理论的发现）。理论和实际的差异，乃是知识进步的前提，这是理论脱离实际的第二层意义。

第九节　理论和实际的差异提供了知识进步的空间

笔者以为，由于历史学时间观的特殊性，历史学具有一种不同于科学的工作程序。❷ 在历史学中，理论的主要作用不在预言，而

---

❶ 霍金《时间简史》，第20页。
❷ 简单说来，历史学使用了一种从现在到过去的逆向时间观，历史学的基本特点，主要由此规定。对此问题，笔者有意另外撰文论述。

在用作参照以得到新知识的发现。自体性、涵盖性和参照性，是笔者用来衡量历史学理论的三个尺度。❶ 所谓参照性，就是把历史学理论同已经确立的史实、史论进行对照，看其能否提供超出其背景知识的新知识以及所提供的新知识有多少。能够提供新知识的理论就有参照性、就有价值，提供的新知识越多，参照性就强，其价值就越高，反之，不能提供新知识的理论就没有参照性、没有价值，提供的新知识越少，其参照性就越低，其价值也就越低。已如前述，将"军功受益阶层"这个理论概念放到汉代历史的研究中，与已知史实加以参照，发现了不少史实和史实间新的关系，印证了其参照性。❷

然而，笔者在这里想要强调的是，军功受益阶层并不等同于史实本身，而是从史实中抽象出来的理论概念，这个理论概念同史实之间存在各种层面上的差异。找出这种差异，用新的史实和史实间关系来调整这种差异，可能会带来新的史实和史实间关系的发现，或者，通过差异的发现，用新的发现证伪这个理论概念，再用新的理论取而代之，这就将成为笔者所期待的、早晚一定会来临的历史学在该领域的双重突破，在史实和理论两方面的知识进步。

刘复生先生在评论笔者的"军功受益阶层"概念时谈道："我不完全赞同'军功受益阶层'支配了中华帝国二千年历史之说，例如宋代，作为帝国开创者的赵匡胤军人集团并没有取得作为一个阶层所'应得'的政治、身份、经济诸利益。赵匡胤通过'杯酒释兵权'一幕（无论是否真有此一幕），在保障该阶层的经济利益的前提下，'剥夺'了军功阶层的政治权力（至少是很大的部分），而

---

❶ 拙论《史学理论的层次模式和史学的多元化》。
❷ 本章第七节"理论工具论"。

'身份性'的权益更少。宋初的军功阶层懂得,他们除了拥有歌儿舞女豪宅广田之外,并没有多少政治上和身份上的权力能确保他们的子孙坐享荣华富贵。因而,宋代的军功阶层不是作者所论述的完整意义上的受益阶层。"❶

刘先生是著名宋史专家,兼及民族史领域,携学识专精和视野广阔之双长,指点论评如行云流水,往往得发现之妙于不经意之中。首先,笔者完全赞同刘先生所言,作为帝国开创者的赵匡胤军人集团由于不享有政治权力和"身份性"权益,而不是一个完整意义上的军功受益集团,其状况和性质是新的值得研究的课题。不过,我们如果进一步追问,刘先生怎么会关注到赵匡胤集团并察觉其与历代开国军人集团有不同特点的呢?很明显,刘先生是将笔者从汉代历史研究中抽出的"军功受益阶层"这个史学概念作为一种尺度放到宋代初年的历史状况中,通过两者的参照比较而发现了其间的差异的。这个差异就是理论和实际间的差异,是"军功受益阶层"这个史学概念之参照性的表现。

科学史家默多克(J. E. Murdoch)提出科学哲学对科学史的一种重要性。他曾经谈到,哲学家们的讨论几乎从来不与历史学家的工作相符,但科学哲学对科学史的重要性恰恰就在于这种"不符"。因为它能使历史学家意识到那些被应用了哲学教条的历史的本来、实际的特征,而若没有通过应用哲学教条并导致"不符",人们也许不会意识到这些特征。换句话来说,正是因为这些哲学理论带来了与历史的"不符"而成为有价值的、启发历史分析的工具。❷科学哲学对于科学史是如此,科学理论对于科学之观测事实也是如

---

❶ 刘复生《军功阶层与有限皇权》。
❷ 刘兵《克丽奥眼中的科学——科学编史学初论》,山东教育出版社,1996年,第68页。

此，历史学理论对于历史学之实证研究也是如此，理论和实际的差异，给我们提供了知识进步的空间。

理论不是事实，这是人人皆知的常识。理论联系实际，乃是重视二者间的联系，促成一种人为的努力，是有意义的命题。理论脱离实际，乃是重视二者间的差异，在差异的发现中寻求知识的进步，命题也有意义。理论脱离实际，是理论联系实际的前提，理论联系实际，是理论脱离实际的延伸，二者互为补充。

第十节　3＋N 的历史学知识构成

历史是什么，历史学是什么？我们应当如何认识历史和历史学，我们应当如何表现历史，我们应当如何构筑历史学，是笔者多年来一直不断思考、不断实践的课题。在笔者的实践中，本书是第一部完整的历史学著作，近年来，笔者又尝试写成了《秦崩》《楚亡》《汉兴》《秦谜》等完全不同类型的历史学著作，不但在历史学界引发了对如何书写历史的关注，也促使笔者进一步深入思考历史学的知识构成和基本要素，以求解答实践中出现的种种疑虑。

对汉字"历"和"史"、汉字词组"历史"之字形和词源，其由来和意义之演变，笔者曾做过详细的考释和探讨：

> 汉字"历史"一词由"历＋史"合成。"历"字之初义，是时间之经过，"史"字之初义，是事情。合而重新诠释之，历史在基本层面上的意义，就是在时间中过去了的事情，这就表达了历史本体，即作为存在的历史的意义。
>
> 进而，"历"字以足行经过禾间表示有序有度的时间经过，对

于时间的感知,是通过空间距离来体验和传达的。时间和空间,成为"历史"一词中包含的两大基本要素,时间和空间在历史中可以相互转换的关系,也由此透露出来。"史"字的字形,是手持猎具,用狩猎这种最关生存的活动表达对于事情的认知。猎具,是人造的器物之意义,也显现出来。"历"字用足,"史"字用手,以人的肢体活动将时间、空间、事情、器物连接起来,表达了人是历史的主体,是连接其他要素的关键要素。

可以说,汉字"历史"一词所包含的时间、空间、事情、器物和人的意义,涵盖了历史学的五个基本要素,为汉字系统的史学理论发展奠定了坚实的语言文字基础。❶

在该文的注释中笔者还提到,历史学中的事情是多重的,关于历史学中事情的多重意义的问题,笔者拟在他处讨论。❷ 近年来,随着进一步的理论思考和研究实践,笔者就历史学中事情的多重性有了新的认识❸,现概述如下:

---

❶ 拙论《"历史"释义——汉字史学理论的文字基础》(《史学理论研究》2006年第2期)。该文原题《"历史"释义》,"汉字史学理论的文字基础"是发表后我添加的。笔者以为,思想和哲学的一些基本问题可以还原到历史学中进行探讨,追究其起源和演变的过程,历史学中的一些基本问题可以还原到语言学中进行探讨,追究表达历史和思想的语意来源及其变迁。笔者撰写这篇文章,就是基于这种思路,目的是通过文字的考释,为用汉语思考、用汉字书写的史学理论建立一个文字基础。这个意思,我在文中已经有说明,为了更加强调这一点,我特意对标题做了如上的添加。

❷ 对于历史学中的五大基本要素,即时间、空间、事情、器物和人的意义之展开,我已经做过一些工作,得到一些结果,不过,由于种种原因,暂未专题发表,只是在现有工作的途中,不时做一些适当的解说。在种种的原因当中,表现形式的问题是一个使笔者深为苦恼的问题。笔者深感现有的学术论文的形式不适合表现自由而活泼的思想,不得不寻求其他的方式。

❸ 我的这个新的认识,最先写入历史推理的作品《秦始皇的秘密:李开元教授历史推理讲座》(中华书局,2009年)之终章"穿透历史的迷雾"之2,后来写入论文《解构〈史记·秦始皇本纪〉——兼论3+N的历史学知识构成》(《史学集刊》2012年第4期)。

历史学中的事情，是一个多重的事情，也是一个多重的镜像，反映了历史学知识构成的多重性。为了阐述的方便，笔者借用一个广泛使用的词语"世界"，作为知识领域范围的代名词来加以使用。历史学的知识构成是一个"3+N"的世界。"3"是历史学的三个基础世界，可以分别称它们为第一历史、第二历史和第三历史，"N"是历史学三个基础世界之外的多重延伸，可以有第四、第五甚至更多的世界。

1. 在时间中过去了的往事，我们可以简称为"史真"，这是历史学的第一世界，或者叫作"第一历史"。这些在时间中过去了的往事已经消失，那些曾经活动于往事中的人们已经死去，都不可能再次出现，后人是不可能再直接经验到了。

2. 有关第一历史的一些信息，通过口述传承、文字记录和遗物留存的形式保留下来了。这些东西，我们叫作"史料"。史料，是往事（史真）的遗留信息的载体，是历史学的第二世界，或者叫作"第二历史"。

3. 根据史料所编撰的历史著作，简称为"史著"，是历史学的第三世界，或者叫作"第三历史"。

4. 根据已有的历史著作再加以编撰所写成的历史作品，属于历史学的第四世界，也就是"第四历史"了。如果有人根据这样的著作再进一步编撰，比如编成一部历史电视剧，这部电视剧就属于第五世界，成了"第五历史"了。同样的延伸，还可以不断地继续下去，如此形成历史学特有的知识构成——3+N 的世界。

在 3+N 的历史世界中，史真，也就是第一历史的真相，我们可以不断地逼近，不可能完全达到，我们可以合理地推测，不可能完全证明。史料的世界，特别是出土文物的世界，是兼具过去和现在、物质和信息的特殊世界。在这个特殊的世界，文物穿透时空，可以让我们直接感触第一历史，在这个有限的世界，物质的真相可以达到，证明可以实现。进入史著的世界以后，编撰史书的时代背景，编撰者的思想和意图，编撰的手法和史料的鉴别取舍，都混合于其中，史著对于第一历史的追求，从本质上讲都是根据史料所做的合理推想。进入 N 的历史世界以后，因为更多其他因素的混入，比如文学表现、娱乐手法，或者是利益的追求，求真的史学核心价值逐渐减退直到消失不存。

所以我们说，随着历史世界由 1 到 N 的步步延伸，与历史真相的距离越来越远；第二世界的史料距离史真最近，到了史著的第三世界，已经有了相当的距离，一旦进入 N 的世界，距离逐渐变远，变形随之加大，可信度也不断降低。与此相伴的是，随着历史世界由 1 到 N 的步步延伸，编撰的史著、演生的历史故事、编导出来的历史影视剧，则可能会越来越丰富、有趣，被更多的人喜闻乐见，得到更为广泛的流传。

笔者已经指出，历史学的知识结构有层次性，可以概括为由基层史学、中层史学、高层史学组成的层次模式，在这个史学知识构造的模式中，高层史学的工作依赖于中层史学的结果，中层史学的工作依赖于基层史学的结果，这种特点，我们称为基础下向性。❶ 上述 3＋N 的历史世界中可信度逐渐降低的特点，应当与历史学层次模式中的基础下向性密切相关，我们可以从另外一个侧面概括为可信度伴随层次增高而递减。

正如笔者已经指出的，理论乃是为了观测事实、表达认识结果而制造的一种便利的工具。我们对于历史学的知识构成做了 3＋N 的理论概括以后，就可以参照于此，对于本书及其笔者所尝试的一

---

❶ 拙论《史学理论的层次模式和史学的多元化》。

些历史学探索做分类和评判了。

本书通过史料分析的方式,首先将史著(《史记》《汉书》等)中的记载还原为史料,基于这些史料,再加上出土史料,对于秦末汉初的历史做了重新构筑。从3+N的历史学知识构成的角度看,本书是一本史著,属于历史学的第三世界。从形式上看,本书是实证性的分析论著;从方法论的角度看,本书的追求是尽可能靠近科学主义的。所以,笔者对于本书的基本定义,是基于实证的科学主义的历史研究论著。

全面地看,基于实证的科学主义的历史研究论著,只是历史学中历史学家用来表现历史的形式之一,也就是史著的一种形式而已。在这种形式之外,历史学用来表现历史的史著还有多种形式,有纪传体的史著如司马迁的《史记》、有编年体的史著如司马光的《资治通鉴》、有纪事本末体的史著如袁枢的《通鉴纪事本末》、有笔记体的史著如赵翼的《廿二史札记》、有教科书体的史著如翦伯赞主编的《中国史纲要》等。近年来,黄仁宇先生用小说体的形式写成史著《万历十五年》,笔者新近写成的史著《秦崩》《楚亡》和《汉兴》,基于文献资料、考古文物和实地考察,力求融通各种不同的表现形式,追求一种复活型的历史叙事。❶ 拙作《秦谜:重新发现秦始皇》,尝试用侦探推理的形式表现历史,尽管其归类的边界

---

❶ 复活型历史叙事的形式,是我参照了古今中外各种史著和文学作品后,摸索出来的一种形式。对这个形式的特点,中华书局的编辑曾做过一个简明的公式概括。我借这个公式的形式,做了一个简明的表述:(文献+文物+考察)×(叙述+联想+感怀)=复活型历史叙事。乘号之前的括号内容,讲的是史料。文献、文物和实地考察,是历史学的三种基本史料。史料的收集、鉴定、选择和解读,是历史叙事的基础,体现史学求真的严谨。乘号之后的括号内容,讲的是表现方法。如实的叙述中,加上合理的联想和自身的感怀,体现了史家对于史真的鲜活追求,历史学之美,也由此体现。可以说,没有(文献+文物+考察),叙事就是沙上之塔;没有(叙述+联想+感怀),叙事就是散乱砖瓦。将二者结合起来,历史叙事就可以成为根基牢固的美丽建筑。

有些模糊，基于史料推想史真的基本点仍然保持着。

笔者自1978年入史学之门以来，迄今四十余年。四十余年来，笔者不断地思考历史学的知识构成，尝试用多种形式表现历史。其动机，出自对于历史学的热爱，其目的，是希望从理论和实践两个方面拓展历史学的领域，破除自我封闭的狭隘的小历史学观念，建立多元的开放的大历史学观念，为历史学的发展求得更大的空间，激励历史学家追求更多更好更美的表现历史的形式，更加逼真、更加深刻、更加有力地表现历史，携手为历史学共创更加繁荣的未来。

第1章

汉初军功受益阶层之形成

第一节 释"高帝五年诏"

一、"高帝五年诏"之史料来源❶

高帝五年十二月,汉王刘邦联合各诸侯王国,于垓下之战击败项羽,取得了楚汉战争的胜利。二月,刘邦在定陶军中接受将士之推举,即位做了汉朝皇帝。夏五月,遣散军队,"兵皆罢归家"。同时,发布"高帝五年诏",处理各种战后问题,力图将国家由战时转入和平。"高帝五年诏",乃是西汉初年最重要的法令之一。

关于"高帝五年诏",其最详细之记载为《汉书》卷一《高帝纪》,班固叙其事于高帝五年五月条,以"诏曰"和"又曰"的形式将诏文分为前后两部分,共278字,全文如下:

> (诏曰)诸侯子在关中者,复之十二岁,其归者半之。民前或相聚保山泽,不书名数,今天下已定,令各归其县,复故爵田宅,吏以文法教训辨告,勿笞辱。民以饥饿自卖为人奴婢

---

❶ 本章最初于1990年发表于日本之《史学雜誌》第99编11号。发表后,收到早稻田大学福井重雅先生的来信。在来信中,福井先生指出,"高帝五年诏"之史料来源,可以追寻到《汉书·艺文志》所载之《高祖传》十三篇,史料价值相当可靠。本节内容得到福井先生的贵重教示,笔者在此深表感谢。

者,皆免为庶人。军吏卒会赦,其亡罪而亡爵及不满大夫者,皆赐爵为大夫。故大夫以上,赐爵各一级。其七大夫以上,皆令食邑。非七大夫以下,皆复其身及户,勿事。

(又曰)七大夫、公乘以上,皆高爵也。诸侯子及从军归者,甚多高爵,吾数诏吏先与田宅,及所当求于吏者,亟与。爵或人君,上所尊礼,久立吏前,曾不为决,甚亡谓也。异日秦民爵公大夫以上,令丞与亢礼。今吾于爵非轻也,吏独安取此。且法以有功劳行田宅,今小吏未尝从军者多满,而有功者顾不得,背公立私,守尉长吏教训甚不善。其令诸吏善遇高爵,称吾意。且廉问,有不如吾诏者,以重论之。

同一诏书,《史记》卷八《高祖本纪》仅采录了23字,无"诏曰"之形式,直接叙于高帝五年五月条中,其文如下:

(五月,兵皆罢归家。)诸侯子在关中者复之十二岁,其归者复之六岁,食之一岁。

荀悦《汉纪》卷三高帝五年条以"令"的形式采录了22字,其文如下:

(夏五月,兵皆罢。令)人保其山泽者各归其田里,自卖为人奴婢者免其庶人。

下面,笔者将以《汉书》之文为底本,对"高帝五年诏"进行详细讨论。在讨论其内容之前,首先需对该诏书之史料来源及其可靠性予以考察。

《汉书》卷三十《艺文志》儒家类有"《高祖传》十三篇"。班固自注:"高祖与大臣述古语及诏策也。"我们知道,《艺文志》乃录刘向、刘歆父子所校书目《七略》作成,"《高祖传》十三篇",班固是见到了的,其内容的主要部分,就是刘邦时期的诏令。据《汉书补注》引王应麟说,宣帝时之丞相魏相在其奏文中曾直接引用过该书。考《汉书》卷七十四《魏相传》,魏相"明易经,有师法,好观汉故事及便宜章奏"。其为丞相时,曾在所上关于明堂月令的奏文中引用过《高皇帝所述书》天子所服第八",其文曰:

大谒者臣章受诏长乐宫,曰:"令群臣议天子所服,以安治天下。"相国何、御史大夫臣昌谨与将军臣陵、太子太傅臣通等议:"春夏秋冬天子所服,当法天地之数,中得人和。故自天子王侯有土之君,下及兆民,能法天地,顺四时,以治国家,身亡祸殃,年寿永究,是奉宗庙安天下之大礼也。臣请法之。中谒者赵尧举春,李舜举夏,兒汤举秋,贡禹举冬,四人各职一时。"大谒者襄章奏,制曰:"可。"

如淳注曰:"第八,天子衣服之制也。于施行诏书第八。"以此看来,《汉志》所录之《高祖传》十三篇与魏相所引用的《高皇帝所述书》,当为同一内容之书,该书完整而详细地记录了高帝期间的各种诏令文书,其第八部分为"天子所服第八",专记高帝期间有关天子服饰之诏令制度。又,《隋书》卷三十《经籍志》录有"《魏朝杂诏》二卷",其本注曰:"梁有《汉高祖手诏》一卷,亡。"可知,同一内容的书于梁时尚残存,其后不闻,或许亡于陈、隋之际。

我们知道,古代史书中对于诏令文书很少全文全录,一般是根据作者的意图，用节录、分载、选录、略写的形式部分采录❶。考高帝时期相国为萧何、御史大夫为周昌、太子太傅为叔孙通时，在高帝七年到九年❷，《汉书》魏相传所引之服制诏，当发布于此时。该诏书并非全文全录，但从诏令形式上看，却相当完整，为汉代诏令第三类，即制书和诏书的结合书式之典型❸。"高帝五年诏"也并非全文全录，从诏令形式上看相当完整，为汉代诏令第一类，即制书之典型形式（分析详下）。

可以推想，"高帝五年诏"和高帝服制诏，皆为收入汉高祖诏令集录，即《高祖传》十三篇（又称《高皇帝所述书》）之汉高祖刘邦所颁布的诏令。该书从西汉初年一直存续到梁，或许亡于陈、隋之际。司马迁见过此书，他根据自己撰写通史的需要，仅选取了该书所载的"高帝五年诏"之寥寥数语。宣帝时魏相看了此书，他称该书为《高皇帝所述书》，在自己的上奏文中详细采录了该书第八篇所载之高帝天子服制诏。西汉末年，刘向、刘歆父子在整理宫廷藏书时也见到该书，因其时尚存十三篇，遂条陈其目录，称为《高祖传》十三篇。

东汉班固也见到该书，他根据该书的内容对刘向所撰之书名作了注释，其注释与魏相所引之内容完全相符。班固在撰写《汉书·高帝纪》时，根据编撰西汉一朝断代史之需要，以节录诏书的形式，采录了"高帝五年诏"之相当一部分内容。东汉末，荀悦在撰写《汉纪》时，也以令的形式再一次采录了"高帝五年诏"之部分内容。2001年，《张家山汉墓竹简（二四七号墓）》出版以后，

---

❶ 大庭脩『秦漢法制史の研究』，第三篇第一章，創文社，1982年。
❷ 参见本书附录"高帝—武帝期间三公九卿、王国相及郡太守表"之"表A-1高帝期三公九卿表"。
❸ 大庭脩『秦漢法制史の研究』，第三篇第一章。

"高帝五年诏"的内容更是得到了确认。❶ 统而言之,"高帝五年诏"之史料来源清楚明晰,作为第一级之原始史料相当可信可靠。下面,笔者试图将"高帝五年诏"分为十五节,逐节加以检讨。

二、"诸侯子"之解读

"高帝五年诏"以

[1] 诸侯子在关中者,复之十二岁,其归者半之。

一句开始。相应的内容,《史记》卷八《高祖本纪》作:

诸侯子在关中者复之十二岁,其归者复之六岁,食之一岁。

此23字,乃《史记》所记"高帝五年诏"之全文。《汉书》将《史记》所记之"复之六岁"改为"半之","食之一岁"则遗漏了。❷

关于"诸侯子"一语,历来有两种解释。其一为宋人宋祁说,"诸侯子谓诸侯国人,若楚子之类"。将诸侯子解释为"诸侯国人"。❸ 其一为清人周寿昌说,"窃谓楚子、诸侯子之类,大约楚国与诸侯

---

❶ 本书初版的2000年,张家山汉简尚未公布。2001年,《张家山汉墓竹简(二四七号墓)》出版,其中《二年律令》的相关内容不但证明了"高帝五年诏"之可靠,而且从细节上大大地补充了"高帝五年诏",几乎可以视为"高帝五年诏"的实施细则。张家山汉简的内容极为丰富,学界的研究也尚在继续中。本书的这次增订,由于难以变动原书的体例,只选择了张家山汉简的部分内容和部分研究成果做必要的补充,详见后文。

❷ 班固在《汉书》中转录诏书时,常常对诏书原文中一些用字用语做文学性的编辑,尽可能保留原文的华丽辞藻,而对有具体所指的质朴文字进行删减改写。参见张俊民《悬泉汉简与班固〈汉书〉所引诏书文字的异同》,刊于《文献》2013年第2期。

❸ 《汉书补注》卷一所引。原书未见。

支系、宗戚之从军者，非泛泛国人，故书子以别之"。将"诸侯子"理解为诸侯各国王族之宗室姻亲。❶ 然而，深入查询史籍，"诸侯子"一语，仅见于西汉初年。❷《汉书》卷四十四《淮南王刘长传》所载薄昭致刘长书曰：

> ……亡之诸侯，游宦事人，及舍匿者，论皆有法。其在王所，吏主者坐。今诸侯子为吏者，御史主，为军吏者，中尉主，客出入殿门者，卫尉大行主，诸从蛮夷来归谊及以亡名数自（占）者，内史县令主，相欲委下吏，无与其祸，不可得也。王若不改，汉系大王邸，论相以下，为之奈何？

此文言及刘长非法收容各种亡人之罪，其所收容的亡人中，就包含有"诸侯子"。同一罪状，同传所载丞相张苍之奏文中，写作"收聚汉诸侯人及有罪匿与居"。前文之"诸侯子"，后文称作"诸侯人"。"汉诸侯人"，《汉书补注》王先谦曰："汉郡县及诸侯国之人。"将其释为汉之郡县的人和诸侯国的人，极是。可见，"诸侯子"即"诸侯人"，就是诸侯国的人。从当时的户籍制度来看，"致刘长书"中所言及的"蛮夷来归谊"者，本是没有户籍的，"亡名数自（占）者"，当是不载于户籍而自我申告重新登录者。此处的"亡名数"与"高帝五年诏"文中之"不书名数"乃是同义语，皆指没有登录于户籍（见本节之三［2］解释）。从而，就户籍登录之法而论，所谓"诸侯子"，就是户籍在诸侯王国的人。下面，我们将根据这种释

---

❶ 周寿昌《汉书注校补》卷一，广雅书局，1891年。
❷ "诸侯子"一语，《史记》之用例有二，《汉书》之用例有四，皆使用于高帝到文帝间（详见下文）。《汉书》卷六十四主父偃传之"诸侯子"一语，据《史记》同传，当为"诸侯弟"。

义,进而具体分析"高帝五年诏"中的"诸侯子在关中者"。

我们知道,秦汉时代户籍制度管理严密,人口的移动受到严格的限制。特别是首都所在的关中地区,出入须持有"传",即特别通行证,方可放行。出入关中的这种特别通行制度,汉文帝十二年一度废止,到景帝四年又恢复了❶。从而,诏文中与"军吏卒"同时受到优待的"诸侯子在关中者",并非一般意义上的户籍在诸侯王国者,当有更为具体的意义。

汉元年十月,刘邦率领军队首先进入关中,十二月,项羽及其所属的诸侯各国的军队也进入了关中。同年二月,项羽实行大分封,四月,各国军队纷纷从关中撤退返还本国。当时,旧秦国被分割为雍、塞、翟和汉四国。关中地区,分别由旧秦国的将领雍王章邯、塞王司马欣、翟王董翳统领旧秦国吏士实施统治。从而,此时并无滞留于关中的诸侯国人,即所谓"诸侯子在关中者"之存在。

然而,旧秦国的蜀汉地区,则由汉王刘邦统治。刘邦领军到汉中就国时,有相当数量的关东地区的诸侯国人跟随到达。《汉书》卷一《高帝纪》曰:"(项)羽使卒三万人从汉王,楚子、诸侯人之慕从者数万人。"文颖注曰:"楚子犹言楚人也,诸侯人犹言诸侯国人。"可见,跟随刘邦抵达汉中者,除了"三万人"的汉军外,还有"数万人"的楚及其他诸侯国的"慕从者"。比如,淮阴侯韩信和韩王韩信,皆在上述"慕从者"之列。淮阴侯韩信为楚国人,当为"楚子";韩王韩信为韩国人,当为"诸侯人"。

据笔者的研究,抵汉中就国时的汉军,几乎皆为旧楚国地区出身的将士❷,他们本来皆著籍于关东,当他们作为汉王国的将士抵

---

❶ 《汉书》卷四《文帝纪》十二年条"除关,无用传"。《汉书》卷五《景帝纪》四年条"复置诸关,用传出入"。想来,汉的关制,当是继承秦制而来的。

❷ 参见本书第5章第一节。

达汉中以后，在何处著籍的问题就发生了。如果根据当时的户籍制度，他们当在汉中著籍，然而，由以后的史实来看，他们似乎并没有在汉中著籍，而是保留了其在关东的本籍。笔者做此推想，基于以下三点理由：

（一）刘邦集团抵达汉中地区后，出身于关东地区的部下皆思念故土，"日夜企而望归"（《汉书》卷一《高帝纪》引韩信语）。刘邦为了攻占关中，进而东进关东地区与项羽争夺天下，必须利用将士们归乡的迫切心情。保留将士们的关东籍，不在汉中著籍，当是汉中就国时汉政府的政策之一。据本章第二节表1-1"秦楚汉间刘邦集团军功爵封赐表"来看，汉的食邑制度，最迟在汉二年十一月已经实行，其食邑所在地，没有一个在汉中地区，当也同将士们不在汉中著籍有关。

（二）汉元年八月，刘邦领军队再次进入关中。其时，跟随刘邦进入汉中的楚及各诸侯国人也到了关中，正是他们，成了"诸侯子在关中者"，即身在关中的诸侯国人。据《史记》卷八《高祖本纪》，汉二年六月，刘邦于彭城战败后，撤退至关中，发布诏令"诸侯子在关中者，皆集栎阳为卫"。乃是于紧急时，召集可以依靠信赖的"诸侯子在关中者"共同保卫首都栎阳。

（三）高帝五年五月，汉政府开始解散军队，遣返"归家"，同时，发布"高帝五年诏"。"归家"即返归本籍所在地。❶ 就跟随刘邦之汉中就国的部下们而言，如果他们已经在汉中著籍了的话，依照法令，此时就该返还汉中。这是完全不可想象的事。事实上，他们皆急于返回其在关东的本籍地，而汉政府为了巩固关中根据地，

---

❶ 关于归家意义，参见尾形勇『中国古代の家と国家』第四章第三节。本书仅仅言及户籍制度之部分。

希望他们在关中地区定居。为此,"高帝五年诏"中有"诸侯子在关中者,复之十二岁,其归者半之"之条文,在徭税之免除上,对定居关中者给予加倍优待。

总之,"诸侯子"即为"诸侯国人",乃是西汉初年使用的法律用语。其意义,一般而言,是指户籍在诸侯王国的人,就特殊的场合而言,尚要根据上下文意做具体分析。❶

又,诏文中的"复",与"除"同义,或者联用作"复除",免除之意。其免除之内容,史书撰写中常常省略,或者另据别处的律令故事,不直接见于律文。❷此处"复"的内容,当也是省略了,以诏文第七项的免除内容为准的话,理解为"徭役"较为恰当(参见本节之三[7]解释)。

通过以上的考察,本条诏文的意义可以简要解释如下:定居于关中地区的诸侯国人,免除其十二年的徭役。返归本籍所在地的诸侯国人,免除其六年的徭役。

三、"高帝五年诏"之考析

高帝五年诏"曰:

[2]民前或相聚保山泽,不书名数,今天下已定,令各归

---

❶ 张家山简《贼律》:"以城邑亭障反,降诸侯,及守乘城亭障,诸侯人来攻盗,不坚守而弃去之,若降之,及谋反者,皆要(腰)斩。"文中之"诸侯"为诸侯国,"诸侯人"为诸侯国人。《奏谳书》十六:"信,诸侯子,居洛阳阳杨里。"洛阳本为韩国地,信本籍洛阳,故称诸侯子。按:本书引用张家山汉简《二年律令》及《奏谳书》文,一律用彭浩、陈伟、工藤元男主编《二年律令与奏谳书:张家山二四七号汉墓出土法律文献释读》,上海古籍出版社,2007年。

❷ 重近啓樹「漢代の復除について」(『東方学』第73輯,1989年),后收入氏著『秦漢税役体系の研究』,汲古書院,1999年。山田勝芳『秦漢財政収入の研究』第七章,汲古書院,1993年。

第1章　汉初军功受益阶层之形成　**043**

其县，复故爵田宅，吏以文法教训辨告，勿笞辱。

师古注曰："名数，谓户籍也。"此处所谓的户籍，当是汉初重新整理的新户籍。新户籍，当据秦楚以来的旧户籍重新登记整理。张家山汉简《奏谳书》四为汉高祖十年案例，文中有"未有名数，以令自占"语。其"未有名数"即本诏书中的"不书名数"，其"以令自占"之令，当与本诏此条有直接的关系。同案例中自占名数之女子符，当为具体事例。

西汉初年，究竟何时开始整理户籍，史无明载。然而，汉初的户籍由丞相萧何主管，则是清楚明确的。❶ 据《汉书》卷一《高帝纪》，汉元年八月，刘邦领军由汉中出发，进军关中，其时"留萧何收巴蜀租、给军（粮）食"。我们知道，秦汉征收租税以供军用之事，皆是基于户籍实行的，即同传"计户转漕给军"所言。又据《后汉书》卷八十六《南蛮西南夷列传》，汉之征兵制度，从刘邦抵汉中就国时就开始实行。❷ 征兵制之实行，也是基于户籍进行的。可以推想，汉初的户籍整理，开始于汉元年（前206）四月至八月，即刘邦抵汉中时。其实行，当随刘邦军队之推进而在各地展开。至迟到汉二年五月，蜀汉关中地区的户籍整理，已经基本完成。❸

---

❶《汉书》卷三十九《萧何传》曰："沛公至咸阳，诸将皆争走金帛财物之府分之，何独先入收秦丞相御史律令图书藏之。沛公具知天下厄塞，户口多少，强弱处，民所疾苦者，以何得秦图书也。"

❷《后汉书》卷八十六《南蛮西南夷列传》，"至高祖为汉王，发夷人还伐三秦。……阆中有渝水，其人多居水左右，天性劲勇，初为汉前锋，数陷阵。"可见，刘邦至汉中时，就实行了征兵，而且，其征兵相当彻底，一直征发到蛮夷。

❸《汉书》卷一《高帝纪》汉二年五月条"萧何发关中老弱未傅者悉诣军"，师古注："傅，著也。言著名籍，给公家徭役。"当时征兵，乃基于户籍进行。从萧何能够悉征关中兵，进而至老弱者一事，可以推想其时之户籍整理已经相当完善周详。

"归其县"，即返归户籍所在的县，恢复其旧有的户籍。然而，恢复旧有的户籍时，户籍所载的包括爵位、田宅在内的所有内容也将恢复。这就是"复故爵田宅"的具体意义。

此诏文说，以前，有聚保山泽、未登录于户籍之民。现在，天下已经平定，命令你们回到本籍所在之县，恢复旧有的爵位和田宅。官吏当以文法教训辨告，不得鞭笞侮辱。

［3］民以饥饿自卖为人奴婢者，皆免为庶人。

此条为赦免奴婢为民的法令，然其赦免的对象，并非所有的奴婢，而是有限定的。

《汉书》卷二十四《食货志》曰："汉兴，接秦之敝，诸侯并起，民失作业而大饥馑，凡米石五千，人相食，死者过半。高祖乃令民得卖子，就食蜀汉。"同事，《汉书》卷一《高帝纪》二年六月条记为"关中大饥，米斛万钱，人相食。令民就食蜀汉"。也就是说，此前，因为饥荒，汉政府曾经发布过诏令，准许卖子为奴等事。

此诏文说，上述因为饥饿自卖为人奴婢者，皆赦免为民。

［4］军吏卒会赦，其亡罪而亡爵及不满大夫者，皆赐爵为大夫。

如淳注曰："军吏卒会赦，得免罪，及本无罪而亡爵者，皆赐爵为大夫。"师古注曰："大夫，第五爵也。"秦汉二十等爵制，大夫为第五等爵。

此诏文说，刘邦军队的所有吏卒，除去有罪者外，其无爵位及爵位不满大夫者，皆赐予第五等爵之大夫爵位。

第1章 汉初军功受益阶层之形成 **045**

［5］故大夫以上，赐爵各一级。

师古注曰："就加之也。级，等也。"

此诏文说，第五等爵之大夫及其以上的爵位之拥有者，皆加赐一级爵位。

［6］其七大夫以上，皆令食邑。

臣瓒注："秦制列侯乃得食邑，今七大夫以上，皆食邑，所以宠之也。"据日本学者守屋美都雄的研究，秦制，第九等爵之五大夫以上者，食邑。❶ 就汉制一般而言，只有列侯、关内侯方有食邑。然而，西汉初年，非侯而食邑者也有。比如赵尧。《汉书》卷四十二《赵尧传》曰："（刘邦）遂拜（赵）尧为御史大夫。尧亦前有军功食邑，及以御史大夫从击陈豨有功，封为江邑侯。"据《汉书》卷十九《百官公卿表》，赵尧于高帝十年为御史大夫。又据《汉书》卷十六《高惠高后文功臣表》，他于高帝十一年封为江邑侯。可见，他在封侯以前，已经因军功食邑。

"七大夫"，师古注曰："七大夫，公大夫也，爵第七，故谓之七大夫。"所言极是。据《汉书》卷十九《百官公卿表》、《商君书·境内篇》及张家山汉简《户律》，秦汉爵制，第七等爵称公大夫。因为在二十等爵中排列在第七等，所以也称七大夫。日本学者栗原朋信以为，此处的"七大夫"爵称，不是秦爵，而是楚爵，颜师古注并不妥当。❷ 然而，正如后文所将论述的，汉元年四月到八月，汉建

---

❶ 守屋美都雄「漢代爵制の源流として見たる商鞅爵制の研究」，收于氏著『中国古代の家族と国家』。
❷ 栗原朋信「両漢時代の官民爵について」，『史観』第22·23、26·27册，早稻田大学史学会，1930、1931年。

国改制，废除了从前沿用的楚制，改为秦制。据此，高帝五年时还继续采用楚爵，则难以凭信。况且，"高帝五年诏"中使用的其他爵称，如大夫、公大夫、公乘等，皆是秦爵。进而，七大夫之爵称，正好列于第八等爵之公乘前，当如师古注，理解为秦制的第七等爵。

此诏文说，拥有七大夫（第七等爵的公大夫）以上爵位者，皆给予食邑之优待。

[7] 非七大夫以下，皆复其身及户，勿事。

"勿事"，如淳注曰："事，谓役事也。"《汉书》卷一《高帝纪》七年十二月条师古注曰："勿事，不役使也。"皆将"事"释为徭役，即是此处"复"（见前[1]解释）的项目。至于徭役免除的年数，当是省略了。

此诏文说，七大夫以下的有爵者（不含七大夫），皆免除其本人及其同户者的徭役（？年）。

[8] 七大夫、公乘以上，皆高爵也。

师古注曰："公乘第八爵。"汉代爵制有民爵、官爵之别，也有官爵、吏爵之别❶。然而，从法制方面看，汉之法律可以分为普通法和军法两大不同的系统。军功爵，乃是基于军法，伴随有特定的赏赐，自有区别于其他爵位的特殊性。一般而言，汉代爵制有高爵和低爵之分，其分界，为第八级爵之公乘。庶民，不能持有公乘以上

---

❶ 西嶋定生『中国古代帝国の形成と構造——二十等爵制の研究』第一章第三节。

的爵位。然而，此处以七大夫（公大夫）为高爵，当为优待军吏卒的特殊处置。

此诏文说，第七级爵七大夫、第八级爵公乘及其以上的爵位，皆被认定为高爵。

[9] 诸侯子及从军归者，甚多高爵，吾数诏吏先与田宅，及所当求于吏者，亟与。

师古注曰："亟，急也。"此处的诸侯子，当即前文所言的"诸侯子在关中者"。此处所言及的关于"先与田宅"的诏令，史书失载。然而，该类诏令确已多次下达，却是毫无疑问的。"所当求于吏者"，当指根据军功爵赏制度所应获得的田宅和其他赏赐，若据秦制，除田宅之外，尚有庶子，汉制，则没有关于庶子的记载。

此诏文说，诸侯子及从军归者，拥有高爵者甚多❶，皇帝已经多次下诏于吏，优先给予田宅及其他应当享有的待遇，从速办理。

[10] 爵或人君，上所尊礼，久立吏前，曾不为决，甚亡谓也。

师古注曰："爵高有国邑者，则自君其人，故云'或人君'也。上谓天子。""亡谓者，失于事宜，不可以训。"据秦汉的军法，军功爵的赐予于军中施行，相应的田宅等赏赐的施行，则由军中通知受赐者本籍所在的县，由地方官吏执行❷。此处诏令所言及"曾不

---

❶ 诸侯子及从军归者甚多高爵的实例，见张家山汉简《奏谳书》，特别是第十六。
❷ 参见本书附录"《商君书·境内篇》为秦军法残文说"，原载《国际东方学者会议记要》第三十五册，1991年。

为决",当指地方官吏对于军功爵者所应获得的田宅等赏赐(见下[14]解释)没有迅速执行。

此诏文说,有爵者,特别是有高爵者,乃是君临国邑的人君,为皇帝所尊礼,地方官吏对于他们所应获得的赏赐待遇拖延未能迅速实行,非常不应该。

[11] 异日秦民爵公大夫以上,令丞与亢礼。

应劭注曰:"言从公大夫以上,民与令丞亢礼。亢礼者,长揖不拜。"师古注曰:"异日,犹言往日也。亢者,当也,言高下相当,无所卑屈,不独谓揖拜也。"二人对于"亢礼"的解释,稍有不同。《汉书》卷五十《汲黯传》,"大将军青既益尊,姊为皇后,然黯与亢礼。或说黯曰:'自天子欲令群臣下大将军,大将军尊贵诚重,君不可以不拜。'黯曰:'夫以大将军有揖客,反不重耶。'"据此,"亢礼"乃指揖而不拜之礼。《汉书》卷一《高帝纪》二世三年二月条,刘邦见郦生,"郦生不拜,长揖曰"云云。师古注曰:"长揖者,手自上而极下。"可见,应劭是从施礼的具体形式来解释"亢礼",颜师古进而就该种礼仪的意义加以补充。

此诏文说,从前,秦民有公大夫以上爵位者,见县令县丞可长揖不拜,行对等之礼。

[12] 今吾于爵非轻也,吏独安取此。

师古注曰:"于何得此轻爵之法也。"《汉书补注》王先谦曰:"何取轻爵如此也。颜训非。"颜注将当属下文的"且法",缀于上文末解读,误。王注是。

此诏文说,当今,吾于爵位也看得不轻,吏岂敢擅自如此。

[13] 且法以有功劳行田宅。

苏林注曰:"行,音行酒之行,犹付与也。"《汉书补注》王先谦曰:"法,谓法令。"按:汉之军法有依军功授田宅之规定(详见本章第三节之一)。此处所言之"法",当指汉之军法。

此诏文说,赐予有功劳者田宅乃(军)法之规定。

[14] 1.今小吏未尝从军者多满,而有功者顾不得,背公立私,2.守尉长吏教训甚不善。

1.我们知道,秦有"吏谁从军",即推择小吏编入军队之制度。此处所言及"小吏未尝从军者",即指未曾推择从军之小吏们。"多满",如淳注曰:"多自满足也。"《汉书补注》王先谦曰:"私取田宅以自盈也。"已如上述,因军功爵授予田宅一事,由军功爵者本籍所在之县实行。具体而言,由该县之掾属等小吏具体执行。然而,他们利用职权,多私取田宅以自肥,诏书谴责他们"背公立私"。

2.师古注曰:"守,郡守也。尉,郡尉也。长吏,谓县之令长。"劳榦以为,汉代的"长吏"一语,有以下多种含义:县之令、长;六百石以上的吏;县丞。进而,长吏一语在以上三种意义上使用的情况,主要在西汉初年。西汉中期以后,则如《汉书·百官公卿表》所载,指称县之令(长)、尉、丞。❶

---

❶ 劳榦《汉朝的县制》。同氏著《劳榦学术论文集甲编》,艺文印书局,1976年。

然而，同一用语，特别是诏令当中的同一用语，可以泛指多种不同对象，是难以想象的。《汉书》卷十九《百官公卿表》曰："县令、长皆秦官，掌治其县，万户以上为令，秩千石至六百石，减万户为长，秩五百至三百石。皆有丞、尉，秩四百石至二百石，是为长吏。百石以下有斗食、佐史之秩，是为少吏。"在此，"长吏"是相对于"少吏"而言的。少吏，非常明确，就是指秩在百石及其以下的吏。相对于此，长吏，当指秩在二百石及其以上的吏，即从二百石到二千石的所有官吏，皆可称为"长吏"。长吏的这种意义，可以通用于劳榦上面所列举的所有用例。县的令、长、丞、尉，六百石以上的吏，二千石的吏，皆可称为长吏。也就是说，长吏乃是二百石及其以上的官吏的泛称，至于具体指二百石以上的哪一级吏，则要根据上下文做具体分析了。❶

在本条诏文中，长吏是相对"小吏"而言的。《汉书》卷八《宣帝纪》神爵三年八月条，"诏曰：吏不廉平则治道衰，今小吏皆勤事而奉禄薄，欲其毋侵渔百姓，难矣。其益吏百石以下奉十五"。据此诏文，小吏即是秩在百石以下的吏。古文中"少"和"小"通用❷，两字的写法也不过一画之差，所以，此处的"小吏"就是《百官公卿表》中的"少吏"，其不同的写法，或者是通假，或者是笔误。

又，《睡虎地秦墓竹简》编年记有"［五十］三年，吏谁从军"之记事。注释将"谁"释为推择，《史记》卷六《秦始皇本纪》有"军归斗食以下、什推二人从军"，即是同一类记事。❸ "斗食以

---

❶ 长吏的上述定义，可由《尹湾汉墓简牍》(中华书局，1997年)，特别是其中的"东海郡员簿""东海郡下辖长吏名簿""东海郡长吏不在署、未到官者名簿""东海郡属吏设置簿"等得到证实。

❷ 《说文》："少，不多也。从小。"段注："不多则小。故古少、小互训通用。"《汉书·武帝纪》元光六年条："少吏犯禁。"师古注引文颖曰："少吏，小吏也。"即为其例。

❸ 《睡虎地秦墓竹简》，文物出版社，1978年。

下",前引《百官公卿表》曰:"百石以下有斗食、佐史之秩,是为少吏。"可见,秦有"吏谁从军"之制,其所推择的吏,主要就是百石以下之少吏(小吏)。从而,本诏文中所言及"小吏未尝从军者",乃是指未曾推择从军的百石及其以下的少吏(小吏),主要指地方郡县的掾属等。

此诏文说,未曾从军的地方小(少)吏,多私取田宅以自肥,有功劳者反而未能得到应得的赏赐,这种背公立私的事情之所以存在,在于郡守、尉等长吏的教训不力。

[15]其令诸吏善遇高爵,称吾意。且廉问,有不如吾诏者,以重论之。

师古注曰:"称,副也。廉,察也。"据大庭脩的研究,汉代诏文中的"使命知朕意""以称朕意"等用语,乃是诏书的分类之一,即制书的专门用语。❶ 本诏文中的"称吾意"与此类同,"高帝五年诏"也当属于制书类诏令。

此诏文言,命令诸吏优遇善待高爵者以称吾意,并且查问,如有不按诏令行事者,从重论处。

以上,笔者对"高帝五年诏"之内容做了详细的考析。最后,笔者对该诏书之分段记载形式,再做简单的补充说明。已如前述,一般而言,史书中所见的诏文,以节略、分载的形式部分采录者为多,诏文被加以缩写的情形也不少。并且,史书在对诏文进行节略、分载的时候,诏文之间往往用"又曰"加以连接。比如,《汉书》卷

---

❶ 大庭脩『秦漢法制史の研究』,第三篇第一章。

四《文帝纪》文帝元年三月条记载的"养老令",就同"高帝五年诏"类同,也是用"诏曰……又曰……"的形式加以节略、分载的。想来,此处引用分析的"高帝五年诏",当也并非诏书之全文,仍然是采录部分而已。

第二节　秦楚汉间的爵制变动

一、秦楚汉间的军功爵

我们知道,汉承秦制,汉之爵制,也是继承秦制而来的。《汉书》卷十九《百官公卿表》记其事曰:

> 一级曰公士,二上造,三簪袅,四不更,五大夫,六官大夫,七公大夫,八公乘,九五大夫,十左庶长,十一右庶长,十二左更,十三中更,十四右更,十五少上造,十六大上造,十七驷车庶长,十八大庶长,十九关内侯,二十彻侯。皆秦制,以赏功劳。

然而,秦汉交替时期,即秦楚汉间,刘邦的军队曾经使用过楚爵。比如,刘邦部下的樊哙、灌婴、夏侯婴等,曾经被赐予过执帛、执圭等楚爵(见表1-1)。近年来,张家山汉简的出土,更使汉初楚爵的问题明显化了。❶ 从而,秦楚汉间的爵制变动,即秦爵、楚爵和汉爵三者间的关系,特别是刘邦集团何时采用楚爵,何时又改秦

---

❶ 参见张家山汉简《奏谳书》十六。

爵以为汉制的问题，自然地浮现。这个问题也直接关系到"高帝五年诏"中所出现的爵称是否皆是秦爵的问题，不可不予以解释。关于此问题，迄今为止学界主要有以下几种看法：

（一）沈钦韩《汉书疏证》曰："高祖初起，官爵皆从楚制。"他指出，刘邦集团从起兵开始即从楚制用楚爵。❶

（二）渡边卓在《关于墨家的兵技巧书》一文中说，刘邦集团"起兵后用秦制，与项梁、项羽合作时用楚制，从汉楚对立到汉帝国成立时再次用秦制"。❷

（三）高敏在《论两汉赐爵制度的历史演变》一文中以为，刘邦集团统一采用秦的爵制，时间在高帝五年刘邦即位做了皇帝以后。❸

（四）据笔者所知，对该问题认真做过考察者，当推日本学者栗原朋信。他在《两汉时代的官民爵》一文中指出："汉灭楚统一天下以前用楚爵。从而，《汉书》等文献所载的汉之二十等爵乃是继承秦制而来之事，其间是有变化的。其由楚爵变更为秦爵的时间，不在汉统一天下以前，而在统一以后。至于具体在统一以后的何时，由于史书没有记载，仍然是一个问题。考察起来，汉之二十等爵制的存在，文帝时是比较确定的，惠帝时当已经存在了。再往前可以追溯到高帝时。高帝五年，刘邦即位大封功臣为列侯时，制度上废除了楚爵改为秦爵，然而，在爵称上是否断然改废完毕，则是不能断言。想来，秦爵和汉爵可以说是大体一致的，但是，其间

---

❶ 沈钦韩《汉书疏证》卷二十七，浙江官书局，1900年。
❷ 渡邊卓「墨家の兵技巧書について」，收于氏著『古代中国思想の研究』，創文社，1971年。
❸ 高敏《秦汉史论集》，中州书画社，1982年。

也多少有所变更。"❶ 也就是说，栗原朋信认为，汉之爵制由楚制变为秦制，乃在高帝五年统一天下以后，但是，楚爵的遗留问题，在高帝五年以后仍然存在。

笔者对于栗原朋信的研究及其结论，评价是相当高的，本节文章就是读了栗原朋信的大著后专门撰述的。由出土之张家山汉简可以清楚地了解到，直到高帝七年，楚爵的问题仍然作为遗留问题在汉政府的文书中出现❷，可以说与栗原朋信说有相应之处。然而，笔者以为，爵称、爵制在改制后的遗留问题，和爵称、爵制在制度上的改变问题，毕竟是两个有所区别的问题。可以说，改制是因，遗留是果。在时间上，改制有法令颁布的开始时间，其执行完成则是旷日持久之事。如果考虑到当时的形势，特别是考虑到战争中对于他国归降者的封赐待遇及他国故爵与汉爵间的比定等具体执行中的细节的话，汉改楚制为秦制以后，楚制、楚爵甚至其他诸侯国的制度爵称在汉政府的文书中长期存在，当是不难理解的。

我们知道，刘邦大封功臣始于高帝六年十二月，为了对刘邦集团何时废楚爵改秦爵做一明确的判定，笔者首先考察了从秦二世元年九月沛县起兵到高帝六年十二月大封功臣之间，刘邦集团所颁赐的爵位，统计列表如下（表1-1）❸：

由表1-1我们可以得出以下的结论：

（一）从秦二世元年九月沛县起兵到汉元年四月汉中就国期间，

---

❶ 栗原朋信「両漢時代の官民爵について」,『史観』第22・23、26・27册。
❷ 参见张家山汉简《奏谳书》十六。
❸ 此表乃据《史记》及《汉书》之各本纪、列传、表等做成，节省篇幅起见，详细考证皆予以省略。

表 1-1 秦楚汉间刘邦集团军功爵封赐表

年	月	爵（封赐）	姓名
秦二世 元	九	（刘邦为沛公） 七大夫	夏侯婴
二	十 十二 正 二 三 四 六 七 八 后九	五大夫 七大夫 （沛公从楚王景驹） 国大夫 五大夫 （沛公属项梁） （沛公如薛、共立楚怀王） 列大夫 五大夫 执帛 上闻 执圭 （沛公为武安侯、砀郡长） 执帛	夏侯婴 曹　参 樊　哙 周　勃 樊　哙 曹　参 夏侯婴 樊　哙 夏侯婴 曹　参
三	十 三 四 七	五大夫 七大夫 卿 执圭 执帛 卿 封 封 封 封 重封	樊　哙 灌　婴 樊　哙 曹　参 灌　婴 傅　宽 靳　歙 樊　哙 郦　商 夏侯婴 樊　哙
汉 元	十 二 四	执圭 （沛公封汉王） 列侯 建成侯 昭平侯 威武侯 信成侯 封 建武侯 （汉中就国）	灌　婴 樊　哙 曹　参 夏侯婴 周　勃 郦　商 傅　宽 靳　歙

续表

年	月	爵（封赐）	姓名
二	十一	（都栎阳）	
		食邑（宁秦）	曹　参
		食邑（怀德）	周　勃
		食邑（雕阴）	傅　宽
		食邑（杜之樊乡）	樊　哙
	正	食邑	郦　商
	五	食邑	夏侯婴
		列侯	灌　婴
三		食邑	靳　歙
		食邑	灌　婴
五	正	（刘邦即皇帝位）	
		益食	樊　哙
		益食	灌　婴
六	十二	（大封功臣）	
		食邑平阳	曹　参
		食颍阴	灌　婴
		食绛	周　勃

刘邦集团从楚制，用楚爵。❶

（二）汉元年四月以后，在刘邦集团所颁赐的爵位中，楚爵不再出现。想来，其时刘邦集团所使用的爵制有了变化。

（三）汉五年正月，刘邦即位做了皇帝。其时，看不出汉在爵制上有所改变。

---

❶ 其详情如下：1. 秦二世元年九月，刘邦起兵。《汉书》卷一《高帝纪》，"父老乃帅子弟共杀沛令，开城门迎高祖，欲以为沛令……高祖乃立为沛公。"孟康注曰："楚旧僭称王，其县宰为公。陈涉为楚王，沛公起应涉，故从楚制，称曰公。"据孟康注，刘邦"初起"时即用楚制，本人出任楚制的沛县长官沛公。从而，刘邦集团之军功爵制也用楚爵乃是当然的事。2. 秦二世二年正月，刘邦集团改属楚王景驹，继续从楚制用楚爵。3. 秦二世二年四月，刘邦集团改属楚将项梁，继续用楚制。4. 秦二世二年六月，刘邦集团直属楚怀王，继续用楚制。5. 汉元年二月，刘邦封为汉王。当时，由于尚未就国改制，继续使用楚制。更加详细的论述，参见本书第4章第一节。

（四）汉之大封功臣，从高帝六年十二月开始。其时，也看不出汉在爵制上有明显的改变。

二、关于"韩信申军法"

汉之军事律令，称为军法。汉之军法，乃是由韩信在汉初整理确定的。《史记》卷一百三十《太史公自序》曰：

> 于是汉兴，萧何次律令，韩信申军法，张苍为章程，叔孙通定礼仪，则文学彬彬稍进，诗书往往间出矣。

同事，《汉书》卷一《高帝纪》记为：

> （刘邦）初顺民心作三章之约。天下既定，命萧何定律令，韩信申军法，张苍定章程，叔孙通制礼仪，陆贾造新语。

《史记》和《汉书》的上述记载，乃是司马迁和班固就汉初的若干重要国事所做的综合性叙述，"韩信申军法"，为其中之一。申，《荀子·富国篇》："爵服庆赏，以申重之。"杨倞注："申，亦重也，再令曰申。"可见，申为再令，即再次发令之意。然而，关于韩信究竟于何时何地，据何种成法再次发令，重申军法的详情，史书没有记载。为此，笔者整理韩信之履历列表如下（表1-2）❶：

"韩信申军法"，为西汉初年重要的国事之一。即对汉之军队进行全面整顿，重新确定关于军队的法律制度。从法制颁布和改

---

❶ 此表乃据《史记》及《汉书》之各本纪、列传、表等做成，节省篇幅起见，详细考证皆以省略。关于韩信在汉中申军法的相关叙事及其更详细的年表，参见拙著《楚亡：从项羽到韩信》第一章"大将韩信"和附录"韩信年表"。

表 1-2　韩信年表

年	月	事
秦王政　十九 秦二世　二	 二 九	生于楚国淮阴❶ 入项梁军 属项羽为郎中
汉　元	四 八	由楚归汉为连敖 为治粟都尉 拜为大将❷ 攻入关中
二	五 八 九 后九	收兵与汉王会于荥阳 为左丞相，攻魏 虏魏王 破代兵
三	十 六	破赵国、代国 攻齐国，为相国
四	十一 二	杀齐王田广 封齐王
五	十二 正	参加垓下之战 被夺去军权 徙为楚王
六	十二 四	被捕 贬为淮阴侯
十一		为吕后所杀

订着眼，其可能性较大的时间有二：其一，汉元年二月，刘邦受封为汉王以后；其二，高帝五年二月，刘邦即位为皇帝以后。然而，如前述，高帝五年二月以后，汉的爵制并没有什么变化的迹

---

❶ 关于韩信的生年，史书没有记载。张大可、徐日辉著《张良萧何韩信评传》（南京大学出版社，2007 年），结合史事和民间传说推断韩信生年为前 228 年，今从之。
❷ 《史记》卷十八《高祖功臣侯者年表》，韩信在汉中为"大将军"。刘邦时代，任汉之大将或大将军者，只有韩信一人。

象可循。况且，刘邦即位前，韩信已被解除了军权❶，正月，又由齐王徙为楚王。尔后，他于汉六年十二月被刘邦捕获，直到高帝十一年为吕后所杀，一直被软禁在长安。因此可以说，高帝五年正月以后，"韩信申军法"一事不可能发生。从而，可能的时间，当在汉元年二月以后。

据上列年表，韩信于汉元年四月到八月间，于汉中被刘邦拜为大将，以最高军职负起全面指挥汉军的重任。由他整顿军队，重申军法，以在此时最合情理。如前述，恰在此时，刘邦军的军功爵出现了由楚制改为秦制的变化。刘邦军爵制的这种变化及发生时间，不但印证了"韩信申军法"于汉元年四月到八月在汉中施行，也提示了韩信所"申"的军法，乃是基于秦之军法重新制定的。不难推想，"韩信申军法"时，对于秦的军法，可能根据汉的实际情况做相应的修改，但其据以再令的基本内容，皆是来源于秦法的。

第三节　汉初军功受益阶层之形成

一、西汉初年的军功爵赏制

如前述，"高帝五年诏"乃西汉初年之重要法令，其内容所涉及的范围，包括一般庶民、奴婢、诸侯子、军吏卒及各级政府官员，特别是关于军吏卒的军功爵赏规定事宜，更是诏书的中心内容。追本溯源，西汉政权是刘邦集团通过长期战争建立的，优待打天下的军吏卒乃是西汉初年汉朝政府的基本政策之一。检点史籍，

---

❶ 关于韩信被解除兵权的详情，参见拙著《楚亡：从项羽到韩信》第五章之八"刘邦即位于定陶"。

仅就刘邦时代而言,汉政府就颁布过相当数量的优待军吏卒的法令,其中,除了"高帝五年诏"而外,尚有不少其他令文可循。比如,《汉书》卷一《高帝纪》汉二年二月条:

> 蜀汉民给军事劳苦,复勿租税二岁。关中卒从军者,复家一岁。

同卷四年八月条:

> 汉王下令:军士不幸死者,吏为衣衾棺敛,转送其家。

同卷六年十月条:

> 诏曰:天下既安,豪桀有功者封侯,新立,未能尽图其功。身居军九年,或未习法令,或以故犯法,大者死刑,吾甚怜之。其赦天下。

同卷八年十一月条:

> 令士卒从军死者为槥,归其县,县给衣衾棺葬具,祠以少牢,长吏视葬。

同卷八年三月条:

> 令吏卒从军至平城及守城邑者,皆复终身勿事。

同卷十一年六月条：

> 令士卒从入蜀、汉、关中者复终身。

由以上令文可见，西汉初年汉政府所颁行的优待军吏卒的规定，包括租税和徭役的免除、犯罪的赦免、丧葬的待遇等内容，这些内容，同"高帝五年诏"中优待军吏卒的内容是一致的。此外，"高帝五年诏"中有因功劳授予田宅的规定，同时，诏文也言及有关田宅授予的其他复数法令业已颁布。然而，关于汉初授予军功吏卒田宅的事，就我们现在所能见到的文献史料而言，除了"高帝五年诏"而外几乎完全不见其他记载。2001年，张家山汉简公布，西汉初年汉政府曾经依照军功爵赏的原则大规模授予田宅一事，已经确凿无疑。可以说，汉初依照军功爵授田宅的制度来源于商鞅变法，与"高帝五年诏"有密切的关系，其实施细节也与《商君书·境内篇》有继承关系。❶ 由于此事关系汉代社会的根本，我们不得不尽可能予以解释，特别是诏文中"法以有功劳行田宅"之法，究竟是什么法，更是我们必须究明的。

我们知道，战国时代秦国曾经严密地实行过军功爵赏制，因军

---

❶ 本书初版刊行于 2000 年 3 月。《张家山汉墓竹简（二四七号墓）》，于 2001 年 11 月由文物出版社出版，其《二年律令·户律》中，有汉初关于授田宅之详细确切的律文，其依据爵位占有田宅的方式，与"高帝五年诏"完全吻合，可以说是"高帝五年诏"的实施细则。其依据爵位占有田宅的基本数字，也与笔者根据《商君书·境内篇》推定的数字基本吻合。基于张家山汉简《二年律令》，就汉初大规模授田宅及其制度所做的研究，参见杨振红《出土简牍与秦汉社会》（广西师范大学出版社，2009 年）；王彦辉《张家山汉简〈二年律令〉与汉代社会研究》（中华书局，2010 年）；朱绍侯《吕后二年赐田宅制度试探——〈二年律令〉与军功爵制研究之二》《史学月刊》2002 年第 12 期，后收入《朱绍侯文集》，河南大学出版社，2005 年）；于振波《张家山汉简中的名田制及其在汉代的实施情况》（《中国史研究》2004 年第 1 期）。

功授予爵位及田宅。该制度始于秦孝公时代的商鞅变法，孝公以后的秦国也继续实行这一制度。《史记·商君列传》《商君书·境内篇》《韩非子·定法篇》《荀子·议兵篇》等对此有清楚的记载。近年来，由于睡虎地秦简的出土，我们对于从秦昭王到秦始皇期间秦的军功爵赏制度的实行也有了确凿的认识。如前述，汉元年四月到八月，韩信曾经以再次发令的形式，基于秦的军法颁定了汉的军法，隶属于军法的秦的军功爵赏制，当也编入汉的军法当中。从而，我们完全可以推想"高帝五年诏"中所言及的以军功吏卒为对象、因功劳赐予田宅的有关军功爵赏的法律条文，即"法以有功劳行田宅"之法，当是汉的军法规定。

根据笔者的研究，《商君书·境内篇》乃是基于秦军法残文编成的文献，《商君书》的成书年代也近于西汉初年❶，想来，《境内篇》所记载的军功爵赏制也为汉初的军法所继承。其赏赐规定可列表如下（表1-3）。

此表根据前引守屋美都雄的论文所列表制成，根据张家山汉简《二年律令·户律》加以修正。守屋氏以为，"就汉爵而言，除了列侯、关内侯而外，并无赐邑的事，其他形式的土地赐予的迹象也没有"❷。汉代政府并未大规模地授予过土地，曾经是学界之一般看法。当然，如果概观西汉、东汉两王朝，就其整体而言，大致如此。然而，如果仅就西汉初年来看的话，因为情况与秦类似，上述说法就不恰当了。

---

❶ 参见本书附录"《商君书·境内篇》为秦军法残文说"。
❷ 守屋美都雄「漢代爵制の源流として見たる商鞅爵制の研究」，收于氏著『中国古代の家族と国家』。

表 1-3 《商君书·境内篇》所见军功爵赏表

级	爵名	赐予		
		田/顷	宅/亩❶	庶子/人
1	公士	1	9	1
2	上造	2	18	
3	簪袅	3	27	
4	不更	4	36	
5	大夫	5	45	
6	官大夫	6	54	
7	公大夫	7	63	
8	公乘	8	72	
9	五大夫		税邑 300 家	
10	客卿		税邑 600 家	
11	正卿		赐税 300 家	
			赐邑 300 家	
12	左庶长			
13	右庶长			
14	左更			
15	右更			
16	少良造			
17	大良造			

首先，"高帝五年诏"就明确规定第七等爵之七大夫以上者，皆给予食邑。其次，《汉书》卷一《高帝纪》高帝九年十一月条有"徙

---

❶ 关于按照爵位授予田宅的数量，《商君书·境内篇》原文为："能得爵首一者，赏爵一级，益田一顷，益宅九亩，乃得入兵官之吏。"日本学者平中苓次在「秦代土地制度の一考察」（收于氏著『中国古代の田制と税法』，東洋史研究叢刊之十六，東洋史研究会，1967 年）中认为"益宅九亩"当为"益宅五亩"，日本学界接受了这个意见，我在本书初版中也采用了这个意见。由张家山汉简《户律》所载按照爵位占有宅地的数量来看，《境内篇》之原文不误，当为"益宅九亩"，今改正。又，本书初版采用了日本学者古贺登关于官大夫以上爵位者宅地不再增加的意见（见氏著『漢長安城と阡陌・県郷亭里制度』第六章），据张家山汉简《户律》，官大夫以上爵位者宅地也是递增的，今改定。

齐楚大姓昭氏、屈氏、景氏、怀氏、田氏五姓关中，与利田宅"之记事。据《汉书》卷四十三《娄敬传》，此事，乃是刘邦接受了娄敬迁徙关东豪族的建议，"徙齐诸田，楚昭、屈、景、燕、赵、韩、魏后，及豪杰名家"。其结果是迁徙关东豪族至"关中十余万口"。可以想象，汉政府给予这"十余万口"新移民的土地田宅，数量是相当大的。这件事可以说是西汉初年政府大规模赐予土地的事例之一。张家山汉简的出土，更是从制度上明确了汉初大规模授田的事实。在西汉初年，长期战乱刚刚结束，由于人口锐减和许多庶民"脱籍"（参见本章第一节之三的解释［2］），政府持有大量的土地，因而大规模的土地授予是有充分条件的。

据笔者管见，学界研究中涉及"高帝五年诏"，特别是其中的田宅赐予问题者，为数不多。好并隆司在其论著《秦汉帝国史研究》中曾经提及这个问题，他说："从整体上看，讲的是优待高爵者，即从军的吏卒们，但是，从实际情况上看，由于被赐爵者数量大，爵位过滥，反而使轻视爵位之现象蔓延，伴随爵位赐予的田宅授予之实行也出现了困难。"❶

纸屋正和氏在其论文《西汉郡县统治制度的展开》中，也曾经言及此事。他将"高帝五年诏"前面部分称为第一诏，后面部分称为第二诏，认为第一诏规定给予爵位在七大夫以上的军吏卒"食邑"，第二诏则规定"与田宅"，二者之间有所不合。他就此"不合"进一步质疑，怀疑第二诏乃是在第一诏发布后，就其结果再次发布的，或者两诏完全是内容有别的不同诏书。❷

---

❶ 好并隆司『秦漢帝国史研究』，第248页。
❷ 纸屋正和「前漢郡県統治制度の展開について——その基礎的考察」，『福岡大学人文論叢』13-4、14-1, 1982年，后收入氏著『漢時代における郡県制の展開』，朋友書店，2009年。

然而，已如前述，"高帝五年诏"中所言及授予田宅一事，乃是基于汉的军法中赏赐规定颁行的，汉的军法，又是继承秦的军法制定的。我们知道，秦的军功爵赏规定，是基于累进计算法实行的，低爵者晋升为高爵者，被赐予食邑，其从前所获得田宅并不需要返还。从而，不管是低爵者还是高爵者，都涉及田宅授予的事，从这种意义上看，"高帝五年诏"前部和后部之间并没有不一致之处（关于该诏书的前部和后部的记载问题，参见本章第一节之三）。

下面，笔者根据"高帝五年诏"和张家山汉简《户律》❶做成西汉初年的军法所定的军功爵赏表。

表1-4　西汉初年的军功爵赏表

级	爵名	赐　予	
		田/顷	宅（亩）
1	公士	1.5	1.5（13.5）
2	上造	2	2（18）
3	簪袅	3	3（27）
4	不更	4	4（36）
5	大夫	5	5（45）
6	官大夫	7	7（63）

---

❶ 张家山汉简《二年律令·户律》中关于按照爵位授田宅的律文如下："关内侯九十五顷，大庶长九十顷，驷车庶长八十八顷，大上造八十六顷，少上造八十四顷，右更八十二顷，中更八十顷，左更七十八顷，右庶长七十六顷，左庶长七十四顷，五大夫廿五顷，公乘廿顷，公大夫九顷，官大夫七顷，大夫五顷，不更四顷，簪袅三顷，上造二顷，公士一顷半顷，公卒、士五（伍）、庶人各一顷，司寇、隐官各五十亩。""宅之大方卅步。彻侯受百五宅，关内侯九十五宅，驷车庶长八十八宅，大庶长九十宅，大上造八十六宅，少上造八十四宅，右更八十二宅，中更八十宅，左更七十八宅，右庶长七十六宅，左庶长七十四宅，五大夫廿五宅，公乘廿宅，公大夫九宅，官大夫七宅，大夫五宅，不更四宅，簪袅三宅，上造二宅，公士一宅半宅，公卒、士五（伍）、庶人一宅，司寇、隐官半宅。"开元按：田一顷等于100亩。地一宅等于9亩。表中宅（亩）一栏中的数字为宅地数，括号中的数字为换算成亩的数字。

续表

级	爵名	赐予	
		田/顷	宅（亩）
7	公大夫	食邑	9（81）
8	公乘	食邑	20（180）
9	五大夫	食邑	25（225）
10	左庶长	食邑	74（666）
11	右庶长	食邑	76（684）
12	左更	食邑	78（702）
13	中更	食邑	80（720）
14	右更	食邑	82（738）
15	少良造	食邑	84（756）
16	大良造	食邑	86（774）
17	驷车庶长	食邑	88（792）
18	大庶长	食邑	90（810）
19	关内侯	食邑	95（855）
20	列侯		105（945）

秦及西汉初年，在军法的军功爵赏规定中，可以见到授予田宅的规定，然而，就此后西汉、东汉的整个历史而言，则再也看不到同样的记载。笔者以为，个中原因，当是此后汉的军法规定有了改变，将伴随军功爵赏的田宅授予改为金钱赐予了。考诸史籍，刘邦时代，见不到伴随军功爵赏的金钱赐予的事例，之后，至少在景帝时可以看到了。《汉书》卷三十五《吴王刘濞传》载有景帝三年吴王刘濞之《遗诸侯书》，摘录其文如下：

　　……愿诸王勉之。能斩捕大将者，赐金五千斤，封万户；列将，三千斤，封五千户；裨将，二千斤，封二千户；二千石，千斤，封千户（《补注》先谦曰：《史记》更千石，五百斤，封五百户句，此夺文）：皆为列侯。其以军若城邑降者，卒万人，邑万户，如得大将。人户五千，如得列将。人户三千，如得裨将；人户千，如得二千石；其小吏皆以差次受爵金。它封赐皆倍军法。其有故爵邑者，更益勿因。愿诸王明以令士大夫，不敢欺也。寡人金钱在天下者往往而有，非必取于吴，诸王日夜用之不能尽。有当赐者告寡人，寡人且往遗之。敬以闻。

考察所引上文，当为吴王颁布的军功爵赏令。汉代列侯之封赐并非如同一般的军功爵之论赏，由将军在军中颁行，而是只能由皇帝亲行。❶ 吴王叛乱逾制，体现在令文当中。除此之外，该令文中一般的军功爵赏，则是基于旧有的规定，即以汉的军法规定加倍颁行，也就是文中所明言"它封赐皆倍军法"。在此令文中，我们可以注意到，旧有的伴随军功爵赏的田宅授予一事完全没有提到，取而代之的则是金钱赐予。由此我们可以推断，至迟到景帝初年，汉军法中伴随军功爵赏的田宅授予规定，已经改为金钱赐予了。

二、汉初军功受益阶层之形成

高帝五年十二月，刘邦召集汉及其各诸侯王国的军队，会集于垓下与项羽决战。胜利后，同年五月，发布"高帝五年诏"，解散军队，使其归家。此时，解散归家的军队，即是为进行垓下之战而召集来的军队。关于垓下之战，《史记》卷八《高祖本纪》记其事曰：

> 五年，高祖与诸侯兵共击楚军，与项羽决胜垓下。淮阴侯

---

❶ 参见本书第6章第一节。

将三十万自〔前〕当之❶，孔将军居左，费将军居右，皇帝在后，绛侯、柴将军在皇帝后。项羽之卒可十万。淮阴先合，不利，却。孔将军、费将军纵，楚兵不利。淮阴侯复乘之，大败垓下。项羽卒闻汉军之楚歌，以为汉尽得楚地，项羽乃败而走，是以兵大败。使骑将灌婴追杀项羽东城，斩首八万，遂略定楚地。

孔将军、费将军，《正义》注曰："二人韩信将也。孔将军，蓼侯孔熙［藂］。费将军，费侯陈贺也。"《史记》卷十八《高祖功臣侯者年表》蓼侯孔藂条曰："以执盾，前元年从起砀，以左司马入汉，为将军，三以都尉击项羽，属韩信，功侯。"《索隐》注曰："即汉五年围羽垓下，淮阴侯将四十万自当之，孔将军居左，费将军居右是也。费将军即下费侯陈贺也。"又，同卷费侯陈贺条曰："以舍人前元年从起砀，以左司马入汉，用都尉属韩信，击项羽有功，为将军，定会稽、浙江、湖阳，侯。"

由此可知，上文中孔将军和费将军，皆为韩信之部下。垓下会战时，汉方面的军阵由前军、中军和后军三部分组成。前军，由韩信及其部下之蓼侯孔藂和费侯陈贺统领三十万大军组成，中军由刘邦统领，后军由绛侯周勃和棘蒲侯柴武统领，其数量没有记载。❷

我们知道，战国秦汉时代，以郡县为单位的征兵制已经实行。❸ 秦汉的军制，有中央军、地方军之别，有平时编制和战时编制之别。尽管如此，不管中央军或地方军，平时编制或战时编制，征兵的数

---

❶ "淮阴侯将三十万自当之"，泷川资言《史记会注考证》同条注曰："秘阁本，三十作卅，自下有前，枫山本亦有前字。"
❷ 关于垓下之战的战况以及两军布阵的详情，参见拙著《楚亡：从项羽到韩信》第五章之五"垓下之战"。
❸ 杨宽《战国史》第六章，台湾商务印书馆，1997年版。

量基于征兵制度且有定员。❶ 从有关史料来看，当时军队的总动员数在六十万人左右。据《史记》卷七十三《王翦传》，秦王政使王翦将六十万军攻楚，其时，王翦不安道："今空秦国甲士而专任于我。"可见，此时王翦所统领的六十万秦军，几乎就是秦国所能动员的所有军队了。西汉武帝时期，曾经多次大规模动员军队以行外征，据米田贤次郎的推算，元狩四年与匈奴决战的总动员，有十万骑兵外加步兵和辎重部队，数量达到五十到六十万。❷

楚汉战争中，汉方面曾有两次总动员与楚决战。一次是汉二年的彭城会战，另一次就是垓下会战。关于彭城会战，《史记》卷七《项羽本纪》汉二年条记其事曰：

> 春，汉王部五诸侯兵，凡五十六万人，东伐楚。项王闻之，即令诸将击齐，而自以精兵三万人南从鲁出胡陵。……至彭城，日中，大破汉军。

同事，《史记》卷十六《秦楚之际月表》汉二年四月条记为：

> 项羽以兵三万破汉兵五十六万。

《汉书》卷三十一《项籍传》及荀悦《汉纪》的记载也与此同。❸

如前述，垓下会战时，韩信所统领前军，约有三十万人，主要是由韩信从齐国带来的军队组成。相对于此，刘邦所统领中军和周

---

❶ 重近啓樹「秦漢の兵制について——地方軍を中心として」，静岡大学人文学部『人文論集』第 36 号，1978 年，后收入氏著『秦漢税役体系の研究』。
❷ 米田賢次郎『秦漢帝国の軍事組織』，『古代史講座』五，学生社，1962 年。
❸ 关于彭城之战，参见拙著《楚亡：从项羽到韩信》第二章《彭城大战》。

勃、柴武所统领后军，当是由汉的直辖地区所动员军队组成。汉之征兵制，开始于汉元年刘邦之汉中就国时。根据史书的记载，西汉初年，由汉直接征发之野战军数量，多在三十万人。高帝七年，刘邦被匈奴围困于平城，其所统领军队的人数，据《汉书》卷九十四《匈奴传》记载，约为三十二万。又据《汉书》卷一《高帝纪》，高帝十二年刘邦死时，郦商谈及汉之野战军军力部署说道："陈平、灌婴将十万守荥阳，樊哙、周勃将二十万定燕代。"也是以三十万为一概数的。从而，作为一种合理的推测，垓下会战时汉的中军和后军的数量，以约三十万作为一概数当是可取的。（据史书的记载，梁王彭越和淮南王英布的军队，也参加了垓下之战，其数量当不多。计算时，应归入韩信的前军或刘邦的中军。）

通过以上的考察，我们可以做出以下推测：参加垓下之战的汉及其同盟各诸侯国的军队的总数，大体相当于当时野战军的总动员数，即彭城会战时汉方面军队的数量，六十万左右。"高帝五年诏"发布时，作为诏书直接涉及对象的汉及其所属军队的数量，以约六十万为一概数，当是可取的。

优待军功将士吏卒，乃是西汉初年汉政府的基本政策之一。"高帝五年诏"是汉政府颁布的直接涉及该政策的重要法令。据此诏书，所有的军吏卒皆被赐予第五等爵之大夫的爵位，同时，根据汉的军法规定，授予五顷（500亩）的土地和五宅（45亩）的住宅地。如果我们假定该诏书得到了完全的实行，并且该诏书所适用军吏卒的数量是60万人的话，被授予的总数当为3亿亩的耕地和2700万亩的住宅地。西汉初年全国的土地数量，史书没有记载，然而，据《汉书》卷二十四《食货志》记载，西汉末平帝元始二年全国的垦田数是82753.6万亩。当然，西汉初年全国的耕地数量，较此数量为少。不过，中国古代社会耕地数量的变化，相对来说较为平稳，少有剧烈的起伏。❶ 据专家的意见，西汉末年的耕地数量，相对于西汉初年而言，其增加率非常低。❷ 如果我们将 82753.6 万亩这个数字作为衡量西汉初年全国耕地总数的参考值的话，"高帝五年诏"授予 60 万军功吏卒的耕地数量，约相当于当时全国耕地总量的 40%。❸

西汉初年的人口数量，据葛剑雄的研究，约在 1500 万到 1800 万。❹ 葛剑雄之说，以西汉末成帝时的人口数为基准，辅以农业生产力之状况为旁证推算得出，具有相当的参考价值。如果我们以 1500 万之数字作为西汉初年人口数之参考的话，60 万军吏卒约占当时人口总数的 4%（以 1800 万计算的话，约占 3.3%）。汉代家庭的平均人数，约为 4.6 人❺，与文献所常见的"五口之家"之说法基本一致。如果我们以一家五人计算的话，60 万军吏卒连同其家庭之人口数，大约为 300 万，约占人口总数的 20%（若以 1800 万计算的话，约占 16.7%）。

综合以上所述，笔者试图提出这样一个假说，如果"高帝五年诏"以及其他优待军功吏卒的法令得到施行的话，我们可以认为，在西汉初年，以刘邦集团的军吏卒为主体，形成了一个拥有强大的政治势力和经济基础、具有高等社会身份的新的社会集团。这个社会集团，基于因军功而被赐予的军功爵及随之而来的各种既得利益，在当时的历史条件下，成为一个独特的社会阶层，笔者将其称为汉初军功受益阶层。

---

❶ 梁方仲《中国历代户口、田地、田赋统计》，上海人民出版社，1980 年。
❷ 葛剑雄《西汉人口地理》第一篇第四章，人民出版社，1986 年。
❸ 关于汉代的亩制及其换算，参见宁可《有关汉代农业生产的几个数字》，收于《宁可史学论集》，中国社会科学出版社，1999 年。
❹ 葛剑雄《西汉人口地理》第一篇结论。
❺ 葛剑雄《西汉人口地理》第一篇第三章第五节。

第2章

汉初军功受益阶层之兴衰与社会阶层之变动

第一节 汉代官僚的类型划分

通过本书第1章的研究,笔者大胆地提出了这样一个假说:西汉初年出现了一个新的社会阶层,即汉初军功受益阶层。这个社会阶层是由创建西汉王朝的刘邦政治军事集团转化而来的,其主要成员乃是刘邦集团的将校吏卒及其家属。这个社会阶层的中坚约有60万人,合其家属约300万人,占当时人口总数的20%左右。由于"高帝五年诏"等一系列优待军吏卒的法令之颁布及实行,他们得到了大量的爵位、田宅财产及特权,形成了一个以军功爵为基础的拥有强大的政治势力、雄厚的经济力量、较高社会身份的新的统治阶层。❶

假设如笔者所论,西汉初年确实存在过这样一个社会阶层的话,那么,下面的问题就应当而且可能予以明确的回答:出现于高帝时期的汉初军功受益阶层,究竟存在了多长时间,在其存在期间究竟有何变化,它在汉代政治和社会中究竟处于一种什么样的位置,它与同时代的其他社会阶层和集团究竟有何关系等。为了回答以上问题,笔者试图统计从西汉初年到武帝末年约120年

---

❶ 参见本书第1章第三节。

间的汉朝中央（以三公九卿为例）及地方（以王国相、郡太守为例）主要官僚的出身状况，追寻汉初军功受益阶层之踪迹，进而以此为根据，在时间的横轴上描绘出该社会阶层及其他社会集团的变动轨迹。也就是说，笔者希望以统计和图示的方式对汉初军功受益阶层之来龙去脉及其与其他社会集团的互动关系做一鸟瞰式的描绘，以之作为进一步具体分析的基础。然而，在进行此工作之前，我们首先需要设定标准，对汉代的官僚做类型划分。

汉代官僚，从其来源，即所以出仕任官的途径而言，不外亲缘型和贤能型这两种类型，即所谓"亲亲""贤贤"二途。❶ 亲缘型，即凭借与皇室的血缘婚姻关系而出仕任官的类型。进一步可分为两类，即宗亲（皇室和外戚）和宦官（拟亲缘）。贤能型，即凭借个人能力而出仕任官的类型。毫无疑问，个人赖以出仕任官的能力，自是种类繁多，汉代仅选举类的名目，就有从军、明法、明经、德行、文学、出使、治河、射策等。为叙述方便起见，笔者将这些个人赖以出仕任官的能力用各种"术"和各种"学"来加以概括，笼统地称其为"术学"。持有各种可赖以出仕之术学的人，称之为士，贤能型官僚则笼统简称为士吏。汉代士吏之中，主要有三大子类，即军吏、法吏、儒吏，前述汉初军功受益阶层，乃军吏中一个子类（详见下）。为了分类工作的便利，凡是独立出来的子类都不计入母类中，即母类一律不包括子类。至此，可将汉代官僚之类型简单列示如下：

---

❶《汉书》卷十四《诸侯王表》。

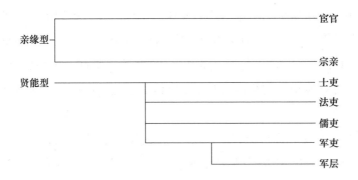

以上七种类型的汉代官僚，可做如下简明定义：

（一）军层，即汉初军功受益阶层。所谓军层出身者，即：1. 创建西汉王朝的刘邦政治军事集团的成员及其子孙后代；2. 通过"高帝五年诏"等优待军吏卒的法令而获得利益者。

（二）军吏，即军事官吏。所谓军吏出身者，即通过军事活动及军事组织的途径而升任官僚的人。从这种意义上讲，军吏是一个比较广泛的概念，军层只是军吏中一个特殊部分。但是，二者是可以严格区分开来的。就具体的划分而言，军吏乃指除去军层后的军事官吏们。就概念区别而言，军层出身者所参加的军事活动是以创建政权为目的的战争，即政治性的军事活动，对同一王朝而言，这种军事活动是限定于政权创建期的一次性活动，所以，军层可以说是政治性军事官僚集团。相反，军吏出身者所参加的军事活动则是在既存政权指导下的，相对单纯的军事活动，这种军事活动往往是经常性的。军吏可以说是职业性军事官僚集团。正因此，二者所获得的权益、所具有的意识、在政权及社会结构中所占有的地位是相当不同的。

（三）法吏，以通晓法律即律令章程而升任官僚者。秦汉的制度，是在法家思想的指导下以严密的法制为根本的，帝国的运行主要依赖于执法官吏们对于法律的操作，相当部分官吏的出仕、考核、升迁等，皆是基于对法律知识的掌握和运用。由于法吏所通晓的法律技能乃为吏任官的专门知识，相对其他类型的官僚而言，他们是一种较典型、较纯粹的专业化官僚。法吏可以说是法术型官僚集团。

（四）儒吏，即儒家官吏，以通晓儒家经典而出仕任官者。汉初出仕任官，并不限于任何特定的术学，以通儒学而出仕者并不突出。然而汉元帝以后，儒吏在汉政权中地位日渐显著，至王莽时期变为政治的主流，形成一个特殊的学术型官僚社会阶层。儒吏可以说是儒学型官僚集团。

（五）士吏，如前述，士吏是泛指因具有各种术学而出仕任官者，军吏、法吏、儒吏皆为其子类。笔者将独立出来的子类都不计入母类，因而，在本表中，士吏主要指通过军、法、儒以外的途径出仕任官者。具体而言，在西汉初年，以近臣（郎官和东宫官等）为多。士吏可以笼统地称为术学型官僚集团。

（六）宗亲，以宗室与外戚，即皇室同姓亲族与皇室姻亲而出仕任官者。由于他们是以亲缘关系出仕，故可以称为亲缘型官僚集团。

（七）宦官，本系阉人而洒扫于宫廷内者，身份为皇室的家内奴隶，其与皇室的关系乃是一种拟制的亲缘关系。其对政治的参与也完全凭借与皇室的这种拟制亲缘关系，故笔者将其归属为亲缘型官僚之一子类，可以称为拟亲缘型官僚。

以上诸类型，仅是笔者为了理解汉代各社会阶层而设定的一种区分基准，也即笔者关于汉代官僚的分类概念的一种扼要叙述，对于每一类型的官僚的具体问题之讨论，将在他论中结合史实进行。

第二节　汉初军功受益阶层的起伏升降轨迹

汉代行政为郡国制。西汉初年，以旧秦王国之领土为基础的汉王朝与关东各诸侯王国并立，共同组成一个四级制联合帝国。❶ 中央政府所在的汉王朝，其政治权力的重心在以丞相为中心的政府，即所谓三公九卿。诸侯王国各有其政府，其政治的运作则以王国相为中心。汉王朝及各王国之地方行政，皆为郡县制。各郡以郡太守为中心，其下则为县乡亭里。由于县以下官僚的资料极为缺乏，无法进行统计，故笔者抽选三公九卿、王国相、郡太守为统计对象，追踪其所属类型之演变，企图由此来反映汉代政治和社会的一般层面上的动向。

西汉二百余年，笔者首先截取其初期一百二十年，即从汉元年（前206）刘邦为汉王到武帝死之后元二年（前87）间为时间横轴。其中，高帝期约十二年（前206—前195），惠帝及吕后期共约十五年（前194—前180），文帝期约二十三年（前179—前157），景帝期约十六年（前156—前141），武帝建元到元朔（前140—前123）、元狩到元封（前122—前105）、太初到后元（前104—前87）皆为十八年。由于笔者欲建立一动态的图式，需要确定大致均等的时间段以为变动的时间标准，考虑到皇帝制下帝位之变动往往引起政治上之变动，为便利起见，笔者即以上述皇帝在位时段为纵轴的时间划分段。

下面，笔者即就此期间汉朝之三公九卿、王国相、郡太守进行调查，明确其职位及任期，进而根据上述官僚分类标准，分别其所

---

❶ 参见本书结语第二节及第3章。

属,然后一并列出,做成高帝—武帝期间三公九卿、王国相及郡太守表(为文脉通顺计,一览表作为附录列于书后)。进而,以该一览表为根据,分别时段,统计出三公九卿、王国相、郡太守中各种不同出身者的人数,计算出比率列表如下:

表2-1 高帝—武帝期间三公九卿出身、人数及比率统计表

	军层	军吏	法吏	儒吏	士吏	宗亲	合计	不明	总计
高帝	24人	0	0	0	0	0	24人	2人	26人
	100%	0	0	0	0	0	100%		
惠吕	17人	0	0	0	0	2人	19人	5人	24人
	90%	0	0	0	0	10%	100%		
文帝	13人	0	7人	0	1人	0	21人	8人	29人
	62%	0	33%	0	5%	0	100%		
景帝	11人	2人	6人	0	2人	3人	24人	8人	32人
	46%	8%	25%	0	8%	13%	100%		
武初	9人	7人	8人	3人	1人	5人	33人	14人	47人
	27%	21%	24%	9%	3%	15%	100%		
武中	10人	9人	10人	1人	4人	5人	39人	4人	43人
	26%	23%	26%	3%	10%	13%	100%		
武后	6人	5人	11人	1人	2人	5人	30人	7人	37人
	20%	17%	37%	3%	7%	17%	100%		

表2-2 高帝—武帝期间王国相出身、人数及比率统计表

	军层	军吏	法吏	儒吏	士吏	宗亲	合计	不明	总计
高帝	13人	0	0	0	0	0	13人	4人	17人
	100%	0	0	0	0	0	100%		
惠吕	12人	0	0	0	0	2人	14人	1人	15人
	86%	0	0	0	0	14%	100%		
文帝	2人	0	0	0	3人	2人	7人	1人	8人
	29%	0	0	0	43%	29%	100%		

续表

	军层	军吏	法吏	儒吏	士吏	宗亲	合计	不明	总计
景帝	2人	3人	1人	0	5人	0	11人	3人	14人
	18%	27%	9%	0	46%	0	100%		
武初	1人	2人	0	1人	2人	0	6人	0	6人
	17%	33%	0	17%	33%	0	100%		
武中	0	1人	1人	2人	2人	0	6人	0	6人
	0	17%	17%	33%	33%	0	100%		
武后	0	0	0	0	0	0	0	1人	1人
	0	0	0	0	0	0	—		

表2-3 高帝—武帝期间郡太守出身、人数及比率统计表

	军层	军吏	法吏	儒吏	士吏	宗亲	合计	不明	总计
高帝	15人	0	0	0	2人	0	17人	4人	21人
	88%	0	0	0	12%	0	100%		
惠吕	6人	0	1人	0	3人	0	10人	0	10人
	60%	0	10%	0	30%	0	100%		
文帝	4人	2人	1人	0	3人	0	10人	0	10人
	40%	20%	10%	0	30%	0	100%		
景帝	0	3人	3人	0	1人	1人	8人	2人	10人
	0	38%	38%	0	12%	12%	100%		
武初	1人	6人	3人	2人	4人	0	16人	4人	20人
	6%	38%	19%	13%	25%	0	100%		
武中	6人	7人	11人	2人	3人	0	29人	6人	35人
	21%	24%	38%	7%	10%	0	100%		
武后	1人	1人	8人	2人	2人	2人	16人	9人	25人
	6%	6%	50%	13%	13%	13%	100%		

下面，笔者再根据以上三表的数字，抽出军功受益阶层一项，以各时段为横轴，描绘其分别在三公九卿、王国相、郡太守中所占比率之变动线，同时，合计三公九卿、王国相、郡太守中军功受益

第2章 汉初军功受益阶层之兴衰与社会阶层之变动

阶层之人数为一项，计算出其在各时段所占之比率（详下表2-4），绘制图表如下：

表2-4 高帝—武帝期间三公九卿、王国相、郡太守中汉初
军功受益阶层所属者所占比率表　　　单位：%

	高帝	惠吕	文帝	景帝	武初	武中	武后
三公九卿 ——	100	90	62	46	27	26	21
王国相 —·—·—	100	86	29	18	17	0	0
郡太守 - - -	88	60	40	0	6	21	6
平均 ━━	96	81	50	30	20	22	15

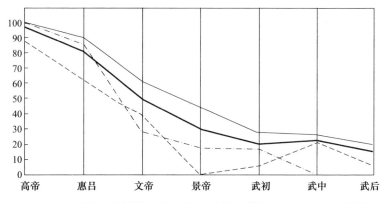

高帝—武帝期间三公九卿、王国相、郡太守中汉初　　　单位：%
军功受益阶层所属者所占比率变动轨迹

由上表我们可以看出：

（一）汉初军功受益阶层，从高帝五年左右出现到武帝末年消失（根据笔者的调查，武帝以后，汉三公九卿、王国相及郡太守中，汉初军功受益阶层出身者的数字为0）❶，存在了一个世纪左右。

---

❶ 参见拙论「前漢王朝における主流社会の転換について——官僚層の分析に見られる尚功・尚法・尚儒への変化」。

（二）从高帝到文帝末年的近五十年间，汉初军功受益阶层支配着汉朝政权。其间，汉初军功受益阶层在三公九卿、王国相及郡太守三者之和的占有率，均在50%以上，即高帝期的96%、惠吕期的81%、文帝期的50%。

（三）汉初军功受益阶层之势力，乃随时间之推移而逐渐衰退。其衰退大体取一种自下而上的渐进方式，即变动首先发生于政权下部，渐次波及于上。具体而言，该阶层支配汉朝中央政府最为稳固长久，直到景帝末尚占46%。在郡太守中的占有率，开始就较低，衰退速度则较快，高帝期88%，惠吕期60%，文帝期间下降至40%，可以说已经不居支配地位。诸侯王国的状况比较特殊，文帝期间该阶层在王国相中所占之比率突然下降（86%—29%），这种突变反映了其间汉王朝之政策有重大变动。❶从上表还可以看出，就其整体及部分的变动幅度而言，都以文帝期间较为引人注目。

关于县以下官僚的情况，由于史料缺乏，无法进行统计。然而，我们仍然可以根据有限的资料，结合当时的制度进行推测。

在秦末的反秦战争中，秦朝的县及县以上的主要官吏，基本上被消灭了。其状况诚如《史记》卷四十八《陈涉世家》所言，"当此时，诸郡县苦秦吏者，皆刑其长吏，杀之以应陈涉"。其取而代之者，多为当地出身的反秦军的军人。如刘邦率众起兵，诛秦沛县令，自己就任沛公，即楚制的沛县长官。这种情况在当时应是普遍的。

---

❶ 汉文帝时期，为了政治势力之平衡，曾采取了一系列抑制军功阶层之政策，如扶植和依靠王国、列侯之国及侯国迁徙等。详情参见本书第3章第三节、第6章第三节及拙论《西汉轪国所在与文帝的侯国迁移策》(《国学研究》第二卷，北京大学出版社，1994年）。

众所周知，秦有以军功为吏，即以有军功的军人补充吏员之制度。❶ 同时，秦又有"吏谁从军"之制，即百石以下的小吏推荐从军的制度。❷ 此种军吏与文吏相互补充的制度，皆为汉所继承。汉初，长年战乱之后，不仅中央、王国、郡之主要职位由军吏担任，县之主要职位，乃至郡县掾史、乡亭之吏也以军人出身者为多，应是没有多大疑问的。张家山汉简《奏谳书》中，县道令长其出身可考者，有新郪县令（长）信、掣长苍及醴阳令恢❸，皆为有军功爵者。不仅如此，该书中所出现的掾史、乡亭之吏，如安陆狱史平、公梁亭校长丙、发弩赘等，也皆是有军功爵者，应是极好的例证。

汉代初年，吏治稳定，官吏的在任时间皆相当长。至少到文帝的时候，不仅高级官僚，甚至一般小吏久任乃至世代相袭的情况也并非少见。《汉书》卷八十六《王嘉传》所载王嘉上疏中说："孝文时，吏居官者或长子孙，以官为氏，仓氏、库氏则仓库吏之后也。"正反映了这种状况。

已如前述，汉初军功受益阶层之势力的衰退，大体取一种自下而上的渐进方式，其在汉政府各级职位中所占比率，也呈一种从中央至王国到郡，逐渐低下而失去支配能力的状态。据表 2-4，景帝期，军功受益阶层出身者已从郡太守一职中消失，从而可以推测，稍早于此，在文帝后期，他们就可能已经失去了对县及县以下的官职的支配。

---

❶ 《韩非子·定法》："商君之法曰，斩一首者，爵一级，欲为官者为五十石之官；斩二首者，爵二级，欲为官者为百石之官；官爵之迁与斩首之功相称也。"关于该制度之更为详细的论述，可参见黄留珠《秦汉仕进制度》第三章，西北大学出版社，1985年。

❷ 《睡虎地秦墓竹简》，编年纪"三年，吏谁从军"条及其注释。也请参见本书第1章第一节之三。

❸ 关于醴阳令恢，参见拙论《说南郡守强和醴阳令恢》，《中国史研究》1998年第2期。

第三节　汉初一百二十年间社会阶层的变动轨迹

汉初军功受益阶层，乃是在汉初的政治和社会中占有主导地位的社会集团。通过以上表文之说明，我们对该社会集团在汉初一百二十年间的兴衰可有一图式化的大致了解。一个很自然的问题是，随着该社会阶层的衰退而出现的政治真空，将由谁来填补？为了解答该问题，进而理解汉代各社会阶层之关系及其变动，我们从表2-1、2-2、2-3中，分别抽出各类型所属者项，计算出其在三公九卿、王国相、郡太守三者之和中的占比，绘制图表如下：

表2-5　高帝—武帝期间三公九卿、王国相、郡太守合计中所属类别人数及比率统计

	军层	军吏	法吏	儒吏	士吏	宗亲	合计	不明	总计
高帝	52人	0	0	0	2人	0	54人	10人	64人
	96%	0	0	0	4%	0	100%		
惠吕	35人	0	1人	0	3人	4人	43人	6人	49人
	81%	0	2%	0	7%	9%	100%		
文帝	19人	2人	8人	0	7人	2人	38人	9人	47人
	50%	5%	21%	0	18%	5%	100%		
景帝	13人	8人	10人	0	8人	4人	43人	13人	56人
	30%	19%	23%	0	19%	9%	100%		
武初	11人	15人	11人	6人	7人	5人	55人	18人	73人
	20%	27%	20%	11%	13%	9%	100%		
武中	16人	17人	22人	5人	9人	5人	74人	10人	84人
	22%	23%	30%	7%	12%	7%	100%		
武后	7人	6人	19人	3人	4人	7人	46人	17人	63人
	15%	13%	41%	7%	9%	15%	100%		

表2-6 高帝—武帝期间三公九卿、王国相、郡太守
合计中所属类别所占比率表　　　　　单位：%

	高帝	惠吕	文帝	景帝	武初	武中	武后
军层 ——	96	81	50	30	20	22	15
军吏 —·—	0	0	5	19	27	23	13
法吏 ………	0	2	21	23	20	30	41
儒吏 —··—	0	0	0	0	11	7	7
士吏 ——	4	7	18	19	13	12	9
宗亲 ---	0	9	5	9	9	7	15

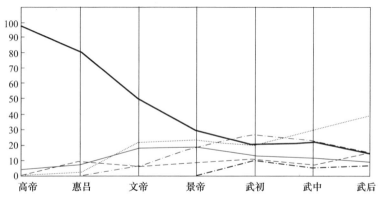

高帝—武帝期间三公九卿、王国相、郡太守　　　　　单位：%
合计中各所属类别所占比率变动轨迹

由上表我们可以大致窥见从高帝到武帝的一百二十年间，汉朝中央及地方政府中不同政治集团之势力的起伏升降。大体可以概括如下：

（一）就整体而言，西汉政权从汉初军功受益阶层的一统天下，随时间而呈现多元化的趋势。各种不同阶层和集团出身者逐渐登上汉王朝的政治舞台，填补由于汉初军功受益阶层的衰退而不断出现的政治空白。

（二）在此期间，比较引人注目的是军吏和法吏出身者，他们可以说是继汉初军功受益阶层之后汉政权的主要支撑部分。军吏集团从文帝期开始（占5%），至景帝期有较大发展（19%），武帝初期达四分之一以上（27%），居各类之首。然后呈衰退之势，武帝中期占23%，后期则为13%。由于其起伏升降直接系于战争，如景帝期之七国之乱、武帝期之对外战争等，故不稳定。法吏则一直稳步增长，从惠吕期之2%，文帝期之21%，景帝期之23%，武帝初期之20%，到武帝中期达30%，居各类之首，到武帝后期更达41%。自景帝期以后，军吏与法吏所占比率之和，已经超过汉初军功受益阶层，可以说，从此以后，军吏和法吏即已取代汉初军功受益阶层，开始共同主导着汉政权。

（三）儒吏，在武帝时期出现，其势力十分弱小，只是为将来之发展埋下伏笔而已（儒吏对于政治的较多参与，在元帝以后）。

（四）宗亲和外戚对西汉政权的参与，持续不断，但在此期间尚不突出。

（五）士吏出身者的构成相对复杂，由上表可以看出，在此期间，其所占的比率并不突出。有关士吏之具体分析，笔者有意另拟他文加以论述。

综上所述，笔者首先对汉代的官僚进行了类型划分和统计，再根据统计数字，用表与图的形式将汉初各社会集团在政治舞台上的起伏升降变动，以汉初军功受益阶层为主线做鸟瞰图式的描绘。通过这种图表式的考察，我们对于汉初军功受益阶层的存在可以得到一种基于统计数字的确切了解，同时，对于其存在的方式，即其如何由一个在政治社会居于支配地位的社会阶层，逐渐由下而上地衰退，最终被其他的社会集团完全取代的过程，也可以得到一个直观的图式了解。当然，由于史料的欠缺，统计的方法、类型的设定及归属的判断可能有误差，这种描绘的准确性和有效性是有限的。然而，相对于只用举例论证的例证法而言，这种结合图表的统计例证法式的描绘，毕竟为笔者所进行的关于汉初军功受益阶层的研究提供了切实的立论基础。有了这样一个基础，我们就可以对汉代社会和汉初军功受益阶层的种种关系进行具体的考察并进一步展开了。

第3章

秦末汉初的王国

第一节 秦楚汉间的历史特点

一、秦楚汉间的国际关系

西汉二百余年,以武帝期为界,前后之历史状态差异极大。汉初之六十余年间,其历史状态具有相当的独特性,而此种独特性在很大程度上是战国后期以及秦楚汉间历史特征的延伸。为了将这段历史的特点明确地凸显,笔者试图将秦末陈涉起义至汉景帝在位之间的历史分离出来,作为一个独立的历史时期加以看待,并称之为后战国时代。也就是说,笔者以为,从秦二世元年(前209)至汉武帝建元元年(前140)之间的七十年❶,为一具有独特性的历史时代,其时代之特点,远可以追溯到战国末年,近可以追溯到秦之统一,然而,其最直接的渊源,则当求之于秦楚汉间。

所谓秦楚汉间,即司马迁于《史记·秦楚之际月表》所截取的八年时间,始于秦末乱起的秦二世元年,终于汉王朝建立之高帝五

---

❶ 从更加准确的意义上讲,后战国时代一直延续到武帝建元六年(前135)窦太后死去。元光元年(前134),武帝亲自掌握政权,历史进入变革的新时代。不过,为了论述和划分的方便,笔者笼统地以武帝即位为后战国时代的下限。

年（前202），其时间虽然短暂，历史变动却非常剧烈，秦王朝在此期间崩溃，战国七国复活，项羽称霸分割天下，汉王朝也在此期间诞生。可以说，这段时间的历史，既连接了战国和秦，又开启了汉，在很大程度上决定了汉初的时代特点。对于这段时间的历史，历来史家论述不多，近来，田余庆先生有《说张楚》一文，以张楚政权为中心，对秦楚汉间的历史特征做了开创性的分析，为此问题的研究提供了新的起点。❶

在《说张楚》一文中，田余庆先生提出了一个非常重要的看法，即秦楚汉间的国际关系，在很大程度上乃是战国后期国际关系的重演与发展，其中，又以秦楚关系为主导。此看法准确地把握了时代的特征，为我们理解秦楚汉间及西汉初年的历史特点和时代精神提供了一个极有价值的着眼点。

参考田先生之说，我们可以把秦楚汉间，即从陈涉起义至刘邦称帝间的八年历史分为两阶段：

（一）合纵反秦奉楚为盟主期（秦二世元年七月——汉二年二月）。二世元年七月，陈涉首事，以张楚为号，复楚反秦。六个月中，楚、赵、燕、齐、魏均已自称王。各诸侯王皆奉楚为盟主共同

---

❶ 田余庆《说张楚》，最初发表于《历史研究》1989年第2期，后收入氏著《秦汉魏晋史探微》。2011年，该书改版，先生做了调整和修改。《说张楚》一文，在修改文字的基础上，增加了三条新注。同年，《说张楚》收入《当代名家学术思想文库·田余庆卷》（万卷出版公司，2011年），先生再次对文字做了修改，当为该文的最终定本。1995年，大栉敦弘发表了论文「統一前夜——戦国後期の『国際』秩序」(『名古屋大学東洋史研究報告』第19号，1995年），对于战国后期的国际秩序做了系统的整理和归纳，开拓了这一至今少有人涉足的研究领域。大栉氏在该文中明确指出，战国后期与西汉初年的国际秩序是一脉相通的，汉初郡国体制当中汉朝和诸侯王国之间的关系，同战国后期的秦与东方六国的关系有诸多类似之处。非常遗憾的是，由于大栉氏没有读到田先生的论文，故未将秦楚汉间之国际秩序单独分离出来，作为连接战国后期和西汉初年的直接中介。

反秦，这种形势，乃是战国后期以楚为纵长合纵攻秦的再现。二世三年八月，二世死，赵高宣称："秦故王国，始皇君天下，故称帝。今六国复自立，秦地益小，乃以空名为帝，不可。宜为王如故，便。"（《史记·秦始皇本纪》）此乃战国复活之正式宣告。同年十月，秦王子婴降，秦亡。次年二月，项羽自封为西楚霸王，主宰割裂天下，封建十八王国，建立以楚为盟主的列国霸权体制，宣告秦楚交替的完成。在此期间，合纵反秦之盟主，始为陈涉之张楚，继为怀王之楚，再为项羽之西楚。在楚的主盟下，各国协力灭秦，完成合纵反秦之任务。又在楚的主盟下，重新分割天下，开启天下纷争之端。

（二）连横反楚奉汉为盟主期（汉二年三月——汉五年正月）。刘邦受项羽之封后，汉元年四月之汉中就国，改楚制为秦制。❶ 八月，进军关中。二年三月，为义帝发丧，发使告诸侯约共击楚，结成以汉为盟主的反楚联盟。四月，率各诸侯国联军攻入楚都彭城。此种关系，正可比拟于战国期间以秦为盟主之连横，其攻击之目标为楚。当然，此时秦已亡，取代秦者，正是王秦故地之汉。高帝五年十二月，刘邦联合各诸侯王共同灭楚，完成连横攻楚之任务。二月，即皇帝位于定陶，又开始一新的时代。

二、秦楚汉间的政治类型

在《说张楚》一文中，田余庆先生还提出了一个极富启发性的问题，即当时王业和帝业的相互转换关系。就笔者的理解而言，田先生所谓的帝业和王业，乃是概括不同历史时期的政治形态时所使用的术语。如果我们将其规范化，对秦楚汉间以前的中国政治做一

---

❶ 关于汉中改制，参见本书第1章第二节、结语第三节之三及本章第四节。

形态类型划分的话,可以整理出以下的看法:大体而言,到秦王朝为止的中国政治,可以规范为三种形态类型,即王业、霸业与帝业。此三种形态,皆可从理念与历史两方面加以理解。所谓王业,即以周为代表的分封诸侯、众建列国之政治形态。❶其特点有三:(一)宗主之周主导天下政局。(二)列国并立,共拥宗主。(三)实行间接统治的封建原理和封建制度。作为历史的王业,到春秋即已崩坏。

春秋以来,霸业的历史开始。齐桓、晋文、秦穆、楚庄,先后称霸主盟。其时,政治之力量已归霸主,宗主之周空有其名,仅存可资利用的道义之余威,故霸主往往假周天子之名而号令诸侯。及至战国,各国变法擅武,重功利讲权谋,合纵连横,力求霸业。其时,武力与权谋之所在,即为纵长盟主。周不过一将亡之小国,周以来之王业理念丧失殆尽。概言之,所谓霸业,即春秋、战国之列国纷争求霸的政治形态,其特点亦有三:(一)天下政局由霸主主导。(二)列国并立争霸。(三)间接统治之封建原理与直接统治之人头原理、封建制与官僚郡县制并用。❷

前256年,秦灭周,前221年灭六国建立统一帝国,帝业由此开始。所谓帝业,即秦始皇所开创的统一帝国之理念与现实。在形

---

❶ 周,特别是西周,乃是被儒家作为政治理念极为理想化了的时代。事实上,作为历史事实的实相的西周,可以说是非常不清楚的,然而,作为政治理念的虚相的西周,又对中国历代的政治社会产生了相当大的影响。在中国历史研究当中,西周的这种虚实两相的问题,可以说是重大而又复杂的课题。在本章第四节中,笔者就此问题与汉的王国分封有所关联的部分做了一些具体的考察,对此问题的全面研究,只有期待贤者。
❷ 关于直接统治之人头原理,乃是西嶋定生先生在归纳古代中国之统一国家的特点时所建立的概念。其日文之原文,即"個別人身の支配"。简单言之,即以皇帝为顶点的国家权力,通过官僚郡县制度,直接达于以户为单位的各个家庭之成员。详见氏著「中国古代統一国家の特質」(收于『中国古代国家と東アジア世界』)。

式上也有三个特点：（一）皇帝为帝国唯一的最高统治者。（二）秦是天下唯一的国家。（三）实行直接统治之人头原理，官僚郡县制直接统率至民。❶

如果我们以上述三种政治形态为基准，来归纳前述两个时期，即秦二世元年七月至汉二年二月的合纵反秦奉楚为盟主期、汉二年三月至汉五年二月的连横反楚奉汉为盟主期之政治形态的类型的话，就可以看出，此两时期皆以霸业政治形态为主要特征，也就是前面所叙述战国合纵连横局面之复活。事实上，就本书所论及秦楚汉间及西汉初年而言，上述三种政治形态不仅是当时人们的政治思想的基本知识，而且是他们所了解的历史事实。特别是霸业与帝业，乃是当时很多人亲身经历过的。

以刘邦而言，他生于前256年，即秦昭王五十一年，是年，秦灭周，霸业至于极点。前221年，刘邦三十六岁，秦始皇统一天下，霸业归于帝业。前209年，刘邦四十八岁❷，秦末乱起，六国复兴，帝业又归于霸业。可以说，刘邦本人即霸业—帝业—霸业频繁交替之历史见证人。很显然，就刘邦及当时的历史人物而言，他们所能具有的政治理念，他们所能做出的政治决策，他们所能采取的政治行动，当是以上述三种政治形态，特别是以霸业与帝业作为历

---

❶ 关于皇帝及皇帝制度之解释和概括，参见西嶋定生『中国古代国家と東アジア世界』第二章「皇帝支配の成立」。

❷ 刘邦的生年，史书上有两种说法。1.《史记·高祖本纪》十二年高祖崩，《集解》引皇甫谧曰："高祖以秦昭王五十一年生，至汉十二年，六十二。"同纪二世元年起兵沛县，《集解》引徐广曰："高祖时年四十八。"计算下来与皇甫谧同。2.《汉书·高帝纪》注引臣瓒曰："帝年四十二即位，即位十二年，寿五十三。"梁玉绳《史记志疑》曰："《御览》八十七引'史'云'四月甲辰，崩于长乐宫，时年六十二。在位十二年，葬长陵。'……盖瓒说非也。"梁玉绳举出了新的依据支持皇甫谧、徐广说，得到学界的认同，今从之。

史背景和选择范围的。❶

第二节　秦楚汉间的王国

一、陈涉之复国建王与平民王政

在上一节中我们已经论到，秦楚汉间国际关系的主流，是战国后期秦楚关系的重演，这种关系决定了这段时期的时代特点。笔者因此将秦楚汉间之历史划分为合纵反秦奉楚为盟主和连横反楚奉汉为盟主前后两期，其政治形态都可以归属于霸业。然而，当我们进一步深入观察时就会发现，在上述这两个时期，尽管国际关系和政治形态的基本特点可以说没有质的变化，但是，其间各国和各王却是变化纷纭、前后迥异的。为了明确其经过，在纷乱的历史变化中理出一个线索来，笔者试图对秦楚汉间王国之变迁加以整理。首先，以秦二世元年七月陈涉称王到秦二世二年十二月陈涉之死为一时期，整理其时之各国各王可得下表（表3-1）❷。

---

❶ 关于刘邦及其同时代人在战国和帝国时代之经历的详细叙述，请参见拙著《秦崩：从秦始皇到刘邦》第一章《战国时代的刘邦》、第二章《秦帝国的民间暗流》，生活・读书・新知三联书店，2015年。

❷ 以下各表，皆根据《史记》《汉书》各表做出，各王国之疆域一律根据周振鹤《西汉政区地理》（人民出版社，1987年），恕不一一注出。在此表中涉及的社会阶层类型一共有三种，即贵族（包括王族在内）、官僚和平民。表中所列的身份一栏，则是指称王前之具体的生计状况。关于秦末汉初之社会阶层问题及其划分标准详情等，笔者另有专文论及，恕不在此赘述。

表 3-1　陈涉复国建王期之王国及王表

国名	王名	出身国	阶层	身份	始	终
秦	胡亥	秦	王族	王子	二世元年十月	二世三年八月杀
楚	陈涉❶ 襄彊	楚 楚	平民 旧贵族?	戍卒 民间	二世元年七月 二世元年八月	二年十二月杀 元年九月杀
赵	武臣	楚❷	平民	陈涉部将	二世元年八月	二年十一月杀
齐	田儋	齐	旧王族	民间	二世元年九月	二年六月杀
燕	韩广	燕❸	平民	武臣部将	二世元年九月	汉元年八月虏
魏	魏咎	魏	旧王族	陈涉部将	二世二年十二月	二世二年六月杀

通过上表可以看出，在此期间，为秦所灭之六国，除韩国外皆已先后复国❹，笔者将此历史变动称为战国复国运动。毋庸置疑，战国复国之首创者即为陈涉。复国之五国中，楚、赵、燕三国政权为陈涉及其部将新建之王政，其王皆为平民出身，其政权为中国历史上新出现的一种类型，笔者将其称为平民王政。齐、魏两国之王皆为旧王族，两国政权皆为战国时代贵族王政之复活，笔者将其称为王政复兴。在这段时期，陈涉之张楚为天下盟主，陈涉首创的战国复国运动成为天下政局的主流，在战国复国运动的主导下，平民王

---

❶ 襄彊之为楚王，乃陈涉部将葛婴之九江东城时所立，疑其为楚国旧贵族之后裔。葛婴得知陈涉已称王后，即杀之。见《史记》卷四十八《陈涉世家》及卷十六《秦楚之际月表》。

❷ 据《史记》卷四十八《陈涉世家》，武臣为陈人。

❸ 据《史记》卷四十八《陈涉世家》，韩广本为秦上谷卒史，后为武臣部下，受武臣命领兵攻燕。上谷郡旧属燕国，以秦汉任吏之籍贯限制推之，韩广当为上谷郡人。其推定，主要据严耕望《秦汉地方行政制度》（"中研院"历史语言研究所专刊之四十五，1990年）第十一章。也请参见本书第 5 章第一节。

❹ 关于韩国未及早称王之原因，田余庆先生推断乃是韩都颍川地近楚都陈，不为陈涉所允许之故，详见氏文《说张楚》。

政和王政复兴并行。笔者将此时期称为复国建王期。

在复国建王期，复兴后之政权的类型，尽管是平民王政和王政复兴并行，但其主流则是盟主楚国所代表的平民王政。平民王政系陈涉首创。他出身楚国下层，"尝与人庸耕"，被征发为戍卒，途中遇雨失期，率众起义反秦，建张楚称王。陈涉并无任何政治遗产可以继承，他何以能够称王呢？据《史记》卷四十八《陈涉世家》，陈涉攻占陈后，招集当地三老、豪杰会事：

> 三老、豪杰皆曰："将军身被坚执锐，伐无道，诛暴秦，复立楚国之社稷，功宜为王。"陈涉乃立为王，号为"张楚"。

《史记》卷八十九《张耳陈余列传》记录此事说，陈涉入陈后：

> 陈中豪杰父老乃说陈涉曰："将军身被坚执锐，率士卒以诛暴秦，复立楚社稷，存亡继绝，功德宜为王。且夫监临天下诸将，不为王不可，愿将军立为楚王也。"

两相对照，可知两文出于同一来源，而后文之记载更为详细，特稍作分析。"且夫监临天下诸将，不为王不可，愿将军立为楚王也"，这是讲由于军事斗争的要求，需要在诸将之上置王，乃是基于权宜的考虑。"功德宜为王"，则是为王之理由，即因为陈涉有功和德，所以应当为王。功，意指军功，德，意指恩德❶，具体而言，"将军身被坚执锐，率士卒以诛暴秦"，即为其功，"复立楚社稷，存亡继绝"，即为其德。也就是说，陈涉之所以应当为王之理

---

❶ 关于功和德的详细分析，参见本书第4章第三节。

由有二，其一为起义反秦的首事之功，其二为恢复楚国的复国之德。这种王权不起源于世袭而起源于功德的理念，正是平民王政的法理根据。此例一开，尔后武臣之王赵，韩广之王燕，也就顺理合法，理在其中了。这种新的理念，由此而逐渐成为一种新的政治传统。

二、怀王之王政复兴与贵族王政

陈涉失败死后，秦二世二年一月，楚将秦嘉立景驹为楚王。景驹为何等人士，史无记载，以其姓氏推断，当为楚国旧贵族之景氏。景驹之立，表明陈涉之平民王政路线开始受到修正。同月，张耳、陈余立赵国旧王族赵歇为赵王，赵国之平民王政被修正。平民王政之被全面修正，始于范增说项梁焉。据《史记》卷七《项羽本纪》，陈涉死后，范增见项梁说："陈胜败固当。夫秦灭六国，楚最无罪。自怀王入秦不反，楚人怜之至今，故楚南公曰'楚虽三户，亡秦必楚'也。今陈胜首事，不立楚后而自立，其势不长。"对陈涉之平民王政进行了批判。项梁接受了他的意见，开始致力于贵族王政之全面复兴。由此，首先有楚怀王之立，其次，又立故韩国公子韩成为韩王，于是，楚、齐、韩、赵、魏之王政复兴全部实现。平民王政，除僻远的燕国硕果仅存外❶，一时销声匿迹。下面，笔者以秦二世二年一月楚王景驹立，到汉元年二月项羽分封天下为一时期，整理其时之各国各王可得下表。

---

❶ 在秦楚汉间，燕国始终置身于中原政局之外，具有相当的独特性。推想起来，可能有两个原因。一是燕国在地理上与中原诸国远隔，往来较少。另一原因，可能是战国末年燕国对于秦的抵抗较为剧烈，其先有太子丹刺杀秦王之举，始皇二十九年，都城蓟为秦攻陷后，又举国东迁至辽东继续抵抗，至始皇三十三年才为秦所灭。秦灭燕后，可能对燕国贵族的处置比较苛刻。至秦末乱起，燕国贵族或者幸存者较少，即使有幸存者，或多在辽东，或更东迁至朝鲜，不见有卷入战乱之记载。

表 3-2 怀王王政复兴期之王国及王表

国名	王名	出身国	阶层	身份	始	终
秦	胡亥	秦	王族	王子	二世元年十月	二世三年八月杀
	子婴	秦	王族	王子	二世三年九月	十月降汉
楚	景驹	楚	旧贵族	民间	二世二年一月	二世二年四月杀
	怀王心	楚	旧王族	牧羊儿	二世二年六月	汉二年二月为义帝
齐	田儋	齐	旧王族	民间	二世元年九月	二世二年六月杀
	田假	齐	旧王族	民间	二世二年七月	二世二年八月逐
	田市	齐	旧王族	齐王儋子	二世二年八月	汉元年二月为胶东王
赵	赵歇	赵	旧王族	民间	二世二年一月	汉元年二月为代王
魏	魏咎	魏	旧王族	陈涉部将	二世元年十二月	二世二年六月自杀
	魏豹	魏	旧王族	魏王咎弟	二世二年九月	汉元年二月为西魏王
燕	韩广	燕	平民	陈涉部将	二世元年九月	汉元年二月为辽东王
韩	韩成	韩	旧王族	民间	二世二年六月	汉元年七月杀

通过上表可以看出，在这段时期里，战国七国已经一个不差地全部复活，战国复国运动，可谓已经完成。不仅如此，除燕国外，新兴之平民王政皆已失败，并为复活之贵族王政所取代，王政复兴，也可谓全面完成。此时，怀王之楚国为天下盟主，战国复国和王政复兴合一，六国贵族之就国复王已成为天下政局之主流。基于此，笔者将此时期称为王政复兴期。

从理念上讲，所谓王政复兴，就是承认秦统一所中断了的楚国熊氏、齐国田氏、赵国赵氏、韩国韩氏、魏国魏氏等之王权世袭继续有效，恢复战国六国的贵族王政，由六国的旧王族出身者为王治国。

王政复兴始于田儋。田儋，齐国王族田氏一族，秦二世元年九月，杀秦狄令自立为齐王。据《史记》卷九十四《田儋列传》，田儋杀狄令后，招集狄之豪吏子弟曰："诸侯皆反秦自立，齐，古之建国,儋,田氏,当王。"遂自立为齐王。可见,田儋认为自己应当为齐王的基本理由,正在于田氏对于齐国王政的世袭所有权。魏王魏咎,魏诸公子之一,陈涉初起称王后,投奔陈涉属楚,后为陈涉部将周市所立。周市,魏国人,领军攻下魏地后,拒绝被拥戴为王,曰:"今天下共畔秦,其义必立魏王后乃可。"(《史记》卷九十《魏豹彭越列传》)遂遣使陈涉处迎立魏咎为王。

如果说,田儋之所以为齐王,尚有自力复国之功,魏咎之为魏王,还有参加反秦军的一面的话,尔后之楚、韩、赵的王政复兴,其王之所以为王,都纯粹是因其旧王族之出身。楚怀王心,秦时流落民间为人牧羊,为项梁求得立为楚王。韩王韩成,旧韩王族,为项梁于民间求得而立。赵王赵歇,为张耳、陈余于赵地民间求得而立。三人皆无任何功劳建树。

三、项羽之众建列国与军功王政

汉元年二月,率领各国联军进入关中的项羽,在秦都咸阳称霸主盟,分割天下,重新分封建国,政局又为之一新。新政局一直持续到汉二年三月,刘邦会同各诸侯王国共同攻楚,开始主盟天下,历史进入连横反楚奉汉为盟主期。整理这段时间之各国各王可得下表(表3-3)❶。

通过下表我们可以看到,在这段时期,王政复兴期已经形成的贵族王政复活之政局不仅被完全打破了,而且,复国建王期战国七国复活之政局也被打破了。盟主楚怀王被西楚霸王取代,空有义帝之虚名,不久就被消灭了。在新盟主项羽的主持下,楚国被分为西

---

❶ 此表中,赵歇之赵和田荣、田广之齐皆非项羽所封。田假之齐,则是项羽所封。除齐、赵外,即为项羽大分封之十九国,加上田假之齐,项羽所封之国,则为二十国。

楚、衡山、九江、临江四国，赵被分为常山、代两国，齐国被分为临淄、济北、胶东三国，秦国被分为汉、雍、塞、翟四国，燕被分为燕和辽东两国，魏被分为西魏和殷两国，韩被分为韩和河南两国。天下已由七国变为十九国。复活之贵族王政，怀王之楚、韩成之韩，不久就被取代消灭，赵歇之赵、田市之齐、魏豹之魏则被分割了。分割后新建之各国皆以军功为原则，分封予各将领。王政复兴，战国七国复国之大势，被论功行赏、众建列国所取代。历史又进入一新的时期。笔者将此段时期称为列国众王期。

表3-3 项羽众建列国期之王国及王表

国名	王名	出身国	阶层	身份	始	终
楚	义帝心	楚	旧王族	怀王	二世二年六月	汉二年十月杀
西楚	项羽	楚	旧贵族	楚将	汉元年二月	汉五年十二月杀
衡山	吴芮	楚？	官僚	越人将	汉元年二月	汉五年二月为长沙王
九江	英布	楚	平民	楚将	汉元年二月	汉五年二月为淮南王
临江	共敖	楚	？	楚将	汉元年二月	汉三年七月死
赵常山	张耳	魏	官僚	赵相	汉元年二月	汉二年十月降汉
代	赵歇	赵	王族	赵王	汉元年二月	汉二年十月为赵王
	陈余	魏	平民	赵将	汉二年十月	汉三年十月杀
赵	赵歇	赵	王族	代王	汉二年十月	汉三年十月虏
齐临淄	田都	齐	王族	齐将	汉元年二月	汉元年五月降楚
济北	田安	齐	王族	齐将	汉元年二月	汉元年七月杀
胶东	田市	齐	王族	齐王	汉元年二月	汉元年六月杀
齐	田荣	齐	王族	齐将	汉元年六月	汉二年正月杀
	田假	齐	王族	齐王	汉二年正月	汉二年三月杀
	田广	齐	王族	田荣子	汉二年四月	汉四年十一月杀
秦 汉	刘邦	楚	平民	楚将	汉元年二月	汉十二年四月死
雍	章邯	秦	官僚	秦将	汉元年二月	汉二年六月杀
塞	司马欣	秦	官僚	秦将	汉元年二月	汉元年八月降汉
翟	董翳	秦	官僚	秦将	汉元年二月	汉元年八月降汉

续表

国名	王名	出身国	阶层	身份	始	终
燕 燕	臧荼	燕	平民	燕将	汉元年二月	汉五年九月虏
辽东	韩广	燕	平民	燕王	二世元年九月	汉元年八月杀
魏西魏	魏豹	魏	王族	魏王	二世二年九月	汉四年四月杀
殷	司马卬	赵❶	平民	赵将	汉元年二月	汉二年三月降汉
韩 韩	韩成	韩	王族	韩王	二世二年六月	汉元年七月杀
	郑昌	?	官僚	楚将	汉元年八月	汉二年十月降汉
	韩信	韩	王族	韩将	汉二年十一月	汉七年十月亡
河南	申阳	?	?	赵将	汉元年二月	汉二年十一月降汉

项羽分封天下,王国由七变为十九,王者之为王的理念也为之一变。据《汉书》卷三十一《项籍传》,项羽分封天下前与诸将曰:

> 天下初发难,假立诸侯以伐秦。然身被坚执锐首事,暴露于野三年,灭秦定天下者,皆将相诸君与籍力也。怀王亡功,固当分其地王之。

诸将皆曰:"善。"于是分封天下为十九国。项羽之语,乃是申明分封天下之原则。"天下初发难,假立诸侯以伐秦。"假,权且非真也。这是讲自陈涉起义以来,诸侯王之立皆出于反秦的一时权宜之计,而非即真。项羽此话,是直接针对当时已有之各王而言的,即楚怀王心、齐王田市、赵王歇、韩王成、燕王韩广,其中除燕王外,皆为王政复兴之旧王族。项羽不承认他们的王权世袭之继续有效,否定了王政复兴之原则。"然身被坚执锐首事,暴露

---

❶ 《史记》卷一百三十《太史公自序》:司马氏"在赵者,以传剑论显,蒯聩其后也。……蒯聩玄孙卬为武信君将而徇朝歌。诸侯之相王,王卬于殷"。

于野三年,灭秦定天下者,皆将相诸君与籍力也。"这是在否定旧的世袭原则的基础上申明新的因功的理念,明确灭秦定天下之功不在诸王而在诸将。"怀王亡功,固当分其地王之。"分封天下之原则,在于"计功割地,分土而王之"❶。旧有诸王之盟主,项羽之主君楚怀王无功,当分其地而王之,各王政复兴之王,自然也不例外。

将项羽此语与上引《史记·张耳陈余列传》陈之豪杰父老劝陈涉称王之语做一比较,可以看到二者是继承和发展的关系。陈涉称王之理由有二,即起义反秦的首事之功和恢复楚国的复国之德。其有关功的一点,为项羽所继承,陈涉之"身被坚执锐,率士卒以诛暴秦",和项羽之"身被坚执锐首事,暴露于野三年,灭秦定天下",二者全同。但有关恢复六国之德的一面,项羽则不再提了,陈涉出于反秦之需要,首创复国运动,却苦于由复国而引发的王政复兴❷,秦既已灭,项羽及所封诸王以将称王,自然不必再受旧国旧主之约束了。

总之,项羽否定了王政复兴之原则,不承认旧六国之王权世袭继续有效,他继承和发展了陈涉开创的以功称王的原则,扬弃了复兴战国旧六国之德的一面。也就是说,项羽封王之原则是军功封王。

---

❶ 《史记》卷九十二《淮阴侯列传》,项羽遣武涉说韩信曰:"天下共苦秦久矣,相与戮力击秦。秦已破,计功割地,分土而王之,以休士卒。今汉王复兴兵而东,侵人之分,夺人之地,已破三秦,引兵出关,收诸侯之兵以东击楚,其意非尽吞天下者不休,其不知餍足如是甚也。"这段话,相当清楚地表达了项羽分封天下的政治理念。

❷ 田余庆先生概括陈涉所面临的矛盾处境为"张楚反秦的两重作用",即以秦王朝为代表的统一之政治观念和以六国为代表的分立之政治观念,详见氏文《说张楚》。笔者在此所言,则是平民王政和贵族王政复兴的矛盾。第93页注1葛婴立襄疆而又杀之,归陈为陈涉所诛事,当也是同一性质的事件。

原则已定，列国众王之分封也就循此进行。考此时之十九王，旧王族出身者有六人，即代王赵歇、西魏王魏豹、韩王韩成、胶东王田市、济北王田安、临淄王田都。其中，代王歇乃分赵为常山和代二国后，由赵王改封。西魏王豹乃分魏为西魏和殷二国后，由魏王改封。韩王成，在分其地为韩和河南两国后，王号予以保留，然而，据《史记》卷七《项羽本纪》所载："韩王成无军功，项王不使之国，与俱至彭城，废以为侯，已又杀之。"同年八月，改立楚将郑昌为韩王。胶东王田市乃是自力立国的齐王田儋之子，分齐为三国后由齐王改封，临淄王田都、济北王田安虽为旧王族出身，却皆是从项羽击秦有功之将领。

余下之十三王，皆为非王族出身之有功将领，其中明确出身旧贵族者，唯项羽一人。其余十二人中，雍王章邯为秦少府，塞王司马欣为章邯长史，翟王董翳为秦都尉，衡山王吴芮为秦番阳令，常山王张耳作过旧魏国外黄令，后来接替韩王成做韩王的郑昌，为秦吴令，皆为官僚出身。汉王刘邦做过秦之亭长，燕王韩广为秦之上谷卒史，皆为小吏。九江王英布为群盗出身之楚将，从项羽击秦有功。燕王臧荼为韩广部将，领兵救赵从项羽击秦有功。河南王申阳，张耳部将，从楚击秦有功。殷王司马卬为赵将，击秦有功。临江王共敖为楚柱国，击秦有功。这些人之出身尽管有些不是很清楚，但不是王族和贵族出身，似乎可以推定。

总而言之，就项羽封王的理念而言，他否定血缘世袭之贵族王政原则而采用了平民王政的军功原则，基于此，他也否认了战国七国的复国，正是在这种意义上，笔者将项羽所开创的王政称为军功王政。

第三节　汉初之王国[1]

一、异姓诸侯王与军功王政之延续

如前述，汉二年三月，刘邦开始主盟天下，历史进入连横反楚奉汉为盟主期。在这段时期，汉对项羽所建的王国逐一加以消灭，开始汉所主盟的王国分封[2]，高帝六年正月，废止异姓王之分封，开始分封同姓诸侯王。整理这段时间汉所立之各国各王可得下表（表3-4）。

通过表3-4我们可以看到，在不到六年时间，项羽所主盟的列国众王期之十九王国已变为九国，其中，除燕国外，皆为汉所分封。此时之天下大局，仿佛又回到了陈涉所主盟的复国建王的时代，除敌国楚被分为楚、淮南和长沙三国外，战国七国之格局又大体恢复。各国之王，皆为忠实于汉之有功将领，即史称的异姓功臣诸侯王，从王国分封的角度着眼，可称该时期为异姓诸侯王期。

上述九国八王中（韩信先为齐王，后为楚王）汉王刘邦、燕王臧荼为项羽之旧封，赵王张耳、淮南王英布、长沙王吴芮，为汉因项羽旧封所加之改封，汉所始封者，只有韩王韩信、齐王韩信和梁

---

[1] 近年来，关于汉初的诸侯王国及其制度，陈苏镇先生结合传世文献和出土文献，在其著作《〈春秋〉与"汉道"——两汉政治与政治文化研究》（中华书局，2011年）第一章第三节"郡国并行及其意义"有详细的论述，请参见。

[2] 关于秦楚汉间的王国及王的问题，学界几乎没有触及。对于汉帝国建立以后的王国，主要是同姓王国以后的研究，则相对较多。中文著作，可参见张维华《西汉一代之诸侯王国》（收入氏著《汉史论集》，齐鲁书社，1980年）；柳春藩《秦汉封国食邑赐爵制度》（辽宁人民出版社，1984年）；安作璋、熊铁基《秦汉官制史稿》（齐鲁书社，1985年）；吴荣曾《西汉王国官制考实》(《北京大学学报》1990年第3期）等。日文著作，可参见鎌田重雄「漢朝の王国抑損策」（收于氏著『漢代史研究』，日本学術振興会，1949年）；紙屋正和「前漢諸侯王国の官制」(『九州大学東洋史論集』，1974年）等。

表 3-4　刘邦所封之异姓王国及王表

国名	王名	出身国	阶层	身份	始	终
秦汉	刘邦	楚	平民	汉王	汉元年二月	高十二年四月死
齐齐	韩信	楚	平民	汉将	汉四年二月	高五年正月徙为楚王
赵赵	张耳	魏	官僚	常山王	汉四年十一月	汉四年七月死
燕燕	臧荼	燕	平民	燕王	汉元年二月	高五年九月杀
	卢绾	楚	平民	汉将	高五年后九月	高十二年亡
韩韩	韩信	韩	王族	韩将	汉二年十一月	高七年十月亡
魏梁	彭越	魏	平民	魏将	高五年二月	高十一年三月杀
楚楚	韩信	楚	平民	汉将	高五年正月	高六年十二月废
淮南	英布	楚	平民	九江王	汉四年七月	高十二年杀
长沙	吴芮	楚	官僚	衡山王	高五年正月	高五年六月死

王彭越。韩王信出身于旧韩国王族，齐王韩信和梁王彭越皆平民出身，三人皆为汉之第一等功臣，三人之封王，皆因于军功。我们可以说，汉之异姓诸侯王，乃是陈涉、项羽以来的军功王政的继续，刘邦之分封异姓诸侯王，其原则也同于陈涉、项羽以来的军功原则，只是将尽忠的对象由楚改为汉，主封霸国易名而已。然而，刘邦之分封异姓诸侯王，相对于项羽之分封，在形式上是有所变化的。项羽之分封，否认怀王所主持的王政复兴，将已有之七国割裂为十九国。刘邦之分封，则将项羽之十九国合并，除楚国有所分割（楚、淮南、长沙）外，基本上恢复了项羽众建列国以前的战国七国之局面。笔者已经论及，刘邦之为汉王，其法理根据在于怀王之约，刘邦之反项羽，也是打着承继怀王之楚的霸业之大义名分的。❶ 正是出于这个原因，刘邦在楚汉战争中逐一消灭项羽之封国，比照怀王之约，大体恢复了天下七国之局面。

---

❶ 本书第 4 章第二节。

二、同姓诸侯王与新贵族王政之兴起

高帝五年正月,刘邦徙齐王韩信王楚,齐国失王为郡县。二月,刘邦即位做了皇帝,汉帝国宣告成立。后九月,刘邦灭燕王臧荼,封卢绾为燕王,这是刘邦所封的最后一位异姓诸侯王。❶ 六年正月,封刘贾为荆王,刘交为楚王,刘喜为代王,刘肥为齐王,开始分封同姓诸侯王。下面,笔者整理高帝六年至高帝十二年刘邦死之时,汉所新分封的诸侯王表(表3–5)如下:

表3–5 刘邦所封的同姓王国及王表

国名		王名	阶层	身份	始	终
楚	荆	刘贾	皇族	从父子	高六	高十一杀
	楚	刘交	皇族	刘邦弟	高六	文元死
	吴	刘濞	皇族	刘邦兄子	高十二	景三杀
	淮南	刘长	皇族	刘邦子	高十二	文六迁死
	淮阳❷	刘友	皇族	刘邦子	高十一	惠元徙为赵王
齐	齐	刘肥	皇族	刘邦子	高六	惠六死

---

❶ 闽越和南越之册封,不在本文的讨论范围。关于汉帝国之册封问题,栗原朋信在其著作「文献にあらわれる秦漢璽印の研究」(『秦漢史の研究』,吉川弘文館,1986年)中,有详细之研究,可参见。关于中华帝国册封体制的体系性论述,参见西嶋定生「東アジア世界と册封体制」(收于氏著『中国古代国家と東アジア世界』)。后来,吉开将人从玺印制度着手考察楚和南越的关系,发表了论文「印からみた南越世界——嶺南古璽印考」(『東洋文化研究所紀要』第136、137、138号,1998、1999年),对于册封体制的研究提供了新的角度和视野。

❷ 高帝十一年,韩王信被杀,立刘友为淮阳王,领有颍川和淮阳两郡之地。颍川郡旧属韩国,为首都阳翟所在,淮阳郡旧属楚国,为新立的淮阳国首都陈县所在。惠帝元年,淮阳国废为汉之颍川、淮阳郡。吕后元年,复置淮阳国,只领有淮阳一郡。从而,在说明淮阳国之立与旧韩国有关后,将淮阳国置于旧楚国地区。关于汉之王国和郡县之沿革,参见《中国行政区划通史》之《秦汉卷》上(周振鹤、李晓杰、张莉著)第三章第一节《淮阳郡(国)沿革》,复旦大学出版社,2017年。

续表

国名		王名	阶层	身份	始	终
赵	赵	刘如意	皇族	刘邦子	高九 由代王徙	惠元死
	代	刘喜	皇族	刘邦兄	高六	高七废为侯
		刘如意	皇族	刘邦子	高七	高九徙为赵王
		刘恒	皇族	刘邦子	高十一	吕八为帝
燕	燕	刘建	皇族	刘邦子	高十二	吕七死
魏	梁	刘恢	皇族	刘邦子	高十一	吕七徙为赵王

通过表3-5我们可以看到，从高帝六年以后，汉所分封的诸侯王国共十国，皆为同姓。上述十国中，荆（吴）、楚、淮南三国旧属楚国，淮阳旧属楚国和韩国，赵、代旧属赵国，梁旧属魏国，齐、燕始终变化最小。

汉之分封同姓诸侯王，其事发端于田肯之建策。据《汉书》卷一《高帝纪》，高帝六年十二月，刘邦于陈执楚王韩信，田肯贺刘邦得韩信治秦中，并建议说："夫齐，东有琅邪、即墨之饶，南有泰山之固，西有浊河之限，北有勃海之利，地方二千里，持戟百万，县隔千里之外，齐得十二焉。此东西秦也，非亲子弟，莫可使王齐者。""上曰：'善。'"同月，发布诏书曰："齐，古之建国也，今为郡县，其复以为诸侯。将军刘贾数有大功，及择宽惠修洁者，王齐、荆地。"正月，封刘贾为荆王，刘交为楚王，刘喜为代王，刘肥为齐王。

汉之分封同姓诸侯王是与汉之废灭异姓诸侯王同时进行的。刘贾之荆、刘交之楚乃是分韩信之楚而立，刘肥之齐乃是徙齐王韩信王楚后所立，代为陈余之旧国，刘如意之赵乃是废赵王张敖后所立，燕王刘建是废燕王卢绾后所立，淮阳王刘友是韩王信死后所立，梁王刘恢是诛梁王彭越后所立，淮南王刘长是灭淮南王英布后所立。

同时，汉之分封同姓诸侯王，又是与汉之大封功臣为列侯同时进行的。汉之大封功臣列侯始于高帝六年十二月甲申（28日），首先封曹参、靳歙等第一批功臣二十余人为列侯，两天后之正月丙戌（1日），封刘贾为荆王，刘交为楚王。正月丙午（21日），封萧何、张良等第二批功臣十七人为列侯。正月壬子（27日），封刘喜为代王，刘肥为齐王。❶ 从此以后，刘氏封王，功臣封侯，交错进行，遂成定制。看得出来，高帝十二年由白马之盟所定的汉之分封原则，即"非刘氏不王，非功臣不侯"，于高帝六年就已经作为政策立案并付诸实行了。白马之盟，只是对此既成事实以君臣盟誓的形式再加以确定而已。❷

总而言之，从高帝六年始，刘邦接受田肯之建议，对于分封之原则作了重大的修改，废除因功封王，将其变更为因亲封王，并且限定于皇室刘姓。在废功劳因血缘的意义上讲，汉之同姓诸侯王之封，其思想渊源可以说是受到周之分封同姓的影响，从近在身边的历史现实而言，则是接近于怀王之王政复兴的原则。怀王之王政复兴，旨在复兴六国旧贵族之世袭王权，刘邦之分封同姓王，为的是确立新兴的刘氏家族的世袭王权，因此之故，笔者将因血缘分封的同姓诸侯王政权，称为新贵族王政。

在上表所列同姓十国十王中，代王刘喜，刘邦兄，高帝六年封，七年，受匈奴之攻，弃国废为侯，十一年改封子刘恒。荆，高帝六年封刘邦从父子刘贾，高帝十一年为英布所灭，改国名为吴，封刘邦兄子刘濞。由此之故，至刘邦死，同姓诸侯王国为九国九王，加上唯一幸存的异姓王国长沙，共十国十王。为了方便比较，笔者以高帝十二年三月定白马之盟为界，将当时所存在的诸侯王国列表如下（表3-6）。

---

❶ 关于这场分封之详细，参见《汉兴：从吕后到汉文帝》第一章之八"亲贤并举大分封"。
❷ 关于白马之盟，参见本书第6章第一节。

表 3-6　高帝十二年之王国及王表

国名		王名	阶层	身份	始	终
楚	楚	刘交	皇族	刘邦弟	高六	文元死
	吴	刘濞	皇族	刘邦兄子	高十二	景三杀
	淮南	刘长	皇族	刘邦子	高十一	文六迁死
	长沙	吴臣	王族	吴芮子	高六	惠元死
	淮阳	刘友	皇族	刘邦子	高六	惠元徙为赵王
齐	齐	刘肥	皇族	刘邦子	高六	惠六死
赵	赵	刘如意	皇族	刘邦子	高九	惠元死
	代	刘恒	皇族	刘邦子	高十一	吕八为帝
燕	燕	刘建	皇族	刘邦子	高十二	吕七死
魏	梁	刘恢	皇族	刘邦子	高十一	吕七徙为赵王

三、吕氏封王与新贵族王政之扩大

从高帝十二年订立白马之盟以后，汉之王国分封，基本上确立下来。刘邦于高帝十二年死，其子惠帝即位，在位七年。大体而言，惠帝期间，各种政策皆遵循高帝时不变，王国制度与王国分封，基本上无所变更。下面，笔者整理惠帝期间王国及王者之情况列表如下（表 3-7）。

表 3-7　惠帝期之王国及王表

国名		王名	阶层	身份	始	终
楚	楚	元王刘交	皇族	刘邦弟	高六	文元死
	吴	刘濞	皇族	刘邦兄子	高十二	景三杀
	淮南	厉王刘长	皇族	刘邦子	高十一	文六迁死
	长沙	成王吴臣	王族	吴芮子	高六	惠元死
		哀王吴回	王族	吴臣子	惠二	吕元死
齐	齐	悼惠王刘肥	皇族	刘邦子	高六	惠六死
		哀王刘襄	皇族	刘肥子	惠七	文元死
赵	赵	幽王刘友	皇族	刘邦子	惠元由淮阳王徙	吕七自杀
	代	刘恒	皇族	刘邦子	高十一	吕八为帝

续表

国名	王名	阶层	身份	始	终
燕 燕	灵王刘建	皇族	刘邦子	高十二	吕七死无继
魏 梁	刘恢	皇族	刘邦子	高十一	吕七徙王赵

如果我们将惠帝期间诸侯王表与高帝十二年诸侯王表加以对照的话，可以看到，到惠帝期间，高帝十二年之十诸侯王国减少一，变为九。其中，淮阳国废为郡。淮阳王刘友徙为赵王，而赵王刘如意为吕后所杀。由齐国割出城阳郡，以为鲁元公主汤沐地。此外，完全维持高帝十二年之分封不变，可谓相当稳定。

惠帝在位七年，死后，由吕后称制执政，开始分封吕氏为王，已经确立的刘姓新贵族王政，扩大到吕氏。整理吕后执政期间诸侯王国及其王者可见表3-8。

表3-8 吕后时期之王国及王表

国名	王名	阶层	身份	始	终
楚 楚	元王刘交	皇族	刘邦弟	高六	文元死
鲁	张偃	后族	赵王张敖子	吕元❶	文元废为侯
吴	刘濞	皇族	刘邦兄子	高十二	景三杀
淮南	厉王刘长	皇族	刘邦子	高十一	文六迁死
长沙	哀王吴回	王族	吴臣子	惠二	吕元死
	共王吴若	王族	吴回子	吕二 继	文元死
淮阳	怀王刘彊	皇族	惠帝子	吕元	吕五死无继
	刘武	皇族	惠帝子	吕六	吕八杀

❶ 关于张偃之鲁国封立的时间，《史记·吕太后本纪》《史记·汉兴以来诸侯王表》，皆系于吕后元年四月。《汉书·高后纪》系于吕后元年五月。同一事，《史记》和《汉书》之《张耳传》皆系于吕后六年。我在本书2000年版中，从列传，系于吕后六年。出土之《张家山汉简·二年律令》是吕后二年以前的律令抄件，其《律关令》中已有鲁国。从而，张偃鲁国之封立时间，当从《史记》本纪和表，在吕后元年四月，与吕后同时封四王十侯的大事之事理相合。其详细，参见《汉兴：从吕后到汉文帝》第五章之四"新分封的政治平衡"。

续表

国名		王名	阶层	身份	始	终
齐	齐	哀王刘襄	皇族	刘肥子	惠七	文元死
	琅邪	刘泽	皇族	刘氏疏属	吕七	文元徙为燕王
	吕	肃王吕台	后族	吕后兄子	吕元	吕二死
		吕嘉	后族	吕台子	吕三	吕六废
		吕产	后族	吕台弟	吕六	吕七徙为梁王
		刘太	皇族	惠帝子	吕七	吕七更名济川
		吕产❶	后族	吕台弟	吕七由梁更名	吕八杀
	(济川)	刘太	皇族	惠帝子	吕八由吕更名	吕八杀
赵	赵	幽王刘友	皇族	刘邦子	惠元由淮阳王徙	吕七自杀
		共王刘恢	皇族	刘邦子	吕七由梁王徙	吕七自杀
		吕禄	后族	吕后兄子	吕七	吕八杀
	常山	哀王刘不疑	皇族	惠帝子	吕元	吕二死
		刘义	皇族	惠帝子	吕二	吕四为帝
		刘朝	皇族	惠帝子	吕四	吕八杀
	代	刘恒	皇族	刘邦子	高十一	吕八为帝
燕	燕	灵王刘建	皇族	刘邦子	高十二	吕七死无继
		吕通	后族	吕台子	吕八	吕八杀
魏	梁	刘恢	皇族	刘邦子	高十一	吕七徙为赵王
		吕产	后族	吕台弟	吕七	吕七更梁为吕
		刘太	皇族	惠帝子	吕八由济川徙	吕八杀

将此表与惠帝当政期间诸侯王表对照的话，我们可以看出，吕后当政期间之王国数由惠帝期间之九变为十四❷，增加了五个。其中，吴、淮南、代、长沙四国稳定不变，齐分为齐、琅邪和吕（济南郡）三国。赵分为赵和常山二国。楚分为楚和鲁（薛郡）二

---

❶ 据《史记》卷九《吕太后本纪》，高后七年二月，梁王刘恢徙王赵，吕王吕产徙王梁，以惠帝子刘太为吕王。同时，将吕产之梁国更名为吕国，刘太之吕国更名为济川国。吕产之吕国，先后在齐之济南郡及梁之砀郡，为同名异地之两国。

❷ 济川国系由吕国更名，故不计入。

国。淮阳国恢复。以王而论，楚、吴、淮南、代、长沙五国维持旧系不变。新封之王有刘氏之常山王刘不疑、刘义、刘朝，淮阳王刘彊、刘武，济川王刘太，琅邪王刘泽，吕氏之鲁王张偃，赵王吕禄，燕王吕通，吕王吕台、吕嘉、吕产，共十三人。其中，刘不疑、刘义、刘朝、刘彊、刘武、刘太六人为惠帝子，刘泽为刘氏疏属，其妻为吕氏。张偃乃故赵王张敖子，吕后外孙，吕禄为吕后兄高帝功臣建成侯吕释之子，吕台、吕产为吕后兄高帝功臣周吕侯吕泽子，吕通、吕嘉为吕台子。很清楚，吕后称制当政期间，在继续分封刘氏皇族为王的同时，开始分割齐、楚、赵国以分封吕氏亲戚为王。然而，吕后当政期间，汉之王国制度，汉和诸侯王国间的领土和相互关系等，并无变化。有所变化者，只是吕后在王国分封上，将血缘封王的原则，由皇室刘氏扩大到皇后家之吕氏。❶

四、文帝即位与诸侯王国之调整

吕后称制执政八年。吕后死后，吕氏家族为功臣们所消灭，文帝被拥立。文帝即位以后，废除吕后所封之各王，汉之诸侯王国，大体又恢复到吕后称制以前。为说明便利起见，我们将文帝元年时之诸侯王国及王列表如下：

表 3-9　文帝元年之王国及王表

国名		王名	阶层	身份	始	终
楚	楚	元王刘交	皇族	刘邦弟	高六	文元死
	吴	刘濞	皇族	刘邦兄子	高十二	景三杀
	淮南	厉王刘长	皇族	刘邦子	高十一	文六迁死
	长沙	共王吴若	王族	吴回子	吕二	文元死
齐	齐	哀王刘襄	皇族	刘肥子	惠七	文元死

---

❶ 参见《汉兴：从吕后到汉文帝》第五章之四"新分封的政治平衡"。

续表

国名	王名	阶层	身份	始	终
赵 赵	刘遂	皇族	刘友子	文元	景三杀
代	文帝领	皇族	刘邦子	高十一	吕八为帝
燕 燕	敬王刘泽	皇族	刘邦疏属	文元由琅邪王徙	文二死

由此表可见，文帝元年时，诸侯王国只有八国，较吕后时减少了六国，即废除了吕后新立的琅邪、吕、鲁、常山四国，将其土地归还各诸侯王国。淮阳和梁国无后，废为郡。据《汉书》卷四《文帝纪》，文帝元年十二月"立赵幽王子遂为赵王，徙琅邪王泽为燕王，吕氏所夺齐楚地尽归之"。吕后末年之赵王为吕禄，诛，改立故赵王刘友子刘遂。吕后时由赵分出常山国，废，其地归还赵，赵国恢复旧领土刘氏王。废张晏之鲁国，将城阳郡归还齐国，又将薛郡归还楚国，楚国恢复其旧境。徙琅邪王刘泽为燕王，将琅邪郡归还齐，废刘太之济川国，将济南郡归还齐，齐国恢复其初封之旧境。

将此表与惠帝当政期间之诸侯王表对照，可知除梁国与淮阳国无后废为郡外，各王国领土原封不动地恢复了。同时，各王之世系尽可能恢复，楚、吴、淮南、齐、赵、长沙皆为旧王家系，燕王刘建无后，徙琅邪王刘泽为燕王，梁和淮阳两国王系断绝，废为郡。很清楚，文帝即位之初，修正吕后扩大封王至吕氏之政策，遵循非刘氏不王之原则，比照高帝、惠帝时之情况，完全恢复了汉与诸侯王国之旧日形势。汉之新贵族王政，再次确认为只限于刘氏皇族。

文帝元年，齐哀王刘襄死，以此为契机，文帝二年，对于诸侯王国稍作调整。首先，将文帝出身之代国分为代和太原二国，封子刘武为代王，刘参为太原王。恢复梁国，以皇子刘揖为王。同时，分齐为齐、城阳和济北三国，齐国由刘襄子刘则继承，分别立齐王刘肥子刘章和刘兴居为城阳和济北王。分赵为赵和河间二国，赵王刘遂不变，立赵王刘友子刘辟彊为河间王。汉之诸侯王国由八国增加至十三国。

文帝二年的这次诸侯王国调整，起因在于对梁国和赵国之处置。诛吕之变中，刘章和刘兴居有功，大臣们曾经许诺刘章为赵王，刘兴居为梁王。文帝以代王即位后，不愿齐王一系之势力过大，遂以齐王之死为契机，从齐分出城阳和济北二国，分别封刘章和刘兴居为王。同时，将梁国封给皇子刘揖，从赵国分出河间国封给刘辟彊，以有利于皇帝的方式，解决梁、赵两国之遗留问题。

文帝三年，不满文帝上述处置的济北王刘兴居反，国废为郡。以此为契机，文帝对于汉之王国再稍作调整。文帝四年，恢复淮阳国，徙代王刘武为王。太原国与代国合并为代国，太原王刘参更为代王。至此，汉之王国数变为十二。六年，淮南王刘长有罪，国废为郡。十一年，梁王刘揖死无后，更淮阳王刘武为梁王，淮阳国废为郡。十二年，复置淮南国，徙城阳王刘喜为淮南王，城阳国废为郡。汉之王国数自然减为十。该十王国，一直存续到文帝十五年。为了便于说明文帝十五年之王国调整，特将调整前的汉之诸侯王国及王列表如下：

表3-10　文帝十五年调整前之王国及王表

国名		王名	阶层	身份	始	终
楚	楚	刘戊	皇族	楚王刘郢客子	文六	景三杀
	吴	刘濞	皇族	刘邦兄子	高十二	景三杀
	淮南	刘喜	皇族	齐王刘章子	文十二	文十六徙为城阳王
	长沙	靖王吴著	王族	吴若子	文二	文后七死无嗣
齐	齐	文王刘则	皇族	刘襄子	文二	文十五死无嗣
赵	赵	刘遂	皇族	刘友子	文元	景三杀
	河间	哀王刘福	皇族	赵王刘辟彊子	文十五	文十五死无嗣
	代	孝王刘参	皇族	文帝子	文四由太原王徙	文后二死

续表

国名	王名	阶层	身份	始	终
燕 燕	康王刘嘉	皇族	刘泽子	文三	景五死
魏 梁	孝王刘武	皇族	文帝子	文十二由淮阳王徙	景中六死无嗣

如果我们将上表与高帝十二年时之诸侯王国表、惠帝当政期间诸侯王国表、文帝元年诸侯王国表加以对照的话，可以看出其间并无大的变化。

文帝十五年，齐文王刘则死无嗣，以此为契机，文帝正式接受贾谊之众建诸侯而少其力之方策，开始大规模调整诸侯王国❶。十六年，分齐为五，分别立齐王刘肥子刘将闾、刘辟光、刘贤、刘卬、刘雄渠为齐、济南、淄川、胶西、胶东王。同时，恢复济北国，立齐王刘肥之子刘志为王。徙淮南王刘喜为城阳王，恢复刘长之淮南国以为淮南、衡山、庐江三国，分别以淮南王刘长之子刘安、刘勃、刘赐为王。汉之王国数量增加到十七。尔后，迄文帝末不再有人为的调整。下面，我们整理文帝十六年调整后的诸侯王国列成表 3-11。

表 3-11　文帝十六年后之王国及王表

国名	王名	阶层	身份	始	终
楚 楚	刘戊	皇族	楚王刘郢客子	文六	景三杀
吴	刘濞	皇族	刘邦兄子	高十二	景三杀
淮南	刘安	皇族	刘长子	文十六	武元狩元自杀
衡山	刘勃	皇族	刘长子	文十六	景四徙为济北王
庐江	刘赐	皇族	刘长子	文十六	景四徙为衡山王
长沙	靖王吴著	王族	吴若子	文二	文后七死无嗣

---

❶ 关于贾谊及其所建之各种方策的问题，在本书第 6 章第二节有详细论述，可参见。在本章本节中，只求清理出王国及王者变迁之大致脉络，遂不他及。

续表

国名		王名	阶层	身份	始	终
齐	齐	孝王刘将闾	皇族	刘肥子	文十六	景三死
	济北	刘志	皇族	齐王刘肥子	文十六	景三徙为淄川王
	济南	刘辟光	皇族	齐王刘肥子	文十六	景三杀
	淄川	刘贤	皇族	齐王刘肥子	文十六	景三杀
	胶西	刘卬	皇族	齐王刘肥子	文十六	景三杀
	胶东	刘雄渠	皇族	齐王刘肥子	文十六	景三杀
	城阳王	刘喜	皇族	齐王刘章子	文十六由淮南王徙	景中六死
赵	赵	刘遂	皇族	刘友子	文元	景三杀
	代	孝王刘参	皇族	文帝子	文四 由太原王徙	文后二死
燕	燕	康王刘嘉	皇族	刘泽子	文三	景五死
魏	梁	孝王刘武	皇族	文帝子	文十二由淮阳王徙	景中六死

总的来说，正如上述三表所显示的，文帝当政期间存在过的诸侯王国数共有二十，较吕后时期之王国总数十四多了六个，王国之兴废表面看似乎杂乱，然而，比较大的人为调整实际上只有两次，即文帝元年之恢复高帝旧国及文帝十六年之分割齐和淮南。如果我们以这两次大规模调整为界，可以将文帝期间之诸侯王国变动划分为三个阶段：

（一）恢复高帝旧国期（文帝元年）。在此期间，废除了吕后新立的鲁、琅邪、常山、吕四国，汉之诸侯王国减为八国，王国之领土和数量都大体恢复到高帝、惠帝时之状况。

（二）维持协调期（文帝二年到十五年）。在此期间，代国分为代和太原，而后又合为代，梁国恢复，城阳国由齐分出，河间国由赵分出，淮阳国恢复而后又废，济北由齐分出而后又废，汉之王国数量，在十到十三间分合起伏。在此期间，诸侯王国的个别变动主要是围绕着代国与齐国对于汉朝皇位的继承纠纷而出现的[1]，对于其

---

[1] 参见鎌田重雄「漢朝の王国抑損策」。

他的各个诸侯王国而言，其与汉朝的关系基本上是稳定协调的。因此，笔者称该时期为维持协调期。

（三）众建诸侯期（文帝十六年后）。文帝十六年，在齐王刘则死后，文帝采用了贾谊的众建诸侯而少其力的方策，分齐为齐、济南、淄川、胶西、胶东、济北六国。徙齐王系的淮南王刘喜为城阳王，分淮南为淮南、衡山、庐江三国，汉之诸侯王国数量增为十七。汉对于诸侯王国之抑制政策，由此而开始明显。然而，就整个文帝期间而言，不管汉朝如何苦心调整，也不管王国数量如何增减，汉朝和诸侯王国的领土都相对稳定，各诸侯王之王系也基本稳定，同时，汉和诸侯王国之关系、汉之诸侯王国制度，也是稳定的。

五、景帝在位与诸侯王国之郡县化

公元前156年，景帝即位，公元前141年死，在位十六年。在景帝年间，汉之王国有两次重大变化：一是景帝三年七国之乱前后，对于诸侯王国领土的削减；一是景帝中五年对于诸侯王国制度的改订。

景帝二年，新置六皇子为王。他们分别是河间王刘德、广川王刘彭祖、临江王刘阏、淮阳王刘余、汝南王刘非、长沙王刘发。其中，河间国哀王刘福于文帝十五年死，无后国除，长沙靖王吴著于文帝后七年死，也无后国除，现复国立新王。临江国由汉之南郡分置，汝南国由故淮阳国（文帝十二年废）分出之汝南郡置，广川国由故河间国（文帝十五年废）领土分置。看得出来，当时的新王之置，除临江国特别，由汉郡分出外，皆因无嗣废除之旧王国而立，其时，汉初以来的汉与诸侯王国间之领土分野并无大的改变。

景帝三年，采用晁错的削藩策，开始削减诸侯王国的领土。首先，削刘戊之楚国的东海郡，属汉为郡，又削刘遂之赵国的常山郡，先属汉为郡，五年置中山国以封皇子刘胜，再削刘印之胶西国六县，属汉置北海郡。如此一来，汉初以来相对稳定的汉与诸侯王国间之领土发生急剧变化，终于引发七国之乱。

七国之乱平定后，汉朝继续削减诸侯王国之领土。首先，将刘濞之吴国和刘辟光之济南国废除，吴领三郡中，以东阳、鄣二郡置江都国，封皇子刘非为王，吴郡属汉为郡，济南国属汉为济南郡。由楚国再割出薛郡复置鲁国，以皇子刘余为王，旧领三郡之楚仅余彭城一郡，以楚元王刘交子刘礼为王。淄川王刘贤诛，徙济北王刘志（刘肥子）为王。胶西王刘印诛，立皇子刘端为王。胶东王刘雄渠诛，立皇子刘彻为王。赵王刘遂诛，赵之巨鹿、清河属汉为郡，邯郸郡先除为汉郡，五年立为赵国，封皇子刘彭祖。至此，汉之诸侯王国变为二十，现列表如下（表3-12）。

总的来说，七国之乱以后，汉之王国数量较文帝时期并无大的变化，但王国之领土大为缩小，一般限于一郡，或仅相当于汉初一郡之部分，如楚国仅有彭城一郡，齐国仅有临淄一郡，淮南仅有九江一郡等，而由诸侯王国收归汉之郡，则犬牙交错于诸侯王国之间。同时，诸侯王国之王系中，景帝直系的皇子王急剧增加，共领有十国，占了一半。至此，可以说，汉朝主要是从领土之削减和皇室直系之增加（以亲制疏）两方面去抑制诸侯王国，但是，就制度而言，作为一种独立王国的诸侯王国制度，则没有变化。

表3-12　景帝四年后之王国及王表

国名	王名	阶层	身份	始	终
楚　楚	文王刘礼	皇族	刘交子	景四	景六死
	安王刘道	皇族	刘礼子	景七	武元光六死
淮南	刘安	皇族	刘长子	文十六	武元狩元自杀

续表

国名		王名	阶层	身份	始	终
	衡山	刘赐	皇族	刘长子	景四由庐江王徙	武元狩二杀
	临江	刘阏	皇族	景帝子	景二	景四死无嗣
		闵王刘荣	皇族	景帝子	景七	景中元三自杀
	江都	易王刘非	皇族	景帝子	景四由汝南王徙	武元朔元死
	鲁	刘余	皇族	景帝子	景三由淮阳王徙	武元光六死
	长沙	定王刘发	皇族	景帝子	景二	武元光六死
齐	齐	懿王刘寿	皇族	刘将闾子	景四	武元光三死
	城阳王	刘喜	皇族	刘章子	文十六由淮南王徙	景中六死
	济北	贞王刘勃	皇族	刘长子	景四由衡山王徙	景五死
		武王刘胡	皇族	刘勃子	景六	武天汉三死
	淄川	懿王刘志	皇族	刘肥子	景三 由济北王徙	武元光五死
	胶西	于王刘端	皇族	景帝子	景三	武元封三死无后
	胶东	刘彻	皇族	景帝子	景四	景七为太子
赵	赵	敬肃王刘彭祖	皇族	景帝子	景五由广川王徙	武太始四死
	河间	献王刘德	皇族	景帝子	景二	武元光五死
	广川	刘彭祖	皇族	景帝子	景二	景五徙为赵王
	中山	靖王刘胜	皇族	景帝子	景三	武元鼎四死
	代	恭王刘登	皇族	刘参子	文后三	武元光二死
燕	燕	康王刘嘉	皇族	刘泽子	文三	景五死
		刘定国	皇族	刘嘉子	景六	武元朔元自杀
魏	梁	孝王刘武	皇族	文帝子	文十二由淮阳王徙	景中六死

以景帝弟孝王刘武之梁国为例，据《史记》卷五十八《梁孝王世家》，梁国领砀郡及淮阳郡之一部分，有四十余城。七国之乱后，梁之宫室建筑，旗号仪式，皆"拟于天子。出言跸，入言警。招延四方豪杰，自山以东游说之士莫不毕至"。其吏自置，如内史韩安国、中尉公孙诡等，作为制度而言，完全同于汉初以来。刘武于景帝七年遣人刺杀汉议臣爰盎等人，引发狱案，后狱案虽解，却失去了景帝及汉朝政府的信任，使汉朝以亲制疏来控制诸侯王

国的政策严重动摇。

想来，也许正是有鉴于梁王事件，汉朝政府在景帝中元年间，开始修正对于以亲制疏的诸侯王国政策的依靠，逐步从法制上根本修改诸侯王国制度，力求从制度上彻底地解决诸侯王国问题。据《汉书》卷五《景帝纪》，中元二年，发布关于诸侯王丧葬及立嗣的法令。中元三年"罢诸侯御史大夫官"，开始缩小王国官制。中元五年，"更名诸侯丞相为相"。开始全面改革诸侯王国制度。《汉书》卷十九《百官公卿表》综述其事，诸侯王"金玺盭绶，掌治其国。有太傅辅王，内史治国民，中尉掌武职，丞相统众官，群卿大夫都官如汉朝。景帝中元五年，令诸侯王不得复治国，天子为置吏，改丞相曰相，省御史大夫、廷尉、少府、宗正、博士官，大夫、谒者、郎诸官长丞皆损其员"。也就是说，经过中元年间的这次改革，汉朝政府不再主要依靠以亲制疏的办法，而是在诸侯王国领土缩小的基础上，进一步将王国之官制缩小，剥夺了诸侯王之任吏和治国权，从此以后，诸侯王国不再作为独立之王国存在，其职能已经完全相当于汉之郡。

第四节　汉之王国分封起源于楚说

一、汉之王国分封与周之诸侯分封无直接关系

我们知道，秦帝国实行郡县制，废除封建制，汉帝国建立以后，实行郡国制，即郡县制与封建制并行，这是秦汉两帝国在制度上的最大差异。汉之郡县制，直接继承于秦，这是没有问题的，汉之封建制，可以分为列侯之侯国分封和诸侯王之王国分封两部分。

侯国之分封，直接来源于秦，这也是没有疑问的。❶ 然而，王国分封，则是秦所没有的，不但秦没有，战国、春秋直到周、殷皆没有，其制度之起源何在呢？

司马迁在《史记》卷十七《汉兴以来诸侯王年表》序中说：

> 周封五等：公、侯、伯、子、男。然封伯禽、康叔于鲁、卫，地各四百里，亲亲之义，褒有德也；太公于齐，兼五侯地，尊勤劳也。武王、成、康所封数百，而同姓五十五，地上不过百里，下三十里，以辅卫王室。……汉兴，序二等。高祖末年，非刘氏而王者，若无功上所不置而侯者，天下共诛之。高祖子弟同姓为王者九国，唯独长沙异姓，而功臣侯者百有余人。

在此文中，司马迁将周初之封建与汉初之分封并列，自然地将二者在渊源上联系起来，汉之王国分封，源出于周，也就不言自明。然而，若将司马迁的说法加以认真考察，则会发现问题很大。首先，我们必须承认，所谓周的封建制度的实态是非常不清楚的。据以出土史料为主的研究，周之封建，虽然并非完全无中生有的虚构，但并不像秦汉以来完备的法律制度那样是毫无疑问的。特别值得一提的是，司马迁在这里所强调的周之封建制度的基础，即公、侯、

---

❶ 关于汉代列侯问题的研究，最为详细者有廖伯源《汉代爵位制度试释》（香港中文大学新亚研究所《新亚学报》第十卷、十二卷，1973、1977 年）。关于其源流，中文可参看柳春藩《秦汉封国食邑赐爵制度》，安作璋、熊铁基《秦汉官制史稿》，朱绍侯《军功爵制研究》（上海人民出版社，1990 年）。日文可参见鎌田重雄「西漢爵制」（收于氏著『漢代史研究』）；守屋美都雄「漢代爵制の源流として見たる商鞅爵制の研究」（收于氏著『中国古代の家族と国家』）等。近年，马孟龙《西汉侯国地理》（上海古籍出版社，2013 年）以地理问题为中心，对于西汉的侯国问题做了详细的综合研究，可参看。

第 3 章　秦末汉初的王国　119

伯、子、男之所谓五等爵制，至今在金文中找不到实证，对此持否定意见几乎是学界共识。❶ 其次，周初距汉初已有八百年之久，其间有春秋之礼崩乐坏，战国之变法改制，秦之天下统一，乃中国历史上政治、社会、文化变动最为剧烈的时代。至秦汉之际，不但周初之封建制度（在某种相当粗疏程度上的）已经荡然无存，更为重要的是，这种封建制度所赖以存在的社会结构和政治形势已经完全改变了。远古以来的氏族制社会已经解体，被新的全民皆兵的编户齐民社会取代，众多的分散的封建制城邦国家，为少数的郡县制的领土国家所取代。❷

秦始皇统一天下后，秦王朝君臣间曾经讨论过实行郡县制和封建制的问题。据《史记》卷六《秦始皇本纪》，始皇二十六年，丞相王绾等上言曰："诸侯初破，燕、齐、荆地远，不为置王，毋以填之。请立诸子，唯上幸许。"很清楚，始皇君臣们所讨论的封建制，是指在已经被征服的战国旧国设置新王的行政制度问题❸。

汉王朝建立以后，实行了郡县制和封建制的并立。汉王朝实行封建制，是吸取了秦全面实行郡县制失败的教训，汉所实行的王国

---

❶ 关于西周的五等爵制，主要参见傅斯年《论所谓五等爵》(《傅斯年全集》第二册，台北联经出版事业公司，1980年）；郭沫若《金文所无考》(《金文丛考》，1932年）；王世民《西周春秋金文中的诸侯爵称》(《历史研究》1983年第3期）。竹内康浩发表了「『春秋』から見たる五等爵制」(『史学雑誌』第103编第8号，1994年），利用出土史料，对《春秋》中所见的爵制进行了考察，也可参看。

❷ 侯外庐《中国古代社会史论》，人民出版社，1955年；杜正胜《编户齐民——传统社会结构之形成》，台北联经出版事业公司，1990年；杨宽《战国史》，台湾商务印书馆，1997年。

❸ 始皇君臣们关于行封建的另一次讨论是在始皇三十四年，由博士淳于越发起，其讨论借恢复周之封建之名，实际上同王绾之议一样，皆不过是因战国旧国封子弟为王而已。这两次讨论的结果，皆因始皇采用李斯的意见而被否决了。李斯驳淳于越时曰："五帝不相复，三代不相袭，各以治，非其相反，时变异也。"其"时变异也"之语，概括性地表明了周秦之间时代的变异。事见《史记》卷六《秦始皇本纪》。

分封，正是秦王朝君臣们所讨论过的封建制。非常清楚，汉之王国分封制，主要是一种行政制度，即在旧六国之领土建立郡县制的王国。汉所分封的诸侯王，可以理解为在二十等爵制之上，另外增设的一级爵位。上引《史记》诸侯王年表序所说"汉兴，序二等"，就是将诸侯王和列侯作为两级爵位来理解的。在这种意义上讲，周初之封建制和汉初的王国分封是性质上不同的制度，在历史渊源上，没有直接的继承关系。❶

读《史记》有关周初的记载，可以知道，司马迁对于周初的封建制度已经不清楚了，不但对制度不清楚，就是对当时的情势认识上也很模糊。从而，如果说汉初反省秦废封建之敝，因于传闻途说，在封建理念上曾经受到周之启发，这种可能性不能排除，但仍然必须考虑人为的比附。在上引《史记》诸侯王年表序中，司马迁称西周封建之原则有二，其一乃因亲亲之义以封同姓，其二乃尊勤劳而封异姓。周初久远，如何因亲亲、尊勤劳之详情已是待考待查的事，然而，如果我们舍远求近，求其事于秦楚汉间，很清楚，亲亲之义可以直接追寻到田儋复兴齐国以来的王政复兴的血缘原则，尊勤劳可以直接追寻到陈涉称王以来的平民王政的功劳原则，在西汉初年，这些都是近在眼前的事实。事实上，司马迁在这里所提到汉的封建原则，即"非刘氏而王者，若无功上所不置而侯者，天下共诛之"，乃白马之盟的盟文。白马之盟，结于高帝十二年，是皇帝刘邦与诸侯王及功臣列侯们基于盛行于当时的盟誓习俗所结成的约信。该盟约的性质，乃是基于个人信赖关系的契约，其源流可追溯到春秋战国时代，其直接的来源仍然在秦楚汉间。❷

---

❶ 柳春藩在《秦汉封国食邑赐爵制度》第二章第三节中，试图从土地制度的角度来说明周之封建制度和汉初之封建制度的不同，可以参看。

❷ 本书第6章第一节。

总之，笔者以为，从法制制度上看，汉的封建和周的封建之间并无直接的关系。在理念和原则上，汉的封建和周的封建之间可以说有间接的相通之处，不过，这种间接相通，尚有秦楚汉间之封建原则理念的直接介入。相比遥远而模糊的周初，秦楚汉间的现实影响无疑是更深刻更实在的。

二、汉之异姓王国分封乃楚之王国分封的承续

汉初所分封之同姓王国，乃是在宗主国汉主导下施行郡县制的独立王国，其大者如刘肥之齐国，有临淄等七郡，数十城；其小者如刘恢之梁国，有砀和东二郡。诸侯王国自行纪年、置吏治民、宫室百官、财政军事等制度，同汉几乎没有什么不同，相当于汉之翻版。这种大规模的郡县制王国分封，在秦楚汉间以前的中国历史上是没有先例的，可以说是一种崭新的历史事实。

《续汉书·百官志》曰："汉初立诸王，因项羽所立诸王之制，地既广大，且至千里。"明言汉之王国分封制因于项羽之楚制。追究其渊源，可以更远及陈涉张楚称王。如本章第二节所述，秦末乱起后，楚王陈涉，主盟天下，战国旧六国除韩外，楚、齐、燕、赵、魏均纷纷复国称王。怀王继陈涉主楚盟天下后，更由民间求得韩国王族韩成，由楚立为韩王，六国贵族王政几乎一个不差地复活了。然而，到此为止，天下政局之主流在于战国复国，除复活之六国外，并无新国家建立。尽管有由盟主恢复旧国建立新王的事，却没有诸侯王国之分封。至项羽主盟以后，割裂天下为十九国，自立为西楚霸王，下封十八王。在其所封十八王中，除代王赵歇（赵）、胶东王田市（齐）、韩王成、西魏王魏豹（魏）、辽东王韩广（燕）为王政复兴以来的旧王外，衡山王吴芮、九江王英布、临江王共敖、常山王张耳、临淄王田都、济北王田安、汉王刘邦、雍王

章邯、塞王司马欣、翟王董翳、燕王臧荼、殷王司马卬、河南王申阳，皆为封新王建新国。

正如前引《续汉书·百官志》所言，中国历史上最初之封王建国即项羽之大分封。项羽创建王国分封之大业，修正怀王王政复兴之血缘世袭原则，制定"计功割地，分土而王之"的军功封王原则。同时，也制定了相应的王国封建制度。汉王朝建立后，极力掩饰汉受项羽之封的事实，对于当时的历史多有隐瞒修改，因此有关项羽之封王制度及汉之王国分封源出于楚之记载，几乎没有遗留。然而，钩沉现有的史料，有关项羽之封王制度至少可以看出以下几点：

（一）诸侯王国之建立，以秦郡为基础，王国内采用郡县制。其王国大者九郡如西楚；小者二三郡，如汉先封于秦之巴、蜀二郡，后由张良通过项伯之请，增加汉中为三郡。

（二）各国军队有定制定员，由楚统一裁定。如汉之军队在关中时有十万，受封就国时裁减为三万。❶

（三）各国独立纪年授历。❷

（四）诸侯王自治其国，官制因其国制定，官吏皆自置。如汉之汉中建国，包括丞相在内的所有官员皆由汉自己任命（《汉书》卷三十九《萧何传》）。

（五）诸侯王国有听命于盟主、领军随从出征之义务。如项羽

---

❶ 本书第5章第一节之四。
❷ 赵翼《廿二史札记》，汉时诸侯王国各自纪年条。赵翼所言，皆是汉之同姓王国时事例。然而，赵翼也指出，汉之同姓王国纪年，来源于古法。其直接之来源，就是秦楚汉间。就目前所能断定的而言，项羽大分封时，至少有楚和秦两种不同的官制和历法同时使用，项羽之西楚用楚历楚制，刘邦之汉用秦历秦制，至于其他各国，缺乏能够做出准确判断的充分材料。由《史记》和《汉书》之功臣表来看，魏国和赵国都有似乎不同于秦制和楚制的官名，当时各诸侯国可能使用不同的官制。

击齐,遣使征九江王英布兵等(《汉书》卷三十四《英布传》)。

汉之立国,直接出于项羽之分封。汉王国,就是西楚所封的诸侯王国之一,也是项羽之王国分封制度实行的结果。汉元年四月,刘邦集团之汉中就国,实行了由楚制变为秦制的改革。❶ 然而,汉中改制,只是汉王国国内之制度变更。秦本无王国分封制度,汉中改制,当与涉及国与国间之王国封建无关。汉二年三月,汉开始主持反楚联盟,在逐一消灭项羽所分封诸侯王国的同时,也开始汉主封的王国分封,其分封之原则及制度,几乎原封不动地承继了项羽,只是将主封之国由西楚变为汉,受封之对象由忠于项羽的军功者变为忠于刘邦的军功者。

汉二年十一月,刘邦封韩信为韩王,这是汉所封的第一位异姓诸侯王。韩信为韩国王族,因张良的关系为韩将,领韩国兵从刘邦进入关中,后又跟随刘邦之汉中就国,与刘邦集团渊源甚深。怀王为楚王,各国王政复兴,楚立韩国王族韩成为韩王。项羽主持天下,分韩为韩和河南二国,韩成继续为韩王。不久,项羽杀韩成,立旧交故吴令郑昌为韩王。汉二年十月,郑昌降汉,十一月,立韩信为韩王。很清楚,韩信之立为韩王,不过是因项羽所封韩国之故土旧制,将韩王由郑昌改换为韩信而已。

汉所封的第二位诸侯王为赵王张耳。张耳是刘邦秦时旧交,为陈涉部将攻略赵地,项羽大分封时,因功被封为常山王,统治旧赵国之一部分。汉二年十月,张耳弃国降汉,陈余迎代王赵歇,立为赵王王其国,赵歇立陈余为代王。汉三年十月,张耳与韩信灭赵歇之赵国和陈余之代国。四年十一月,张耳被立为赵王。很清楚,张耳的赵国之立,乃是因项羽所封之旧王旧国改封,王国

---

❶ 参见本书第1章第二节和结语第三节之三。

制度当无变更。

汉立淮南王英布在汉四年七月。英布为项羽所封之九江王，背楚归汉。英布的淮南国之立同张耳的赵国之立一样，也是因项羽所封的旧王旧国改封。燕王臧荼，项羽所封，楚汉相争中转向汉，作为汉之异姓诸侯王，国名王系一切依照项羽旧封时不变，汉对于其旧王旧国予以原案承认。

汉所分封的异姓诸侯王中，与旧国旧王没有什么关系者，只有齐王韩信和梁王彭越。韩信为汉之大将，领汉军攻还关中，灭魏，下赵，抚燕，定齐，汉四年因功封为齐王，取代田氏统治齐国。彭越，魏王豹之相国。魏豹为项羽所封之西魏王，汉二年三月归汉，汉承认其旧封。魏王豹死后，汉以领兵助汉灭楚为条件，允诺彭越封王。汉五年二月，正式封其为梁王以统治旧魏国。通过以上史实之整理，我们可以很清楚地看到，汉之王国分封，始于汉二年。当时，以汉为盟主之连横反楚同盟结成，作为项羽所分封诸侯王国之一的汉王国，为了求得各个诸侯王国的支持，同西楚争夺支配天下的霸权，以联盟击楚为条件，对于项羽所分封的诸侯王国，或者予以原案承认（燕、魏），或者因其旧王更名改封（常山—赵、九江—淮南、衡山—长沙），或者因旧国立忠实于汉之将领为新王（齐、梁）。在该时期，汉以恢复怀王之约所规定的天下形势为蓝图，依据怀王主持下的王政复兴的七国形势，对于项羽所封的王国之名称领土有所变动，但汉之异姓王分封原则和王国分封制度，则完全继承项羽的封建原则和制度。

三、汉之同姓王国分封乃异姓王国分封之改进

如本章第三节所述，高帝六年十二月，刘邦接受田肯的建议，废止异姓诸侯王的分封，开始分封同姓诸侯王。汉之王国分封原

则，由此有了根本的改变，即废除因功封王，改为因亲封王，将封王之亲的对象，限定于皇族刘姓。与此同时，大封功臣，将列侯及其以下的封赐，限定于功劳原则。汉之封建原则的这种改变，因白马之盟的订立而得到再次确认。毋庸置疑，汉之因亲封王原则的确立，是对项羽开创的军功封王原则的修正。从远因上看，其理念是和周封同姓部分相通的，与怀王之王政复兴的原则也是相通的。然而，历史地看，汉之封王原则由因功到因亲之转变，也是通过汉之异姓王分封之改进，逐步过渡而来的。

我们知道，汉所封的最后一位异姓诸侯王为卢绾，时在汉五年后九月。❶卢绾，与刘邦同县同乡同里，同年同月同日生，少年时代一起成长，成年后一起交游，又随同刘邦起兵，一直不离刘邦身边。刘邦为汉王后，卢绾以将军太尉常从，与刘邦之异母弟刘交共同充当联系汉王和大臣之内廷枢要，在功臣元老中最为亲近。汉五年八月，汉灭燕王臧荼，据《史记》卷九十三《卢绾传》：

> 高祖已定天下，诸侯非刘氏而王者七人。欲王卢绾，为群臣觖望。及虏臧荼，乃下诏诸将相列侯，择群臣有功者以为燕王。群臣知上欲王卢绾，皆言曰："太尉长安侯卢绾常从平定天下，功最多，可王燕。"诏许之。

"群臣觖望"，觖，《会注考证》引姚鼐曰："觖即缺之异体字，缺少之意。"缺即不满。觖望，少为所望所引起的不满。故《会注考

---

❶ 卢绾封王之月份，《史记》《汉书》之记载多有不同。《史记·汉兴以来诸侯王表》："［后］九月壬子，初王卢绾元年。"《汉书·诸侯王表》："后九月，王卢绾始，故太尉。"据张培瑜《中国先秦史历表》（齐鲁书社，1987年），前202年，高帝五年有后九月，戊子朔，壬子为二十五日。从而，卢绾之封燕王，当从表在后九月。

证》又引中井积德曰:"不满之意。"释文相当贴切。可知,刘邦封卢绾为燕王一事曾经引起了大臣们的不满。这种情况,在韩信、彭越之封时是没有见到过的。大臣们为什么会不满呢?如上述,汉之异姓诸侯王之分封,完全继承了项羽的原则和制度。项羽的封王原则,就是军功封王。在刘邦集团中,卢绾之军功不但完全无法与韩信、彭越相提并论,就是与韩信"羞与为伍"的樊哙,以及曹参、周勃、郦商等相比,也差别甚大。因此之故,封卢绾为王的事,有违于论功行赏的原则,当然招致了功臣们的不满。刘邦最终以个人意愿曲挠功臣,得以分封卢绾为燕王,其王国分封制度虽然没有变化,汉之王国封建原则却有了微妙的变化,开始了由因功封王向因亲封王的转变。

另一方面,汉在修改项羽所开创的王国封建原则之同时,为了适应新的分封对象和新的情况,也开始改订项羽之王国分封制度,制定汉之诸侯王国法。由于史料的缺乏,我们已经无法知道汉初改订诸侯王国法的详情。但是,汉初所改订的诸侯王国法中,至少有诸侯相国法之存在,是可以肯定的。在项羽之王国分封中,我们找不到楚为所封之王国置相的事例,而诸侯王国自置相之事例却可以找到。如汉王国之相萧何,就是由汉王刘邦任命的(《汉书》卷三十九《萧何传》)。汉之异姓诸侯王国相,同项羽时一样,也是由各王自置的。如赵相贯高、赵午,皆为赵王张耳旧客,由王自置为相,张耳死后,继续为张敖之相(《汉书》卷三十二《张耳传》)。

然而,汉之同姓诸侯王国相却是由汉朝任命的。高帝六年封刘肥为齐王,同时任命曹参为齐相。高帝九年,封刘如意为赵王,同时任命周昌为赵相。高帝十一年,封刘长为淮南王,同时任命张苍为淮南相。想来,刘邦初封同姓王时,皇子皆幼小,不能治事,刘邦为了安定各个诸侯王国，特地为各个幼王设置强有力的功臣为相以辅助之。这种为了扶持诸侯王而置相的意图，由刘邦选任周昌为赵相、辅助赵王如意可以清楚地看到（《汉书》卷三十九《萧何传》）。同姓诸侯王国之相由汉朝任命，乃是汉朝根据当时政局的具体情况，对于项羽以来的王国制度所做的权宜改进，而后制定为法，成为汉朝的定制。据《史记》卷五十四《曹相国世家》："惠帝元年，除诸侯相国法。更以参为齐丞相。"可知，在惠帝元年以前，汉之诸侯相国法已经存在。其制定当在高帝六年开始分封同姓诸侯王时。由于此法之改订，诸侯王国之相国改称丞相。❶

推想起来，汉初对于项羽以来的王国分封制度的改进，除了上述列举的方面外，最明显的一点，可能是将各个诸侯王国内之法制官制，统一改用汉法汉制，在统一的法制体制之内，确定了汉朝和各个诸侯王国的宗属统合关系。据《汉书·淮南王传》所载丞相张苍等的奏文，淮南王刘长的罪状之一，即是"擅为法令，不用汉法"。可知诸侯王国内当用汉法。奏文中所及淮南王国之属官，如丞相、中尉等，也皆为汉制。贾谊《新书·等齐篇》也言及汉和各诸侯王国的统一法制问题："一用汉法，事诸侯王乃事皇帝也。"明言诸侯王国统一使用汉朝法律。❷

---

❶ 《汉书》卷三十九《曹参传》："孝惠元年，除诸侯相国法。更以参为齐丞相。"这是我们所仅知惠帝期间王国法令的变动。关于汉之诸侯相国法及其废除的详细情况，史无记载。由上文仅仅知道，因此法之废除，汉之相国称谓不变，诸侯王国之相国改称丞相。

❷ 陈苏镇先生进一步推论同姓诸侯王国有一定的立法权，可以自行制定部分法令，对此，学界多有持不同意见者。陈说及其不同意见，俱参见氏著《〈春秋〉与"汉道"——两汉政治与政治文化研究》第一章第三节之三"文帝前王国与汉法的关系"。笔者以为，西汉之王国，有一从独立的王国到逐步接受汉法管控、失去独立性、等同于郡县的演变过程，各个阶段情况不同，需要具体分析。如本书所言，异姓诸侯王国，直接从项羽之大分封与稍前之战国七国复国而来，为独立的国家，拥有完全的（转下页）

《汉书·百官公卿表》曰:"诸侯王,高帝初置,金玺盭绶,掌治其国。有太傅辅王,内史治国民,中尉掌武职,丞相统众官,群卿大夫都官如汉朝。"《百官公卿表》之言,概述汉初王国官制官名同于汉朝,表明诸侯王国与汉朝之间有统一的法制,这是不错的。然而,其说诸侯王乃高帝初置,则掩盖了项羽首行分封王国之历史事实。或许,班固之叙事拘于本朝故事,从汉初之同姓王起,故不言及渊源。

前引《续汉书·百官志》则溯其源流,明言汉之封建制因于项羽之楚制:"汉初立诸王,因项羽所立诸王之制,地既广大,且至千里。"然而,其文紧接着又叙述王国官制皆同于汉朝:"又其官职傅为太傅,相为丞相,又有御史大夫及诸卿,皆秩二千石,百官皆如朝廷。国家唯为置丞相,其御史大夫以下皆自置之。"其叙事明显地是就惠帝二年改订诸侯相国法后而言的,故其行文跳跃,前文之楚制和后文之汉制不相连接,显得唐突矛盾。然而,如果我们明白"项羽所立诸王之制"和汉初同姓王以来所用汉之王国制度之间,尚有汉之异姓诸侯王国制度承前启后,有一基于楚制有所损益制定汉制的过程,其矛盾之处就自然消解了。

总而言之,就汉之王国分封制度而言,至少要将同姓王期、异姓王期联系起来,一直追溯到项羽之大分封,才会有一正确的理解。其源流变迁可以归纳如下:

(一)楚怀王二年(汉元年,公元前206年),西楚霸王项羽在

(接上页)立法权和司法权。分封同姓诸侯王国时,有了要求奉行汉法使用汉制的新规定。从严格的意义讲,就是剥夺了诸侯王国自行立法和采用"异制"的权力。当然,新政策的完全实行和新制度彻底取代旧制度需要相当的时间,过渡期间新旧混合的实际情况当会长期存在。政治史研究中,从法令的角度确定新政策新制度开始实行的时点是有重要意义的,在新政策新制度实行的过程中,出现旧政策旧制度之事例的遗留是自然的事情,不能据此否定新政策新制度确定的时点。

关中实行王国分封,这是中国历史上首次王国分封。汉王国,就是项羽所分封的十九王国之一。

(二)汉所实行的异姓诸侯王分封,乃是项羽所开创的王国分封的延续,其王国分封制度和原则,皆是继承项羽的。

(三)取代异姓王国分封的汉之同姓王国分封,乃是汉之异姓王国分封的改进形式。

也就是说,汉之王国分封及其制度,始于项羽之大分封及其楚制,中间经由汉之异姓诸侯王分封及其对楚制之继承改订,最终至于汉之同姓诸侯王分封及其由楚制改进而成的汉制,具有三阶段的演变过程,《汉书·百官公卿表》和《续汉书·百官志》所言汉之王国制度,皆是指改订楚制以后的汉的同姓诸侯王国的情况,已经是经过两次改定(项羽的王国制度和汉之异姓王国制度)后的第三期的面貌了。

第4章

汉初军功受益阶层与西汉政权之建立

第一节 刘邦集团的发展阶段性

西汉王朝,由刘邦集团通过长期的战争所建立。其建立之过程,若从秦二世元年(前209)刘邦起兵于沛县算起,到汉五年(前202)消灭项羽即皇帝位止,大约经历了八年时间,此时间,正是所谓秦楚汉间。在第3章第一节中,笔者将此时间划分为前后两期,其前期为合纵反秦奉楚为盟主期(秦二世元年七月—汉二年二月),后期为连横反楚奉汉为盟主期(汉二年三月—汉五年正月),并界定此两期之时代特征皆以霸业政治形态为主,开启了中国历史上一个颇具特色的新时代——后战国时代。

很明显,上述划分是着眼于秦楚汉间的国际关系而言的,构成了刘邦集团发展的历史背景。然而,刘邦在沛县起兵以前已经结徒亡命,在取得政权成为统治阶层以后,更长期主宰着汉朝政权。为了对刘邦集团的来龙去脉做一清楚的了解,对其是如何由一个地方性的亡命集团发展为王朝政权之过程做一明确的分析,笔者试图对刘邦集团的整个历史发展过程,做阶段性的划分。笔者以为,刘邦集团的发展过程,可以划分为四个阶段,即群盗集团期、楚国郡县期、汉王国期、汉帝国期。简述如下。

一、群盗集团期

刘邦在参加武装反秦起义之前，已经亡命芒砀山泽间结成武装集团。《汉书》卷一《高帝纪》记其事曰：

> 高祖以亭长为县送徒骊山，徒多道亡。自度比至皆亡之，到丰西泽中亭，止饮。夜皆解纵所送徒，曰："公等皆去，吾亦从此逝矣。"徒中壮士愿从者十余人。高祖被酒，夜径泽中，令一人行前。行前者还报曰："前有大蛇当径，愿还。"高祖醉，曰："壮士行，何畏。"乃前，拔剑斩蛇。……高祖隐于芒砀山泽间，吕后与人俱求，常得之。高祖怪，问之，吕后曰："季所居上常有云气，故从往常得季。"高祖又喜。沛中子弟或闻之，多欲附者矣。

《史记》之记载，与此基本相同。关于此事的时间，史无明言。《会注考证》以为，刘邦送徒骊山当在"始皇帝之初"，似过早。木村正雄氏则以为其事正当始皇三十五年的骊山之役，较为合理。❶"丰西泽中亭"，师古注曰："丰邑之西，其亭在泽中，因以为名。"开元按：当即秦泗水郡沛县丰邑之西的泽中亭，亭有亭舍，刘邦一行，当歇宿于此。❷"芒砀山泽间"，《史记》卷八《高祖本纪》作"芒砀山泽岩石间"。开元按：《集解》引应劭曰，"二县之间有山泽之固，故隐其间"。考芒、砀皆秦砀郡之县，紧邻泗水郡，在沛县西南，芒砀山在今河南省永城市东北，为一面积十多平方公里的低矮山地。❸可

---

❶ 木村正雄『中国古代農民反乱の研究』，東京大学出版会，1983年，第140页。
❷ 其详细，参见拙著《秦崩：从秦始皇到刘邦》第二章之八"亭长做了亡命徒"。
❸ 2005年3月，笔者曾亲赴芒砀山考察，据此撰写了刘邦亡命芒砀山之历史记事，（转下页）

知刘邦送徒尚未出沛县境即决定亡命,然后率徒西南下出本郡本县,隐于砀郡和泗水郡之间的"芒砀山泽间"。

按秦之法律,脱籍者为逃人,有罪当罚。❶ 刘邦解徒脱籍离乡,自然是非法之集团亡命。在上引记事中,有刘邦拔剑斩蛇的传说,此事固然为后人因于汉当火德说所做的渲染❷,然刘邦及其徒众持有武器,为一武装集团之事,似乎可以由此确认。云气之说,当然也是渲染,但刘邦及其集团当时并不携带家眷,并非生产或生活性集团一事,也可由此推定。其成员人数,初为"十余人",皆为沛县出身的壮年男子。据《史记》同传之记载,到秦二世元年九月,其集团成员已有"数十百人"❸。其中,史有明记者为樊哙。《汉书》卷四十一《樊哙传》:"樊哙,沛人也。以屠狗为事,后与高祖俱隐于芒砀山泽间。"刘邦决定亡命的原因,是所解的役徒逃亡,害怕受到秦法的处罚,仅仅逃亡避吏以自保,并无其他政治目的。其结成集团后之状况,当大致同于彭越、英布之初,不过是盘踞山泽的"群盗"集团而已。❹

综上所述,我们可以做出以下结论:刘邦集团之初,为一秦政权体制外的非法组织,可称为芒砀山群盗集团,其结成于始皇三十五年,活动到二世元年九月间。其活动范围,大致在秦泗水郡和砀郡间。其人数在百人左右,主要为沛县出身之壮年男子。其性

(接上页)阐述了此事在中国历史上的意义。参见拙著《秦崩:从秦始皇到刘邦》第二章之八"亭长做了亡命徒"、之九"芒砀灵犀通井冈"。

❶ 参见《睡虎地秦墓竹简》,《法律答问》捕亡条和《封诊式》。

❷ 西嶋定生「草薙剣と斬蛇剣」,收入氏著『中国古代国家と東アジア世界』。

❸ 《汉书》卷一《高帝纪》记为"高祖之众,已数百人矣"。今从《史记》。

❹ 《张家山汉简二年律令·盗律》:"盗五人以上相与攻盗,为群盗。"攻盗,武装犯罪,群盗,即为五人以上的武装犯罪集团。关于秦末各个叛乱集团之研究,木村正雄『中国古代農民反乱の研究』第二篇第一章有详细论述,可参看。又可见刘开扬《秦末农民战争史略》,商务印书馆,1959年。

质为并无政治目的的武装亡命集团。

二、楚国郡县期

秦二世元年七月,陈涉起义反秦,随即称楚王,建立"张楚"政权。同年九月,刘邦率其部众自芒砀山泽返回,攻占沛县,开始武装反秦。沛县本为楚地,刘邦集团起兵沛县时,大致由三部分人组成,即芒砀山群盗集团、沛县故吏、沛县父老子弟❶,基本上是沛县出身的旧楚国人。刘邦之起兵,在大义名分上乃是直接响应陈涉之张楚政权,起兵以后,用楚制,称县公,建立起楚国属下的沛县政权。❷

秦二世二年十二月,楚王陈涉死。正月,楚将秦嘉立楚国旧贵族景驹为楚王以继之,都留。刘邦由沛之留见景驹请兵,再一次确认其对于楚的归属关系。也就是说,此时的刘邦集团统属于景驹之楚,仍为楚国政权之一部分。同年四月,楚将项梁杀景驹、秦嘉,驻军薛。刘邦之薛见项梁请兵,归属楚将项梁,仍为楚之臣下。六月,项梁立楚怀王心,刘邦也之薛参加了拥立,正式归属于怀王之楚。九月,项梁战死。后九月,怀王徙都彭城,并各路军自将之。其时,怀王亲政,重新建制分封,部署大政方略,制定"先入定关中者王之"的怀王之约。刘邦于此时受怀王之封为武安侯,任砀郡长,从约奉命西攻关中。汉元年十月,平定关中,二月,被项羽封为汉王。

通过以上之简单整理,我们可以看出,从秦二世元年九月沛县

---

❶ 关于秦汉时代的父老子弟,可参见守屋美都雄「父老」(收入氏著『中国古代の家族と国家』)。

❷ 参见本书第1章第一节及第3章第二节。关于沛县起义的详细记述,另见拙著《秦崩:从秦始皇到刘邦》第四章之八"刘邦沛县起兵"。

起兵到汉元年二月刘邦为汉王为止，刘邦集团一直是作为楚国的属下展开活动的。其间，尽管楚王屡有变动，先后经陈涉、景驹、怀王三王，但刘邦集团统属于楚的关系是没有变化的。也就是说，在此期间，刘邦集团始终是楚国政权的一部分，刘邦本人始终是楚臣的一员。具体而言，刘邦集团先为楚县建制，刘邦本人则为楚制县长官之沛公，其后，刘邦集团扩大为楚郡的建制，刘邦本人也升任楚制郡长官之砀郡长，并受爵封为武安侯。在此期间，刘邦集团也由三千人的小部队发展为近十万人的大军团。❶ 在此期间，复活了的战国六国在盟主楚国的率领下合纵反秦❷，刘邦集团作为楚军楚臣的一部，即楚之沛县和砀郡地方政权参加反秦战争，故笔者将刘邦集团的这一发展时期称为楚国郡县期。

三、汉王国期

汉元年二月，刘邦与十七王共同接受项羽的分封，成为汉王。四月，之汉中就国，开始汉王国之历史。在汉中，刘邦集团基于秦制，进行了一系列的政治军事改革，完成了由楚国砀郡政权向汉王国政权之转化。❸ 然后，刘邦以汉王国为基础，开始与盟主西楚争夺支配天下之霸权。汉元年八月，汉进军关中。二年十一月，定都栎阳，二月，立汉社稷。汉二年三月，刘邦率汉军出关渡河，开始东进。四月，率领诸侯国联军攻占西楚之都彭城，一时主宰天下。其后，得而复失，屡败屡起，又经过三年多的战争，至高帝五年十二月，再次联合各诸侯王国，集中六十万大军于垓下，决战消灭

---

❶ 本书第 5 章第一节。
❷ 关于秦楚汉间的国际关系，参见田余庆《说张楚》；及本书第 3 章，特别是第二节。
❸ 关于汉中改制，参见本书第 1 章第二节及结语第三节之三。也请参见拙著《楚亡：从项羽到韩信》第一章之七"汉中对"。

项羽，最终取得支配天下之霸权。❶

我们可以说，从汉元年刘邦为汉王到汉五年消灭项羽期间，刘邦集团首先脱离楚国政权，独立建国，由楚国的砀郡政权转化为汉王国政权，进而发展成为政治势力凌驾于各诸侯王国的霸国。与此同时，刘邦也由楚国的武安侯砀郡长，转化为汉王国之王，进而以霸国盟主的身份，分封王国，号令诸侯。在这一历史时期，尽管汉王国逐渐称霸天下，汉王刘邦也逐渐号令诸侯，但刘邦集团主要是以汉王国政权的形式展开活动的，刘邦本人也始终是以汉王的名义执政施令的，故笔者将刘邦集团的这一发展时期称为汉王国期。在此期间，刘邦集团发展成为拥有六十万人的大军团。

四、汉帝国期

高帝五年十二月，刘邦消灭项羽，汉取代西楚支配天下。二月，刘邦接受诸侯王的推举，即皇帝位，由汉王国之王转化为汉朝皇帝。刘邦政权，也由汉王国政权转化为汉王朝政权。五月，发布"高帝五年诏"，解散军队，全面分配田宅爵位等政治经济权益，刘邦集团转化为支配整个汉帝国的统治阶层，即作者所谓的汉初军功受益阶层。❷ 汉帝国的历史，从此展开。尔后，就汉帝国之政治及其制度而言，尚有种种变动，就由刘邦集团转化而来的汉初军功阶层而言，更有完整的兴盛衰亡❸，然而，就刘邦集团之发展阶段而言，可谓已经最后定型。据此，笔者笼统地将高帝五年以后的刘邦集团的发展期称为汉帝国期。

---

❶ 关于刘邦战胜项羽取得天下的详细叙事，参见拙著《楚亡：从项羽到韩信》。
❷ 参见本书第1章第三节。
❸ 参见本书第2章。

第二节　汉政权之法统渊源

一、张楚法统与沛县政权

通过以上四个阶段的划分，我们对于刘邦集团的发展过程，可以说有了一个清晰的线索。同时，我们也可以清楚地看到，刘邦集团的发展过程，就是汉王朝政权建立的过程，刘邦集团发展过程的四个阶段，就是汉帝国建立过程中经历的四个历史阶段。在群盗集团期中，刘邦集团为一独立的武装亡命集团，既没有政治目的，也无所归属，其性质乃是秦王朝政权体制外的非法组织。其首领刘邦为一有罪的群盗首。在楚国郡县期中，刘邦集团归属于楚国，成为楚国政权的一部分，其建制先为（沛）县、后为（砀）郡政权。其首领刘邦先为县之长官县公，后为郡之长官郡长，并授有侯的爵位。在汉王国期中，刘邦集团脱离楚国独立建立汉王国，其组织形式转化为汉王国政权，其成员成为汉王国的统治阶层。刘邦也成为汉王国之最高统治者——汉王。在汉帝国期中，刘邦集团取得支配天下的政治霸权，建立汉王朝，其组织形式转化为汉帝国政权，其成员成为汉帝国的统治阶层。刘邦也成为汉帝国的最高统治者——皇帝。以上过程，可以简略列表如下：

发展阶段	组织形式	组织成员	首领	性质
1. 群盗集团期	群盗集团	群盗	盗首	（秦）政权体制外的非法组织
2. 楚国郡县期	县	沛县官吏兵卒	沛县公	楚国政权的一部分
	郡	砀郡官吏兵卒	砀郡长	
3. 汉王国期	王国	汉王国统治阶层	汉王	独立的王国政权
4. 汉帝国期	帝国	汉帝国统治阶层	皇帝	支配天下的王朝政权

由上表，可以清楚地看出，刘邦集团由一个政权体制外的群盗小集团，经过三个阶段性的质的转变，最终发展成为汉帝国政权及其统治阶层。其第一个质变，就是由政权体制外的非法组织转化为既存政权的一部分。这次质变的过程，已如前叙，即秦二世元年刘邦率众由芒砀山返回沛县起义称沛公一事。我们知道，由政权体制外的非法组织转化为既存政权的一部分是需要法理根据的。换言之，用传统的政治术语来表现的话，刘邦集团由盘踞芒砀山的群盗集团转化为楚国政权的一部分是需要名分的，这个名分何在呢？

田余庆先生在《说张楚》一文中指出，汉初特重张楚法统。马王堆帛书《五星占》和古佚书干支表纪年皆用张楚年号，刘邦做了汉皇帝后，为陈涉置守冢三十家，皆是汉朝政府重视张楚法统的事例。❶ 如前论，陈涉首事反秦，是战国复国运动的开创者和领导，也是复国后的第一位楚王。刘邦由芒砀山返回沛县起兵，在名分上正是响应陈涉，依附于张楚政权的。据《汉书》卷一《高帝纪》，刘邦起兵于沛时，被立为沛公。孟康注曰："楚旧僭称王，其县宰为公。陈涉为楚王，沛公起应涉，故从楚制，称沛公。"所言极是。从制度上讲，刘邦初起时用楚制，本人为楚制的沛县长官沛公，其政权为楚国的沛县政权。就名分而言，用楚制即表示从楚王，属楚国，为楚之臣下。其时，楚王为陈涉，楚国为陈涉所建的张楚，刘邦初起时当如孟康所言从属于张楚陈涉。

笔者在本书第3章中已经论到，在秦末之乱中，尽管战事剧烈，政局变动频繁，天下之大义名分、政权归属是一点也不混乱的。在项羽行大分封以前，天下的政治分割和各个起义集团的政治

---

❶ 参见田余庆《说张楚》。

归属，是严格按照复活的战国七国来统属的，在七国之外，并无新国家新政权建立，也看不到这种尝试。也就是说，在当时，天下之名分，各种政治权力的法理根据，皆是按照七国复活的原则决定了的。❶ 沛县为旧楚地，沛县人为旧楚人，刘邦集团在名分上之归属于楚，从一开始就是被决定了的。当陈涉在世时，楚之法统只有一个，就是陈涉之张楚政权。当时，使用楚之旗号的起义集团，在名分上都是张楚政权的下属。当然，刘邦本人是否直接受命于陈涉，与张楚政权是否有过直接的关系，史无明文。但是，刘邦集团初起时在大义名分上从属于陈涉之张楚政权、依附于张楚法统之下却是无可怀疑的事实。

如前述，刘邦集团曾经直接归属过景驹和项梁。据《史记》卷四十八《陈涉世家》，景驹为秦嘉所立。秦嘉为响应陈涉的楚地起义军之一，虽然曾经矫陈涉之命，杀掉陈涉所派遣来的将军武平君畔，其在名分上归属于陈涉之楚是没有疑问的。他在听说陈涉"军破出走"，下落不明后，立楚之旧贵族景驹为楚王，其用意，正是表明继承陈涉之张楚法统。据《史记》卷七《项羽本纪》，项梁曾从陈涉部将召平处，受陈涉之命为楚之上柱国，领江东军渡江西击秦。他之击杀秦嘉、景驹，正是为了争夺张楚法统之合法继承权。这一点，在他发兵前对军吏的话中表明得相当清楚："陈王先首事，战不利，未闻所在。今秦嘉背陈王而立景驹，逆无道。"

很清楚，不管是秦嘉主持下的景驹之楚还是项梁主持下的怀王之楚，在名分上都是张楚法统的继承者。刘邦在陈涉死后，先后归属于景驹之楚和怀王之楚，不但表明刘邦集团归属于楚的一贯性，也是刘邦集团直接从属于张楚法统的旁证。很明显，张楚法统，即

---

❶ 参见本书第3章，特别是第二节。

陈涉反秦复楚的正当性，就是刘邦集团由体制外的非法组织转化为楚国政权的一部分的法理根据，也是刘邦集团始终重视张楚法统的重要理由之一。

二、怀王之约与汉国王政

刘邦集团作为楚国的一个地方政权，是持续到汉王国建立以前的。汉王国之建立，是刘邦集团发展过程中第二个质变，即由既存国家政权的一部分转化为一个独立的王国。那么，这次质变的法理根据又何在呢？笔者以为，其法理根据就在于怀王之约。

刘邦之为汉王，乃是出于项羽之分封。汉元年二月，项羽自立为西楚霸王，主命割裂天下为十九国，同时分封十八王。项羽的大分封，乃是中国历史上第一次王国分封❶，刘邦为汉王，即为其中之一。然而，项羽曾为刘邦之封主，汉直接源出于西楚这样一个历史事实却是刘邦集团所不情愿而且始终想暧昧其事的。从名分法理的角度而言，其道理非常明确，如果承认了这一事实，尔后的楚汉相争、灭楚称帝的历史就是不义不道，弑主自立。然而，就原委渊源而言，刘邦之为汉王，汉当统治旧秦国一事，则是另有根据的，这个根据就是怀王之约。项羽分封刘邦为汉王，乃是曲解怀王之约的结果。

怀王之约，定于秦二世二年后九月。《史记》卷十六《秦楚之际月表》后九月条：

> 怀王封沛公为武安侯，将砀郡兵西，约先至咸阳王之。

---

❶ 项羽的王国分封，不但是中国历史上第一次王国分封，也是汉王国分封的起源。参见本书第3章，特别是第四节。

《汉书》卷一《高帝纪》也叙其事于秦二世二年后九月，曰：

  初，怀王与诸将约，先入定关中者王之。

其文稍异，内容则完全相同。同卷高帝四年十月条，刘邦所举项羽十大罪之第四曾言及其另一内容，说：

  怀王约，入秦无暴掠。

由于史书别无更为详细的记载，下面笔者仅以上引《高帝纪》的两条记载为基础进行分析。首先分析第一条，"初，怀王与诸将约"，"初"，即秦二世二年后九月，"诸将"，乃泛指参与定约之楚国臣属，当时之楚臣，除刘邦、项羽外，有名者尚有宋义、吕臣、吕青、范增、陈婴、桓楚、英布、龙且、共敖等人。怀王之约，首先是楚国君臣间的君臣之约。"先入定关中者王之"，不管何人，只要首先攻占秦都所在的关中，就将成为旧秦王国的合法统治者。从此内容来看，则并不局限于楚军楚将，而是面向整个反秦阵营，即各诸侯国的。其时，楚国为反秦诸国盟主，楚王所主持制订的内容涉及整个反秦阵营的盟约，自然应被视为反秦各国间的公约。《汉书》卷一《高帝纪》记刘邦攻入关中与秦父老言时说："吾与诸侯约，先入关者王之，吾当王关中。"即视怀王之约为自己"与诸侯"所订之约，即诸侯国间的公约。同卷又记项羽因为北上救赵而晚于刘邦进入关中时说，项羽自以为"后天下约"，也视怀王之约为天下之公约。

"王关中"一语，即成为以关中为都的秦国之王。笔者在本书第3章第一节中已经说到，在陈涉已死，怀王之楚成为反秦盟主后，战国复国和王政复兴合一，国际局势恢复到战国末年的七国并立状态，历史进入后战国时代。在以楚为盟主联合灭秦的大目标下，兴灭国，继绝世，复兴六国社稷，复活六国王族王政，已成现实和天下公识。然而，对未来的秦国应当如何处置，在定怀王之约以前，则并不清楚。怀王之约就是在这种背景下，对于未来秦国的处置问题做出明确的规定，并由此规划未来的政治蓝图。按此规划，灭秦以后，王政复兴之现状，天下七国之大局将继续予以维持，秦国将被保留，但秦王将予以置换，其置换方式则用公约悬赏以待，留给首先攻占关中的反秦军将领。

其次，分析第二条"怀王约，入秦无暴掠"。如果说，第一条讲的是对秦国的战后处置方案的话，这一条则是讲对秦人的处置原则和策略。秦灭六国以暴，秦末乱起，复国之六国也以暴易暴，并不利于反秦斗争。怀王亲政后，吸取了陈涉、项梁先后失败的教训，调整对秦斗争策略，确立了宽大处置秦国和秦人的原则。《史记》卷八《高祖本纪》记载，怀王之约定后，怀王诸老将主张派遣刘邦奉约进攻关中的话，正可作为此条的脚注。其语曰："且楚数进取，前陈王、项梁皆败，不如更遣长者扶义而西，告谕秦父兄。秦父兄苦其主久矣，今诚得长者往，毋侵暴，宜可下。"

由此可以看出，怀王之约，其意义非同寻常。首先，就性质而言，怀王之约不仅是楚国君臣间之约，而且是反秦各诸侯国间的公约❶，就内容而言，怀王之约不仅规定了对于秦国的战争策略、战后处理方案，而且规划了未来的政治秩序和国际局势。在这种意义

---

❶ 关于中国古代的约信盟誓，参见高木智见「春秋時代の結盟習俗について」(『史林』第68卷第6号，1985年)；工藤元男「戦国時代の会盟と符」(『東洋史研究』第53卷第1号，1994年)；増淵龍夫「戦国時代の集団之約」(氏著『中国古代の社会と国家』)；吕静《春秋时期盟誓研究》(上海古籍出版社，2007年)。另参看本书第6章第一节。

上,我们可以说,怀王之约,乃是王政复兴的政治大纲。在此时此地王政复兴的政局之下,天下各国之名分归属是已经确定了的,对于所有的反秦军人而言,裂土称王的唯一合法可能性就是攻入关中做秦王,其法理根据,就是怀王之约。明白于此,我们才能理解何以刘邦如此重视而项羽如此仇视怀王之约。

据《史记》卷八《高祖本纪》所载,怀王之约定后,项羽曾请求与刘邦一同西攻关中,为怀王所拒绝,被派遣北上救赵,怀王单独派遣了刘邦西攻关中,此事一直使项羽怨恨。分析起来,项羽之怨恨自有充分的理由,怀王把西攻关中的任务给了刘邦,就等于把唯一合法称王的优先权给了刘邦,怀王拒绝自己西攻关中,就等于怀王不愿看到自己称王。当刘邦先入关中,项羽随后赶到时,项羽就面临着重大的选择:或者尊重既成的王政复兴的政局,信守怀王之约,由刘邦做秦王,自己退出关中,依然到怀王之楚国去做将军,这是项羽绝不愿意的;或者破坏怀王之约,打破既成的王政复兴的政局,重新分割天下,建立新秩序,这要犯违约背主之忌。

据《汉书》卷三十一《项籍传》,项羽入关中后,"使人致命于怀王。怀王曰:'如约。'羽乃曰:'怀王者,吾家武信君所立耳,非有功伐,何以得颛主约?'"遂无视怀王,自己主持分封天下。项羽致命怀王之详细,史无记载,从怀王之答复来看,当为请示有关战后之处置,有修改怀王之约、不欲使刘邦为秦王意。由于怀王之约具有君臣之约和天下公约的强大约束力,项羽在改约之意图被怀王拒绝后,仍不能公开毁约,而是采取了曲解约文以行其私的办法。据上引同传,在得到怀王"如约"的回答后,"羽与范增疑沛公,业已讲解,又恶背约,恐诸侯叛之,阴谋曰:'巴、蜀道险,秦之迁民皆居之。'乃曰:'巴、蜀亦关中地。'"故立沛公为汉王，王巴、蜀、汉中"❶。可见，项羽分封天下，结束了王政复兴之旧时代，开始了列国众王的新时期，而其政变的起因，正在于怀王之约。

另一方面，根据怀王之约的规定，天下七国中，唯有秦国可以新置王，反秦诸将中，唯有刘邦因首先攻入关中，应该如约做新的秦王统治整个旧秦国。据《汉书》卷一《高帝纪》，汉元年十月，刘邦攻占咸阳。十一月，与秦人约法三章，同时，申明根据怀王之约，自己将王关中，其语曰："吾与诸侯约，先入关者王之，吾当王关中。……且吾所以军霸上，待诸侯至而定要束耳。"可见，刘邦进入关中以后，也是认为自己应当根据怀王之约做秦王统治秦国，并将此事以法令的形式公诸秦民了的。然而，由于项羽违约，刘邦集团受到了不公正的待遇，只得到了旧秦国的一个极为偏僻的部分，即巴蜀汉中地区。为了打破这种局面，夺取关中，进而与项羽争夺天下霸权，刘邦集团必须否定项羽之违约分封，重申怀王之约的有效性。

据《汉书》卷三十四韩信传，汉元年，刘邦于汉中拜韩信为大将，其时，韩信为刘邦分析刘、项双方之得失说，项羽"背义帝约，而以亲爱王，诸侯不平。……于诸侯之约，大王当王关中，关中民户知之。王失职之蜀，民亡不恨者"。在此分析中，韩信非常强调怀王之约的重要性，他也特别指出，刘邦之所以具有统治关中的合法性，最重要的依据之一即是怀王之约。又据《汉书》卷一《高帝纪》，汉元年，刘邦攻占关中，张良遗项羽书曰："汉欲得关中，如约即止，不敢复东。"以怀王之约为进军关中的理由。于是，

---

❶ 项羽分封刘邦为汉王，最初只有巴、蜀二郡。后刘邦通过张良买通项伯，说动项羽将汉中郡也分封给刘邦。其事，见《史记》卷五十五《留侯世家》。

项羽得信后"以故无西意,而北击齐",默认了刘邦根据怀王之约攻占关中的事实。

据《汉书》卷一《高帝纪》,汉四年,楚汉两军相峙,项羽与刘邦相临于广武涧而语。❶ 其时,刘邦数举项羽十大罪状曰:

> 吾始与羽俱受命怀王,曰先定关中者王之。羽负约,王我于蜀汉,罪一也。羽矫杀卿子冠军,自尊,罪二也。羽当以救赵还报,而擅劫诸侯兵入关,罪三也。怀王约入秦无暴掠,羽烧秦宫室,掘始皇帝冢,收私其财,罪四也。又强杀秦降王子婴,罪五也。诈阬秦子弟新安二十万,王其将,罪六也。皆王诸将善地,而徙逐故主,令臣下争畔逆,罪七也。出逐义帝彭城,自都之,夺韩王地,并王梁楚,多自与,罪八也。使人阴杀义帝江南,罪九也。夫为人臣而杀其主,杀其已降,为政不平,主约不信,天下所不容,大逆无道,罪十也。

上述十大罪中,项羽负怀王之约一事,被刘邦列为首罪,其余之九罪,无不直接或间接涉及怀王之约。罪二、罪三,讲项羽违约杀将自将,领军入关。罪四、罪五、罪六,讲项羽违约对秦施暴。罪七、罪八、罪九,讲项羽杀约主,逐夺各诸侯王,破坏怀王之约所确定的天下秩序。罪十则总述诸罪之恶,其中再次强调项羽"主约不信"。可以说,在整个汉王国时期,怀王之约始终为刘邦集团所重视和强调,此事绝非出于偶然,而是有其一贯性和渊源的。对于刘邦集团来说,

---

❶ 关于广武涧及这次喊话之详细叙事,参见拙著《楚亡:从项羽到韩信》第四章之九"项羽十大罪"。

怀王之约乃是其统治以关中为中心的旧秦国的法理依据,也是其否定项羽、强调汉之正当性直接源于怀王之楚的大义名分。

第三节 汉帝国皇权之起源

一、定陶即位

高帝五年二月,刘邦即皇帝位于定陶氾水之北,由汉王国之王升格为汉朝皇帝,伴随于此,汉王国政权发展成为汉帝国政权,刘邦集团也由汉王国之统治阶层转化而成为汉帝国的统治阶层。刘邦集团的这次转变,从实质上看,乃是汉王国期所追求的支配天下的政治霸权的完成,从形式上看,刘邦之所以即皇帝位乃是出于诸侯王们的推举。关于刘邦之即皇帝位,《汉书》卷一《高帝纪》载其事如下:

> 于是诸侯上疏曰:"楚王韩信、韩王信、淮南王英布、梁王彭越、故衡山王吴芮❶、赵王张敖、燕王臧荼昧死再拜言,大王陛下:'先时秦为亡道,天下诛之。大王先得秦王,定关中,于天下功最多。存亡定危,救败继绝,以安万民,功盛德厚。又

---

❶ 《汉书·高帝纪》五年,诏曰:"故衡山王吴芮与子二人,兄子一人,从百粤之兵,以佐诸侯,诛暴秦,有大功,诸侯立以为王。项羽侵夺之地,谓之番君。其以长沙、豫章、象郡、桂林、南海立番君芮为长沙王。"吴芮为衡山王,为项羽所封,后来被项羽褫夺王号,改称番君,所以被称为"故衡山王"。刘邦即位后,恢复王号,改封为长沙王。吴芮何时何故被褫夺王号改称番君,史书没有记载。考英布是吴芮的女婿,败于项羽后,妻子皆被诛杀。合理地推测,吴芮被褫夺王号改称番君的原因,当是受英布叛楚失败的牵连,时间当在英布兵败的汉三年十二月。楚国灭亡以后,吴芮的罪名自然消失,念及旧功,恢复王位也是顺理成章。

加惠于诸侯王有功者,使得立社稷。地分已定,而位号比拟,亡上下之分,大王功德之著,于后世不宣。昧死再拜上皇帝尊号。'"汉王曰:"寡人闻帝者贤者有也,虚言亡实之名,非所取也。今诸侯王皆推高寡人,将何以处之哉?"诸侯王皆曰:"大王起于细微,灭乱秦,威动海内。又以辟陋之地,自汉中行威德,诛不义,立有功,平定海内,功臣皆受地食邑,非私之也。大王德施四海,诸侯王不足以道之,居帝位甚实宜,愿大王以幸天下。"汉王曰:"诸侯王幸以为便于天下之民,则可矣。"于是诸侯王及太尉长安侯臣绾等三百人,与博士稷嗣君叔孙通谨择良日二月甲午,上尊号。汉王即皇帝位于氾水之阳。

同一事《史记》卷八《高祖本纪》记载如下:

> 正月,诸侯及将相相与共请尊汉王为皇帝。汉王曰:"吾闻帝贤者有也,空言虚语,非所守也,吾不敢当帝位。"群臣皆曰:"大王起微细,诛暴逆,平定四海,有功者辄裂地而封为王侯。大王不尊号,皆疑不信。臣等以死守之。"汉王三让,不得已,曰:"诸君必以为便,便国家。"甲午,乃即皇帝位于氾水之阳。

以上之文,乃有关刘邦即皇帝位之情况的记载。则刘邦即位在"氾水之阳",即秦东郡定陶县氾水的北岸。刘邦何以至此即位,史无明文。据《史记》卷八《高祖本纪》,刘邦高帝五年十二月于垓下灭项羽,随即北上降下项羽封城鲁,葬项羽于谷城,再南下"还至定陶,驰入齐王壁,夺其军"。考灭项羽之后,汉方面的军队尚未解散。垓下之战,韩信军为汉军之主力,定陶即为其驻地。刘邦之定陶夺其军后,就局势而言,可谓掌握了天下的基本军事力量,有了称帝的条件。就地势而言，刘邦"入齐王壁"，即入居于韩信军垒，可能在军中受推戴，随即即位于大军所在之定陶。

刘邦即位时，既没有改元，也没有改制❶，至于其即位时用何种仪式，史书也无明文。据《汉书》卷四十三《叔孙通传》，汉之朝仪，汉七年方由叔孙通制定施行，其"颇采古礼与秦仪杂就之"。定陶即位时，叔孙通也曾"就其仪号"。然"高帝悉去秦仪法，为简易"。即叔孙通曾制定了即位之仪，其中采用有秦的仪法，然而刘邦并未完全采用，而是排除秦的内容，仅仅使用简单的仪式。《正义》引《括地志》云："高祖即位坛在曹州济阴县界。"《会注考证》曰："氾水，济渎分流，在山东曹州府曹县北，与定陶县分界。今定陶西方有汉祖坛，高帝即位处。"其即位时设有祭坛也当可明白。

我们知道，皇帝之称号乃秦始皇所创，刘邦接受皇帝的称号，当然显示了汉王国不仅继承了秦王国，而且将继承秦帝国的姿态。正如西嶋定生所指出，秦始皇的皇权乃是秦以武力消灭六国以后所建立、一种无制约的绝对专制皇权。皇帝既是天下的主宰、道理的体现，也是秩序的发端和权威的渊源。❷ 然而，在上引诸侯王拥戴刘邦即位时所上的"请即位疏"中，我们却可以看到刘邦即皇帝位的理由和根据，与秦始皇所创建的皇权理念，有根本上的差异。

二、功与德——刘邦即皇帝位之理念

考察上引《史记》和《汉书》之文，可知二者内容并无不同，

---

❶ 王鸣盛《十七史商榷》卷八。又，关于未改制理由的一种推测是，义帝被杀以后，项羽和刘邦皆有称帝的举动，可参见田余庆《说张楚》，及平势隆郎「越の正统と『史记』」(『史料批判研究』創刊号，1999年)。

❷ 参见西嶋定生『中国古代国家と東アジア世界』第二章「皇帝支配の成立」，及氏著『秦漢帝国』(講談社，1997年)第二章之四。

只是详略上有所差异。参照汉代上奏文之形式，我们可以知道，司马迁和班固是根据同样的政府文件，即汉政府所保存的诸侯王拥戴刘邦即位的上疏文来书写这段事的，司马迁通其意而简录之，班固则详细摘录了原文。❶ 在下面的分析中，笔者将以《汉书》之文为准，必要时参照《史记》。

在"请即位疏"中，诸侯王们提出了一个极为重要的理念问题，即刘邦为什么应该做皇帝。统观此文，其理由可以归结为"功"与"德"二字，即文中的"功盛德厚"。疏文说，"大王起于细微，灭乱秦，威动海内"，"先得秦王，定关中"。这是讲灭秦之功。"又以辟陋之地，自汉中行威德，诛不义"，这是讲灭项羽之功。又说，"存亡定危，救败继绝，以安万民"，这是讲德，指刘邦在楚汉战争中恢复失位的诸侯王之王位，安定各国民生，特别是针对赵国、韩国、淮南国和故衡山国之情况而言的。❷ 更一般而言，刘邦之德在于"立有功"，上"加惠于诸侯王有功者，使得立社稷"，下使"功臣皆受地食邑"。即所谓论功行赏，实行分封赏赐。最后，论功评德之结果，刘邦乃不仅"于天下功最多"，而且"德施四海，诸侯王不足以道之"，德也最厚，由此"居帝位甚实宜"，当即皇帝位。其对刘邦即皇帝位之理由的阐述，可谓简要明了。

"功"一语，意义相当广泛。考"功"之字形，从工从力，故

---

❶ 关于汉代史书中诏书律令的采录，参见大庭脩『秦漢法制史の研究』第三篇第二章。

❷ 上"请即位疏"的七王之中，楚王韩信、韩王信、梁王彭越乃刘邦所封。淮南王英布受项羽之封为九江王，失国由刘邦改封。故衡山王吴芮，项羽所封，后被褫夺失国，刘邦恢复其王位，改封为长沙王。赵王张敖乃继承父亲张耳的王位。张耳受项羽之封为常山王，后受陈余之攻击失国，被刘邦封为赵王。韩王韩成受项羽之封，后为项羽所杀失国，刘邦封韩信为韩王以继承其国。所以，就上述淮南、衡山、赵、韩四国而言，皆是失国后为刘邦所"救败继绝"，复国再封者。关于当时王国变迁的详情，参见本书第3章。

《史记》卷十八《高祖功臣侯者年表》司马迁解释说:"用力曰功。"《尔雅·释诂下》说:"功,成也。"较而观之,后者是从结果来解释功之意义,而前者则是从起因来解释的。合而释之,用力而有所成为功,比较接近功的一般意义。然而,已如前述,疏文中所言功并非一般意义上的用力之成,如田功、土功、农功之类,而是具体有所指的,即灭秦诛籍之功,换言之,即用武力所成的军功。在此意义上,古语中功与攻战之攻又相通,李斯《峄山刻石》文"功战日作,流血于野",即为其例。

据《汉书》卷一《高帝纪》,刘邦葬长陵后,"皇太子群臣皆反至太上皇庙。群臣曰:'帝起细微,拨乱反之正,平定天下,为汉太祖,功最高。'上尊号曰高皇帝"(《史记》卷八《高祖本纪》所记略同,以下简称为"上尊号文")。此文当为汉朝君臣在太上皇庙中议定刘邦尊号的正式记录。据此可知,刘邦死后的正式尊号为高皇帝。刘邦死后又称高祖,《史记集解》引张晏曰:"礼谥法无'高',以功最高,而为汉帝之太祖,故特起名焉。"其来由,当也在前引"上尊号文"中,即取"为汉太祖,功最高"之意。据《汉书》卷一《高帝纪》颜师古的解释:"尊号,谥也。"然据《史记会注考证》引俞樾曰:"谓之尊号,而不曰谥,盖亦避秦人臣子议父之嫌也。"似又有所别。秦始皇废谥号,汉初草创,谥法似乎尚未整理完备。

姑且不论高皇帝及高祖之称当为何名,其作用同谥号一样,为汉朝君臣对刘邦一生之评价乃无问题。若将此文与上引"请即位疏"中讲功的部分相比较,不仅意同,连文辞都极为接近。"请即位疏"及"上尊号文"皆汉政府之正式文书,可以说集中反映了刘邦集团对于刘邦之所以做皇帝的看法。"请即位疏"经刘邦本人认定,自然也是其意向的确切反映。刘邦自称"吾以布衣,提三尺剑取天下"(《史记》卷八《高祖本纪》),天下"乃公居马上而得之"

(《史记》卷九十七《陆贾传》),也是本人自负以武功为皇帝之语。总而言之,刘邦之所以应当做皇帝,最主要的原因,乃在于其有最高的军功。这不仅是刘邦本人的看法,而且也是刘邦集团及汉政府的看法,进而可以理解为那个时代的共识。

　　正如前引"请即位疏"所言,军功最多不过是刘邦应即皇帝位的理由之一,另一个理由是其有最厚的德。❶关于德的内容,已如前述,"请即位疏"所言极为具体明了,就是讲刘邦能够对有功者施恩行赏,对于其集团的成员,按其功之大小给予相应的赏赐。考"德"之语义❷,从字之使用上看,古文中德、得、悳三字通用。德与得义同相通。《礼记·乐记》:"德,得也。"同书《乡饮酒义》:"德谓身有所得。"《史记》卷七《项羽本纪》记项羽临死之语:"吾闻汉购我头千金,邑万户,吾为若德。"《汉书》卷三十一《项籍传》作"吾为公得",即为其例。德与悳声同相通。《说文》注悳之音说:"悳,德声。"《玉篇·心部》:"悳,今通用德。"《汉书》卷四十八《贾谊传》引贾谊"陈政事疏"曰:"割膏腴之地以王诸公,多者百余城、少者乃三四十余县,悳至渥也。"颜师古注:"悳,古德字。"即其例。《说文段注》解释说:悳,"俗字假德为之","古

---

❶ "德"一语及其意义,乃有关中国文化和历史的最基本的理念之一。笔者无意就此重大课题置喙。在此处,笔者限定于秦末汉初时期,仅仅就有关德的政治理念的部分稍做考察。小仓芳彦在其论文「『左傳』における霸と德——『德』概念の形成と展開」(氏著『中国古代政治思想研究』,青木書店,1970 年)中,从战国时代霸者理念的角度着眼,提出了"德"乃是霸者理念的第一要素的看法。笔者以为,小仓氏的研究乃是本处所进行的对于德之考察的先行研究,其结论不但适用于战国时代,也是适用于本书所论述的秦末汉初时代的。

❷ 关于德的本义,有升天说(《说文》)、省道说(·参见白川静『字統』,平凡社,1984 年)、生命力说(参见斯维至《说德》,收于《人文杂志》1982 年第 6 期,及小南一郎「天命と德」,收于『東方学報』第 63 冊,1991 年)、巡行之"省"说(参见闻一多《释省》,收于《古典新义》及小仓芳彦「『左傳』における霸と德——『德』概念の形成と展開」)。

字或假得为之"。可见三字之互通。

就字义而言,《说文》释悳字说:"悳,外得于人,内得于己也。"解悳有内外两种意义。《说文通训定声》进一步解释说:"外得于人者,恩惠之悳;内得于己者,道悳之悳。"释文非常贴切,解悳之内外两义为道德和恩惠,即抽象和具体两种意义。此悳之意义,最接近疏中所言之德,该疏中的德字,当即为悳之假借字。

就语义之源而言,悳之两种意义,皆本于得之意义而推衍。考得之字形,为手持贝。罗振玉《增订殷墟书契考释》:得,甲骨文"从又从贝,得之意也。或增彳"。罗说是,得之本意,就是有所得。彳乃后加,故《说文》说,"得,行有所得也","古文省彳"。乃就加彳后之字形所释。语义之发展,由简单而复杂。得之字形本为得贝,继而草木虫鱼,官赏爵禄,皆在所得之列。据增渊龙夫的研究,战国秦汉间,德字在一般意义上的使用,非常具体,往往就是指人和人之间的恩赏,正当具体意义上的恩惠之德。❶《韩非子·二柄篇》:"庆赏之谓德。"即对德之具体意义的明确表述。《史记》卷七十九《范雎传》,范雎为秦丞相后,"散家财物,尽以报所尝困厄者。一饭之德必偿,睚眦之怨必报。"《史记》卷一百《栾布传》,栾布富贵后"尝有德者厚报之,有怨者必以法灭之"。皆其例也。

语义之发展,由具体到抽象。已如前述,得恩惠为德。若有得恩者,则必有施恩者。受恩者因有所得自然对施恩者感恩图报,此种感恩图报之情和行为也称为德。《史记》卷九十六《张丞相列传》,张苍因王陵曾救其命而"德王陵"。即张苍从王陵处受恩惠而图报曰德。悳之字形,从直从心。注家多据此而释"内得于己"为

---

❶ 增淵龍夫『中国古代の社会と国家』第二編第一章之五。

内得于己心❶，即讲此种感恩图报之情的发展，使受恩者于心中得到一种意识，视施恩者有一种心性品德，这就是道德的德了。贾谊《新书·道术》说："施行得理，谓之德。"由施予之行为所得之理来诠释心性之德，清楚地阐述了施予和德的关系。《论语·宪问》："何以报德？"郑注："谓施恩也。"更明确表述施恩为德。

可见，道德之德，乃基于恩惠之德而生。施恩为德，施恩的行为即为德行，施恩者即为有德者。"请即位疏"中所言德，就是这种施恩之德。《史记》卷八十九《张耳传》记赵王张敖不许其相贯高、赵午刺杀刘邦时说："且先人亡国，赖高祖得复国，德流子孙，秋豪皆高祖力也。愿君无复出口。"赵王张敖为上"请即位疏"的诸侯王之一，其父张耳失其封国，汉三年由刘邦立为赵王，死后由张敖继之。张敖此处所言之德，即"请即位疏"中所言施恩之德的具体例证。

总之，通过以上对于"请即位疏"的分析，我们可以说，刘邦之所以即皇帝位，在于其功最高、德最厚。其功，即用武力之所成，也就是军功；其德，即封赏之施行，也就是恩德。此功与德，不但是刘邦皇权之起源的理念，也是其起源的历史。

三、"共天下"与有限皇权

刘邦即位时，从形式上看，刘邦是继承了秦始皇所开创的皇帝位，汉王国也由此变成了汉帝国，成为秦帝国的继承者。然而，从实质上看，刘邦即皇帝位，不过是霸业政治的达成，以汉为盟主、以各诸侯王国为盟国的反楚联盟的胜利宣言。如上述，刘邦即皇帝

---

❶ 《说文解字注匡谬》："内得于己，谓身心所自得也。"《说文解字义证》引《周礼》注曰："德行内外，在心为德，在外为行。"

位,出于各个诸侯王的推举,他即皇帝位之理由,在于其功最高、德最厚。分析起来,功最高、德最厚,皆是由"最"所限定的相对性概念,乃是相对于较低的功、较薄的德而言的。就整个刘邦集团而言,功最高、德最厚者,仅指其集团之最高首领刘邦一人。他因最高之军功,并主持分配得当(最高的德)而在权益分配中得到了最大的利益——皇帝位。相对于此,功较低、德较薄者,则是指除刘邦以外的刘邦集团的所有成员,他们因高低不同的军功,分配到大小不等的利益,从而享有不同的"所得"。关于这种按照功劳大小依等级分配的情况,《汉书》卷一《高帝纪》所载高帝十二年三月诏有一总结性的说明。其诏曰:

> 吾立为天子,帝有天下,十二年于今矣。与天下之豪士贤大夫共定天下,同安辑之。其有功者上致之王,次为列侯,下乃食邑。而重臣之亲,或为列侯,皆令自置吏,得赋敛,女子公主。为列侯食邑者,皆佩之印,赐大第室。吏二千石,徙之长安,受小第室。入蜀汉定三秦者,皆世世复。

据此诏书之排列,功最高者分得皇帝,功次高者分得诸侯王,再次者分得列侯,又次者食邑,其下乃世世免除租税徭役等。❶该诏书还进一步表明了之所以如此分配天下权益的理由:"(吾)与天下之豪士贤大夫共定天下,同安辑之。"很清楚,诏书表明,天下乃是刘邦与刘邦集团的所有成员共同打下来,共同所有的,当然应该共同公平地分配。这就是所谓共同打天下、共同坐天下,共同创业、共同所有之"共天下"的理念。

---

❶ 关于汉初按照军功分配各种权益的情况,参见本书第1章,特别是第三节。

考诸史实，刘邦集团"共天下"理念的正式提出者，当为张良。据《汉书》卷一《高帝纪》，高帝五年十月，刘邦约诸侯共击项羽，诸侯皆不至。张良说刘邦曰：

> 楚兵且破，未有分地，其不至固宜。君主能与共天下，可立致也。

于是，刘邦发使使韩信与彭越，约以分地。诸侯皆引兵来会垓下，遂灭项羽云。"共天下"一语，颜师古注曰："共有天下之地，割而封之。"同语，《史记》卷七《项羽本纪》作"共分天下"。共，字形从廿从两手，《说文》释其义为"同"，多人共同持有之意也。《论语·公冶长》："愿车马衣轻裘与朋友共，敝之而无憾。"即为其例。共天下，即共同所有，共同分割天下之义。"天下"一语，从狭义上理解，即为天下之地，从广义上理解，即为支配天下的权益。可以说，"共天下"非常明确地表达了刘邦集团中政权共同所有的观念。

张良是信奉黄老道家的人，黄老道家是假托黄帝和老子为始祖的新道家学派。❶ 张良曾经从黄老道家的传人黄石公手中接受了《太公兵法》一书，终身诵读，成为他智慧和谋略的渊源。❷《太公兵法》，是假借姜太公名义的古代兵书系列，至今流传于世的有《黄石公三略》、《阴符经》和《六韬》。

《六韬·文韬·文师篇》曰："天下非一人之天下，乃天下之天

---

❶ 熊铁基《秦汉新道家略论稿》，上海人民出版社，1984年。关于黄老之学的源流及其内容之概述，参见拙著《汉兴：从吕后到汉文帝》第四章之五"曹相国黄老治国"、之六"盖公说黄老之学"。

❷ 关于张良接受黄石公书的历史叙事，参见拙著《秦崩：从秦始皇到刘邦》第二章之六"智者黄石公"。

下也。同天下之利者,则得天下;擅天下之利者,则失天下。"《武韬·发启篇》曰:"天下者非一人之天下,乃天下之天下也。取天下者,若逐野兽,而天下皆有分肉之心;若同舟共济,济则皆同其利,败则皆同其害。"非常明确地表达了"共天下"的思想,张良向刘邦提出的"共天下"理念和政策,正是来源于此。从以后的历史来看,可以说,由张良所提出的、渊源于黄老道家的"共天下"理念❶,不但为刘邦所接受,也为刘邦集团的众多成员所接受,成为一种共同的理念,长久而深入地影响和制约了西汉初年汉帝国的政策和施政。

在前引诸侯王们拥戴刘邦即皇帝位的"请即位疏"中,诸侯王们称颂刘邦说:"平定海内,功臣皆受地食邑,非私之也。"何谓"非私之"?非,不也。私,非公也,在此作动词用,以为私,独受其惠也。❷ 之,指示代词,在此指代平定后的海内,即已得之天下。"非私之",即言刘邦不以天下为私,不独受得天下之惠,而是在得天下后能够与功臣们平分其利,使其皆受地食邑。显然,此处之"非私之",就是讲的"共天下"。

几乎同样的看法,可见于《汉书》卷一《高帝纪》高帝五年五月之记事,其时,刘邦在洛阳南宫置酒大会群臣,庆贺得天下之胜利。

> 上曰:"通侯诸将毋敢隐朕,皆言其情。吾所以有天下者何?项氏之所以失天下者何?"高起、王陵对曰:"陛下嫚而

---

❶《吕氏春秋》卷一《贵公》:"天下非一人之天下也,天下之天下也。"卷一《去私》:"诛暴而不私,以封天下之贤者,故可以为王伯。若使王伯之君诛暴而私之,则也不可以为王伯矣。""共天下"的观念,至少可以上溯于此。

❷《论语·乡党》:"私觌,愉愉如也。"皇疏:"私,非公也。"《诗·豳风·七月》:"言私其豵,献豜于公。"毛传:"大兽公之,小兽私之。"即其例也。

侮人，项羽仁而敬人。然陛下使人攻城略地，所降下者，因以与之，与天下同利也。项羽妒贤嫉能，有功者害之，贤者疑之，战胜而不与人功，得地而不与人利，此其所以失天下也。"

高起，当为衍文。王陵，当是安国侯王陵。❶ 王陵为沛县起兵的元老，功臣列侯中敢言敢当的戇直大佬，他的意见极有代表性，可以说集中反映了汉初军功受益阶层的看法。他们一致认为，刘邦之所以得天下做皇帝在于刘邦能"与天下同利"，反之，项羽则因不能予人"功"和"利"，即不能"与天下同利"而失天下。"与天下同利"，即予有功者功与利，与部下同享战胜之所得，也即"请即位疏"中的"非私之"，就是共天下之义。

从时间上讲，上引事例皆刘邦即将得天下及得天下以后之事，也许集中反映了天下大局明朗后刘邦集团之认识。其实，远在天下归属未定之时，此种认识不但即已普遍存在，而且是作为刘邦集团的一种政策和原则来推行的。据《汉书》卷三十四《韩信传》，汉元年初，韩信在汉中被刘邦拜为大将。其时，他为刘邦分析天下形势并建策说："项王见人恭谨，言语呴呴，人有病疾，涕泣分食饮，至使人有功，当爵封，刻印刓，忍不能予，此所谓妇人之仁也。""今大王诚能反其道，任天下武勇，何不诛！以天下城邑封功臣，何不服！"于是，"汉王大喜，自以为得信晚。遂听信计，部署诸将所击"云云。

韩信此方策，于楚汉相争最困难时再次得到确认。据《汉书》

---

❶ 《史记·高祖本纪》也作"高起、王陵对曰。"关于高起与王陵，历代注家有不同的说法，其详细，可参见王先谦《汉书补注》同条注文。王鸣盛《十七史商榷》卷八"高起"条，认为高起为衍文，回答刘邦提问者，是后来封为安国侯的王陵。本书从之。其详细叙事，参见拙著《汉兴：从吕后到汉文帝》第一章之一"千年古问"。

卷四十《陈平传》，汉三年，刘邦被项羽围于荥阳。其时，刘邦对于何时能够平定天下深为疑惑不安，陈平为其分析得天下之策说："项王为人，恭敬爱人，士之廉节好礼者多归之。至于行功赏爵邑，重之，士亦以此不附。今大王嫚而少礼，士之廉节者不来，然大王能饶人以爵邑，士之顽顿耆利无耻者亦多归汉。诚各去两短，集两长，天下指麾即定矣。"此陈平之计，与上述韩信方策如出一源，不仅意思与上引王陵之对完全一致，文辞也非常接近。

总之，所谓"共天下"的理念，就是不独占权益，而是与部下共同分配所得利益，即上文中"非私之"且"与天下同利"。可以说，这种共同所有，公平分配得天下之权益的意识，乃为刘邦集团始终一贯之原则与共识。刘邦做皇帝，不过是刘邦集团基于"共天下"的理念和历史，根据个人的功劳公平分配天下权益的一部分而已。而得天下之权益的绝大部分，是由构成汉初军功受益阶层的刘邦集团之广大成员，基于同一原则和理念，在同一分配活动中获得并所有了。不难看出，这种理念和历史所规定的刘邦之皇权，并非如秦始皇所拥有的那种绝对的专制皇权，而是一种新型的相对性有限皇权。

第 5 章

刘邦集团之地域构成

第一节 前期刘邦集团之地域构成

一、地域移动之概况

我们知道，任何社会集团，都有其地域性问题。社会集团的地域性问题，又可一分为二：其一为该社会集团之活动地区，笔者称其为地域移动；另一为该社会集团成员之出身地区，笔者称其为地域构成。地域移动和地域构成为同一问题之两面，二者往往紧密相连。就某一社会集团而言，地域性问题直接影响其文化面貌和组织结构。为了对汉初军功受益阶层做更为深入的了解，笔者试图从地域性的角度，特别是地域构成的方面，对刘邦集团进行分析。

刘邦集团源起于秦之泗水郡沛县❶，刘邦本人及其集团之早期成员也多出身于沛县，这就形成了早期刘邦集团的地域构成问题。尔后，随着刘邦集团之扩大和地域移动之变化，不同出身地的成员不断加入到集团中来，使其地域构成不断有所变化。汉王国政

---

❶ 泗水，秦封泥作四川，参见周晓陆《秦封泥所见安徽史料考》，《安徽大学学报》(哲学社会科学版)2003 年第 5 期。因地名演变过程曲折有变，本书仍从《汉书·地理志》作泗水。

权建立以后，刘邦集团以旧秦国的关中地区为根据地展开活动，其地域移动和地域构成，更有较大的改变。为了准确地分析此问题，笔者首先基于战国和秦的行政区划对刘邦集团的地域移动进行整理。❶

秦二世元年　九月，下泗水郡沛县。合三千人。为沛公。
秦二世二年　十月，攻薛郡胡陵、方与县。还沛县。
　　　　　　十一月，之薛郡薛县。战泗水戚县。还薛郡亢父、
　　　　　　　　　　方与县。
　　　　　　十二月，还沛县攻丰，不克。
　　　　　　正月，之泗水留县，见楚王景驹。战泗水萧县。
　　　　　　　　　之东海下邳县。❷ 还留县。
　　　　　　二月，下砀郡砀县。收砀兵六千人，合九千人。
　　　　　　三月，下砀郡下邑县，还攻丰，不克。
　　　　　　四月，之薛郡薛县见项梁。项梁益沛公楚兵
　　　　　　　　　五千，合一万四千人。下丰。
　　　　　　六月，之薛县共立楚怀王。
　　　　　　七月，攻薛郡亢父县。战东郡东阿、成阳❸、濮
　　　　　　　　　阳县。
　　　　　　八月，攻东郡定陶县。战砀郡雍丘、外黄县。
　　　　　　九月，攻砀郡陈留县。之泗水郡彭城县，军砀郡

---

❶ 本书关于刘邦集团地域移动之整理，主要根据《史记》卷八《高祖本纪》、卷十六《秦楚之际月表》、《汉书》卷一《高帝纪》等做成，有说明之必要处，加注说明。
❷《汉书》卷四十《张良传》。
❸《史记》《汉书》皆误为"城阳"，不时与城阳郡混淆，详见拙作《项羽攻齐和奇袭彭城的路线——兼论楚军彭城大胜的原因》(《秦汉史研究》第九辑，2015年)。

　　　　　　　砀县。

　　　　　后九月，为砀郡长。西收项梁、陈王散卒。战东郡
　　　　　　　成阳县。
秦二世三年　十月，攻东郡成武县。
　　　　　十二月，攻砀郡栗县，夺刚武侯军四千人，合约二
　　　　　　　万人。还砀县。
　　　　　二月，攻砀郡昌邑县。袭砀郡陈留县。以郦寄将
　　　　　　　陈留兵。
　　　　　三月，攻砀郡开封县。战东郡白马县。战三川郡
　　　　　　　曲遇县。
　　　　　四月，攻颍川郡颍阳县。攻三川郡平阴县。战洛
　　　　　　　阳县东。至颍川郡阳城县。
　　　　　六月，战南阳郡阳城县。降宛县，得南阳兵。至
　　　　　　　丹水，攻胡阳、析、郦县。
　　　　　八月，攻武关，入秦。
汉元年　　十月，至霸上。拥兵十万。
　　　　　二月，受项羽之封为汉王。
　　　　　四月，之汉中就国。

　　通过以上的整理我们可以看出，从秦二世元年九月刘邦集团结成之初，到汉元年四月之汉中就国前，也就是前期之刘邦集团，大致活动于旧楚、魏、齐之交界地区并及于韩，最后进入秦。以秦之郡区具体而言，从秦二世元年九月刘邦初起，至二世二年九月刘邦为砀郡长受怀王之命时，其活动区域乃以泗水郡北部、薛郡南部和砀郡为中心，并曾及于东海郡和东郡。从二世三年十月开始西攻关

中的行动起，刘邦集团的活动区域扩展至陈郡❶、颍川、三川和南阳郡，然后进入秦之本土关中。

二、地域构成之统计

一般而言，社会集团的地域构成，乃是由其地域移动形成的。我们知道，刘邦集团有严格的功劳规定和原则，其成员加入刘邦集团之时间的早晚，即资历，直接关系功劳之累进，进而，与其在集团中的地位高低、待遇厚薄之间，有着密切的关系❷。不仅如此，资历之深浅，即加入刘邦集团之时间的早晚，往往也关系其加入刘邦集团之地点和本人之籍贯（其说详下）。

就史籍所见而言，在刘邦集团内部，其成员之资历的划分，大体以汉元年四月刘邦集团之汉中就国前后为断，分为前后两期：凡早年跟随刘邦击秦，继而又跟随刘邦入蜀汉者为一类，即史书所称的从击秦入蜀汉者，为前期；汉中就国前后，加入刘邦集团参加楚汉战争的人，即史书所称从击项籍者，为后期❸。下面，笔者首先对

---

❶ 陈郡，据出土文物及学者的研究，郡名当为淮阳郡，郡治陈县。秦汉人叙事，有以郡治县名替代郡名的习惯，故史书中往往称淮阳郡为陈郡，参见后晓荣《秦代政区地理》，第三章之一（社会科学文献出版社，2009年）。本书为保持与史书叙事之一致，仍然以陈郡标志淮阳郡。有关早期刘邦军在陈郡的活动，《史记》和《汉书》几乎没有记载，据《史记·高祖功臣侯者年表》，靳彊从起于陈郡阳夏，冯谿从起于陈郡柘县，时间都在秦二世三年，刘邦军在秦二世三年曾抵达陈郡北部当是没有问题的。

❷ 刘邦集团的军功襃赏制度，乃是基于秦的军法制定的汉的军法的一部分。该制度的襃赏基准，主要有斩首之功和积年之劳两大类。并且，功和劳之间也有一定的换算关系。《史记》及《汉书》功臣表，乃是摘录各功臣的分封册书和侯籍的内容而制成的，基本上是未经修饰的一级史料。该表所记的各功臣的从起时间，乃是计算功劳的重要依据。对此，笔者将在他文中加以论述。现有的研究，请参见大庭脩『秦漢法制史の研究』第六章，藤田高夫「漢代の軍功と爵制」（『東洋史研究』第50卷第2号，1994年），胡平生《居延汉简中的"功"与"劳"》（《文物》1995年第4期）等文。也请参见本书第1章第一节、第二节，序第五节。

❸《史记》卷十八《高祖功臣侯者年表》，《汉书》卷十六《高惠高后文功臣表》。

前期刘邦集团之主要成员中籍贯明确者进行统计，以其结果作为进一步分析的基础。遍检史籍，前期刘邦集团之主要成员中籍贯明确者，可得20人，列表如下（表5-1）❶：

表5-1　前期刘邦集团主要成员籍贯表

	氏名	官位	爵位	本籍地		阶层	从起之地	
1	卢绾	太尉	燕王	泗水	沛	军层	泗水	沛
2	周勃	太尉	绛侯	泗水	沛	军层	泗水	沛
3	萧何	丞相	酂侯	泗水	沛	军层	泗水	沛
4	曹参	丞相	平阳侯	泗水	沛	军层	泗水	沛
5	王陵❷	丞相	安国侯	泗水	沛	军层	泗水	沛
6	审食其	丞相	辟阳侯	泗水	沛	军层	泗水	沛
7	樊哙	将军	舞阳侯	泗水	沛	军层	泗水	沛
8	夏侯婴	太仆	汝阴侯	泗水	沛	军层	泗水	沛
9	任敖	御史大夫	广阿侯	泗水	沛	军层	泗水	沛
10	周苛	御史大夫	高京侯	泗水	沛	军层	泗水	沛
11	周昌	中尉	汾阴侯	泗水	沛	军层	泗水	沛
12	雍齿	将军	汁邡侯	泗水	沛	军层	泗水	沛
13	周缫	参乘	蒯城侯	泗水	沛	军层	泗水	沛
14	彭祖	中厩令	戴侯	泗水	沛❸	军层	泗水	沛
15	吕泽	客	周吕侯	砀	单父	军层	砀	单父❹

---

❶ 关于本章诸表之史料来源，笔者主要根据《史记》和《汉书》之各功臣侯表、侯者之列传所作成的"高帝—武帝期间三公九卿、王国相及郡太守表"（见附录），表中所属阶层类型后之数字，表示其子孙后代之世代数。文中有关籍贯郡县之判别，一律依据谭其骧主编的《中国历史地图集》第二册秦汉部分，史料有不同来源，内容有辨证之必要时，笔者略加注解。

❷ 王陵，《史记·高祖功臣侯者年表》作"以客从起丰"，是。《汉书》功臣表及列传所载之南阳，乃脱离后再次加入地。今从《史记》。

❸ 彭祖，刘邦沛县起兵时为"沛卒"。当时，各县之卒史皆为本县人，其详见后文。

❹ 吕泽和吕释之的从起地，史书没有明确的记载。不过，根据当时的情况来推测的话，不外两种可能：如果吕氏兄弟随同吕公一道迁居沛县的话，当从起于沛；如果没有迁居的话，当是从起于单父县。据《史记·高祖功臣侯者年表》，阿侯郭亭"以连敖前元年从起单父"。前元年即秦二世二年（说见拙作《说南郡守强和醴阳令恢》（转下页）

续表

	氏名	官位	爵位	本籍地		阶层	从起之地	
16	吕释之	客	建成侯	砀	单父	军层	砀	单父
17	郦食其	说客	高梁侯	砀	陈留	军层	砀	陈留
18	郦商	卫尉	曲周侯	砀	陈留	军层	砀	岐
19	灌婴	丞相	颍阴侯	砀	睢阳	军层	砀	砀
20	张苍	丞相	北平侯	三川	阳武	军层	三川	阳武

通过表5-1我们可以看出，在此20人中，与刘邦同乡，出身于秦泗水郡沛县者14人，约占70%，出身于砀郡者5人，占25%，三川郡者1人，占5%。其结果有一引人注目之特点：上述诸人加入刘邦集团的地点，即所谓"从起"之地，和他们的籍贯基本上是一致的，在县一级上绝大部分如此，在郡一级上更几乎没有例外。由此看来，至少就表上所示之前期时段而言，从起地和籍贯的一致性并非偶然，而是有其原因的。

我们知道，秦汉时期有严格的户籍制度，个人不能脱籍移动、随意迁徙，一般编户庶民之活动范围，大多局限于附籍之地。同时，秦之任吏，也有严格的籍贯限制，一般而言，各郡县之官吏，除郡守、尉、长史、丞，县令、长、丞、尉等长官外，皆为本籍人，具体而言，郡属吏为本郡人，县属吏为本县人。❶ 因而，在此

（接上页）注4，刊于《中国史研究》1998年第2期）。据《汉书·高惠高后文功臣表》，郭亭"属周吕侯（吕泽）"。又，据《史记》卷十九《惠景间侯者年表》，成陶侯周信"以卒从高祖起单父，为吕氏舍人"。以此推想，二世元年末之九月，刘邦起兵沛县。二世二年初，吕氏兄弟响应刘邦，起兵于单父，郭亭和周信皆于此时追随吕泽。从而，吕氏兄弟之从起地，当以单父为优。

❶ 严耕望《秦汉地方行政制度》，第十一章。又，《尹湾汉墓简牍》的"东海郡下辖长吏名簿"，乃是西汉东海郡所属三十八县、邑及盐铁官的长吏名簿，记有各长吏的官职、籍贯、姓名、原官职、升迁的理由等重要内容。廖伯元对该名簿所载官吏的籍贯做了考察，除了有关问学的郡的文学卒史而外，其余皆与严耕望所做的推测相符（廖伯元《简牍与制度——尹湾汉墓简牍文书考证》，台北：文津出版社，1998年）。

时期，一般民众加入刘邦集团之形式，大体可以说是局限于本籍就地加入，即当刘邦集团之活动抵达某一地区时，当地人就地加入其中。同时，在此期间，刘邦军之交战对象主要为秦之郡县地方守令，从各地转战中加入刘邦集团的秦之吏卒小吏，因是本地人，也多是本籍就地加入。

举例言之，刘邦起兵于沛县时，其加入者为秦沛县之小吏及一般民众，他们皆为沛县籍人，由统计表而言，即所谓沛县初从者无一不是沛县人。又，郦食其为砀郡陈留县高阳人，二世二年，刘邦军略地至陈留郊外，郦食其就地加入刘邦集团（《汉书》卷四十三《郦食其传》）。张苍为三川郡阳武县人，二世二年，刘邦军略地至阳武时，就地加入刘邦集团（《汉书》卷四十二《张苍传》）。周昌、周苛兄弟，为秦泗水郡卒史，二世二年，刘邦军于沛县击破泗水守监时加入刘邦集团，二人皆为泗水沛县人（《汉书》卷四十二《周昌传》）。

如果上述统计和解释不误的话，我们遂可以将刘邦集团成员之籍贯和从起地一致这一特点，作为同一期间的通例看待，进而，据此由某人之从起地来推断其籍贯。再次遍检史籍，前期刘邦集团成员中从起地可明者可得53人，列表如下（表5-2）：

表5-2 前期刘邦集团主要成员从起地（=推定之籍贯）表

	氏名	官位	爵位	本籍地		阶层	从起之地	
1	奚涓	将军	鲁侯	泗水	沛 ?	军层	泗水	沛
2	朱轸	队帅	都昌侯	泗水	沛 ?	军层	泗水	沛
3	召欧	骑将	广侯	泗水	沛 ?	军层	泗水	沛
4	严不职	将军	武强侯	泗水	沛 ?	军层	泗水	沛
5	周止	骑郎将	魏其侯	泗水	沛 ?	军层	泗水	沛
6	孙赤	上党守	堂阳侯	泗水	沛 ?	军层	泗水	沛

续表

	氏名	官位	爵位	本籍地			阶层	从起之地	
7	冷耳	楚国相	下相侯	泗水	沛	?	军层	泗水	沛
8	单父右车	郎	中牟侯	泗水	沛	?	军层	泗水	沛
9	卫无择	卫尉	乐平侯	泗水	沛	?	军层	泗水	沛
10	徐厉	常山国相	松兹侯	泗水	沛	?	军层	泗水	沛
11	王吸	将军	清阳侯	泗水	沛	?	军层	泗水	沛
12	薛欧	典客	广平侯	泗水	沛	?	军层	泗水	沛
13	唐厉	都尉	斥丘侯	泗水	沛	?	军层	泗水	沛
14	陈遬	都尉	猗氏侯	泗水	沛	?	军层	泗水	沛
15	朱濞	都尉	鄢陵侯	泗水	沛	?	军层	泗水	沛
16	周蒙	将军	博阳侯	泗水	沛	?	军层	泗水	沛
17	毛释之	郎将	张侯	泗水	沛	?	军层	泗水	沛
18	陈仓	将军	纪信侯	泗水	沛	?	军层	泗水	沛
19	冯无择	郎中	博成侯	泗水	沛	?	军层	泗水	沛
20	齐受	齐国相	平定侯	泗水	留	?	军层	泗水	留
21	爰类	都尉	厌次侯	泗水	留	?	军层	泗水	留
22	丁义	郎骑将	宣曲侯	泗水	留	?	军层	泗水	留
23	吕臣	都尉	宁陵侯	泗水	留	?	军层	泗水	留
24	陈涓	丞相	河阳侯	砀	砀	?	军层	砀	砀
25	虫达	将军	曲成侯	砀	砀	?	军层	砀	砀
26	陈濞	都尉	博阳侯	砀	砀	?	军层	砀	砀
27	孔藂	将军	蓼侯	砀	砀	?	军层	砀	砀
28	陈贺	将军	费侯	砀	砀	?	军层	砀	砀
29	周灶	都尉	隆虑侯	砀	砀	?	军层	砀	砀
30	戴野	将军	台定侯	砀	砀	?	军层	砀	砀
31	刘到	将军	东茅侯	砀	砀	?	军层	砀	砀
32	丁礼	都尉	乐成侯	砀	砀	?	军层	砀	砀
33	魏选	都尉	宁侯	砀	砀	?	军层	砀	砀
34	襄	治粟内史	棘丘侯	砀	砀	?	军层	砀	砀
35	郭亭	都尉	阿陵侯	砀	单父	?	军层	砀	单父

续表

	氏名	官位	爵位	本籍地	阶层	从起之地
36	周信	河南守	成阴侯	砀 单父 ?	军层	砀 单父
37	张平	中涓	卤侯	砀 单父 ?	军层	砀 单父
38	傅宽	齐国相	阳陵侯	砀 横阳 ?	军层	砀 横阳
39	许盎	中尉	柏至侯	砀 昌邑 ?	军层	砀 昌邑
40	郭蒙		东武侯	薛 薛 ?	军层	薛 薛
41	戎赐	将军	柳丘侯	薛 薛 ?	军层	薛 薛
42	陈胥	将军	复阳侯	薛 薛 ?	军层	薛 薛
43	华寄	都尉	朝阳侯	薛 薛 ?	军层	薛 薛
44	秦同	都尉	彭侯	薛 薛 ?	军层	薛 薛
45	林挚	燕国相	平棘侯	薛 亢父 ?	军层	薛 亢父
46	杜得臣	郎将	棘阳侯	薛 胡陵 ?	军层	薛 胡陵
47	靳歙	将军	信武侯	东 宛朐 ?	军层	东 宛朐
48	陈豨	代国相	阳夏侯	东 宛朐 ?	军层	东 宛朐
49	陈夫乞	都尉	高胡侯	东 杠里 ?	军层	东 杠里
50	靳彊	南郡守	汾阳侯	陈 阳夏 ?	军层	陈 阳夏❶
51	冯谿	将军	谷阳侯	陈 柘	军层	陈 柘
52	阳成延	少府	梧侯	颍川 郏 ?	军层	颍川 郏
53	张良	策划臣	留侯	东海 下邳❷	军层	东海 下邳

由表 5-2 可见，在此期间，刘邦集团之主要成员中从起于沛县者 19 人，占 36%，从起于砀郡者 16 人，占 30%，在沛县和砀郡人占有相当高的比例这一点上，可以说与表 5-1 一致。此外，从起于薛郡者 7 人、泗水郡留县者 4 人、东郡者 3 人、陈郡者 2 人、颍

---

❶ 靳彊之从起地，《汉书·高惠高后文功臣表》作"前三年从起栎阳"。误。当从《史记·高祖功臣侯者年表》，"前二年从起阳夏"。其辨析，见拙论《说南郡守强和醴阳令恢》(《中国史研究》1998 年第 2 期)。

❷ 张良本为韩人，秦时迁至东海郡下邳县，此处，为统一用郡县地计起见，用其迁地。

川郡者 1 人，东海郡者 1 人。如果我们将上述两表统一，将从起地视为籍贯计算的话，则可得到如下结果：在此期间，刘邦集团主要成员中籍贯可知者共有 73 人，其中籍贯为沛县者有 33 人，约占 45%，如果以郡为单位计算的话，则籍贯为泗水郡者共 37 人，约占 51%；砀郡者 21 人，约占 29%（其中，砀县籍者 12 人，占 16%），薛郡者 7 人，约占 10%（其中，从起于薛县者 5 人，占 7%），余下之 10%，则由东（3 人，4%）、陈（2 人，3%）、三川（1 人，1%）、颖川（1 人，1%）、东海（1 人，1%）等诸郡之人分占。

三、丰沛元从集团

据表 5-1 和表 5-2，沛县籍人在前期刘邦集团中占有特殊的地位，高达统计之 45%。我们知道，刘邦出身于秦之泗水郡沛县丰邑中阳里，起兵以前，除早年曾因慕从名士张耳到砀郡外黄客居数月（《汉书》卷三十二《张耳传》），又曾因服徭役到过秦都咸阳外（《汉书》卷一《高帝纪》），基本上活动于沛县及其邻近地区，其早期的人际和社会关系也主要是环绕着沛县结成的。旧时之交友，如卢绾、王陵、萧、曹、夏侯等，皆为沛县人。这些本籍之故交，日后多成为刘邦集团的核心成员。汉王朝建立以后，对于丰、沛两地特殊看待，给予了世世免除徭税的特典（《汉书》卷一《高帝纪》）。可以说，沛县及跟随刘邦之沛县籍人，乃是刘邦集团的原点，因而，笔者拟将前期刘邦集团中之沛县人单独分别出来加以分析，并称其为丰沛元从集团。❶

---

❶ 秦时，丰邑属沛县，入汉以后，丰独立为县，与沛县并立。本文之地理，概以秦时为断，沛县一语即已包括丰邑，然史书中以丰沛故人来指称刘邦在沛县时之故旧已成惯例，故笔者从之，用丰沛元从集团一语来指称与刘邦同起兵于沛县的沛县籍人团体。

秦二世元年九月，刘邦起兵沛县，得到沛县吏民的支持，杀秦沛县令，出任楚制沛县长官沛公。其时，刘邦全部接受了秦之沛县机构，征召了沛县子弟，组成了一支三千人的军队。这支军队组成人员，基本上是沛县人，他们构成了刘邦军团的基本和核心。尔后，随着刘邦集团的不断扩大，这三千沛县籍人士，在集团成员总数中所占的比例不断减少，但是，他们始终居于刘邦集团的核心，占有支配性的地位。刘邦军团最盛时有约六十万之众❶，沛县籍人士所占比例在5‰以下，数量可谓微不足道，但是，他们在刘邦集团和汉政权的上层中所占比例极高。如前述，在前期刘邦集团主要成员籍贯中所占比例高达45%。《汉书》卷十六《高惠高后文功臣表》载有汉初之功臣162人，其中之沛县籍者33人，占了20%，然而，以位次居前20位者而言，沛县籍者10人，占了一半，所占比重之大小与其地位之高低适成反比。进而，笔者统计汉初高帝和惠帝吕后期间中央政府之主要官员，即所谓三公九卿的籍贯如下：

表5-3 高帝期三公九卿籍贯表

	氏名	官位	爵位	本籍地		阶层	任期
1	韩信	大将军	淮阴侯	东海	淮阴	军层	汉元年
2	卢绾	太尉	燕王	泗水	沛	军层	汉二年—五年
3	周勃	太尉	绛侯	泗水	沛	军层	高十一年
4	萧何	丞相	鄼侯	泗水	沛	军层	汉元年—惠二年
5	周苛	御史大夫	高景侯	泗水	沛	军层	汉元年—三年
6	周昌	中尉	汾阴侯	泗水	沛	军层	汉元年—三年
		御史大夫					汉四年—九年
7	赵尧	御史大夫	江邑侯	赵？		军层+法吏	高十年—吕元年

---

❶ 本书第1章第三节之二。

续表

	氏名	官位	爵位	本籍地	阶层	任期
8	襄	治粟内史	棘丘侯	砀　砀	军层	汉元年
9	夏侯婴	太仆	汝阴侯	泗水　沛	军层	汉元年—文八年
10	曹参	中尉	平阳侯	泗水　沛	军层	汉二年？
11	许盎	中尉	柏至侯	砀　昌邑	军层	—高五年
12	靳彊	中尉	汾阳侯	陈　阳夏	军层	高五年？
13	朱进	中尉	中邑侯	不明	军层	高五年？
14	薛欧	典客	广平侯	泗水　沛	军层	高五年
15	丙猜	中尉	高宛侯	不明	军层	高五年
16	义渠	廷尉		不明	不明	高五年—九年
17	王恬启	郎中令	山都侯	不明	军层	高五年—十二年
18	阳成延	少府	梧侯	颍川　郏	军层	高五年—吕七年
19	公上不害	太仆	汲侯	不明		高六年—十年
20	灵常	中尉	阳羡侯	楚？	军层	高六年—
21	郦商	卫尉	曲周侯	砀　陈留	军层	高六年—十一年
22	叔孙通	奉常		薛　薛	军层+儒吏	高七年—九年
		奉常				高十二年—惠六年
23	宣义	廷尉	土军侯	不明	军层	高十年—
24	杜恬	廷尉	长修侯	不明	军层	高十一年
25	王氏	卫尉		不明	军层	高十一年—十二年
26	戚鳃	中尉	临辕侯	不明	军层	高十一年—惠四年
27	育	廷尉		不明	不明	高十二年—吕七年

表 5-4　惠吕期三公九卿籍贯表

	氏名	官位	爵位	本籍地	阶层	任期
1	周勃	太尉	绛侯	泗水　沛	军层	惠六年—文元年
2	萧何	丞相	酂侯	泗水　沛	军层	汉元年—惠二年
3	曹参	丞相	平阳侯	泗水　沛	军层	惠二年—五年

续表

	氏名	官位	爵位	本籍地	阶层	任期
4	王陵	丞相	安国侯	泗水　沛	军层	惠六年—吕元年
5	陈平	郎中令	曲逆侯	砀　户牖❶	军层	高十二年—惠五年
		丞相				惠六年—文二年
6	审食其	典客	辟阳侯	泗水　沛	军层	惠七年—吕元年
		丞相				吕元年—七年
		丞相				吕八年—
7	吕产	丞相	交侯	砀　单父	宗亲—军层2	吕七年—八年
8	赵尧	御史大夫	江邑侯	赵?	军层	高十年—吕元年
9	任敖	御史大夫	广阿侯	泗水　沛	军层	吕元年—三年
10	曹窋	御史大夫	平阳侯	泗水　沛	军层2	吕四年—八年
11	夏侯婴	太仆	汝阴侯	泗水　沛	军层	汉元年—文八年
12	阳成延	少府	梧侯	颍川　郏	军层	高五年—吕七年
13	叔孙通	奉常		薛　薛	军层—儒吏	高十二年—惠六年
14	戚鳃	中尉	临辕侯	不明	军层	高十一年—惠四年?
15	育	廷尉		不明	不明	高十二年—吕七年
16	刘泽	卫尉	营陵侯	泗水　沛	宗亲—军层	惠元年—吕四年
17	冯无择	郎中令	博城侯	泗水　沛	军层	惠六年—吕三年
18	贾寿	郎中令		不明	不明	吕四年—八年
19	免	奉常		不明	不明	惠七年—吕六年
20	卫无择	卫尉	乐平侯	泗水　沛	军层	吕四年—六年?
21	足	卫尉	关内侯	不明	军层	吕六年—文元年
22	围	廷尉		不明	不明	吕七年—八年
23	根	奉常		不明	不明	吕七年—文元年
24	刘揭	典客	阳信侯	不明	军层	吕七年—文二年

---

❶ 陈平之籍贯，《史记·陈丞相世家》和《汉书·陈平传》俱作"阳武户牖乡人"。据《索隐》，阳武与户牖之归属关系曾有变化，今从《中国历史地图册》第二册秦之部分，阳武在三川郡，以户牖在砀郡。从而，定陈平之籍贯在砀郡户牖乡。

第5章　刘邦集团之地域构成

由表可知，高帝期间曾任三公九卿之 27 人中，籍贯可知者 17 人，其中沛县籍者有 8 人，占 47%，他们分别是太尉卢绾、周勃，丞相萧何，御史大夫周昌、周苛，太仆夏侯婴，中尉曹参，典客薛欧，几乎垄断了所有的重要大臣。惠帝吕后时曾任三公九卿之 24 人中，籍贯可知者 16 人，沛县籍者有 10 人，占 67%，即太尉周勃，丞相萧何、曹参、王陵，御史大夫任敖、曹窋，太仆夏侯婴、卫尉刘泽、卫无择，郎中令冯无择，更占有绝对优势。史称这批追随刘邦从起沛县之同乡为丰沛故人，史家又有称他们为丰沛功臣集团者，皆是着眼于他们的出身地域性而言的。可以说，由跟随刘邦起兵于沛县的沛县籍人所组成的丰沛元从集团，构成了刘邦集团的核心，他们人数最少（不超过三千人），但地位最高，他们支配和领导着刘邦集团及汉初之汉政权。

四、砀泗楚人集团

由表 5-1 和表 5-2 可见，在前期刘邦集团主要成员中，除去已论及的沛县人外，砀郡籍人占了重要地位，共得 21 人，约占 29%，居第二位。已如前述，刘邦起兵后为楚制之沛县长官沛公，其军队以沛县人为主体，其活动也以沛县为根据地展开。然而，秦二世二年十二月，为刘邦守卫沛县丰邑的沛县籍将领雍齿率众叛变，归降魏国，使刘邦集团面临根据地动摇的重大危机。十二月，刘邦还军攻丰，失败。正月，之留见楚王景驹，请兵以攻丰，不果。三月，再攻丰，又失败。四月，由项梁处请得援军，终于攻下丰。经历此次危机后，刘邦对于沛县根据地，特别是对于自己的出生地之丰邑的信心发生了严重动摇。❶ 从以后的史实来看，刘邦集

---

❶ 据《史记》卷五十五《留侯世家》，张良曾问刘邦："上平生所憎，群臣（转下页）

团的活动根据地，逐渐转移到砀郡砀县方面去了。

据《汉书》卷一《高帝纪》所载，就在二次攻丰不果之后的秦二世元年二月，刘邦移兵攻下了砀郡砀县，"收砀兵，得六千人，与故合九千人"。我们知道，刘邦沛县起兵时，得到沛县吏民的有力支持，全面接收秦沛县政府，收得的沛县子弟兵不过三千人。此时，占领砀县，收得砀兵竟达六千人，不仅数量比沛县兵多一倍，而且，可以想象得到，此时刘邦在砀县所受到的支持，绝不会低于当初沛县起兵时。事实上，刘邦在砀县得到砀县吏民之支持，并非出于偶然。我们知道，刘邦在沛县起兵以前曾率众落草芒砀山间，其地就在砀郡砀县和芒县间，可以推想，其时砀郡人之加入，与砀郡人之关系的建立，都是当然的事情。❶

砀县之战后，不仅刘邦军的根据地转移至砀，而且，刘邦集团的地域构成也发生了重大变化，简单言之，砀县籍人，至少两倍于沛县籍人，上述统计中所出现的砀县籍人之高比例，其主要理由就在这里。同年后九月，刘邦正式受楚怀王之任命，为砀郡长将砀兵，其驻军就在砀郡砀县。其时，砀郡兵之征发和砀郡人之加入，更是理所当然的事，有名的少年将军颍阴侯灌婴就是于此时加入刘邦集团的（《汉书》卷四十一《灌婴传》）。

（接上页）所共知，谁最甚者？"刘邦回答道："雍齿与我故，数尝窘辱我，我欲杀之，为其功多，故不忍。"刘邦之所以最恨雍齿，最主要的，就是雍齿反丰为魏。此事，《史记》卷八《高祖本纪》有明确的记载。据《本纪》，刘邦做了皇帝以后，给予了沛县世世免徭税的恩典，然而，最初却没有给自己的出身地丰同样的恩典。高帝十二年，刘邦回到故乡，其时，沛父兄皆请求刘邦说："沛幸得复，丰未复，唯陛下哀怜之。"刘邦回答道："丰吾所生长，极不忘耳，吾特为其以雍齿故反我为魏。"可见其对于雍齿反乱一事积怨之深，终生不忘。

❶ 关于刘邦亡命芒砀山之情况，参看木村正雄『中国古代農民反乱の研究』第一章。也请参见本书第 4 章第一节之一；更详细的叙事，参见拙著《秦崩：从秦始皇到刘邦》第二章之八"亭长做了亡命徒"、之九"芒砀灵犀通井冈"。

据《汉书》卷一《高帝纪》所载，砀县之战后两个月，即二世二年四月，刘邦之薛见项梁，请兵攻丰。其时，"项梁益沛公卒五千人，五大夫将十人"。由于这五千楚军的加入，刘邦军的战斗力大为增强，终于攻下了丰邑。早期的刘邦军团，也大致由此定型。我们知道，薛郡邻泗水和砀郡，旧属齐，战国末年属楚，薛县在薛郡南端，近于沛县。据《史记》卷九十九《叔孙通传》，秦末乱中，项梁率楚军进入薛郡，薛县降项梁归属于楚国。怀王时封项羽为鲁公，其封地鲁在薛郡之北部（《史记》卷七《项羽本纪》）。故可以推想，当时，薛郡属楚。刘邦在薛县从项梁处所接收的军队，皆为楚人楚军，当是没有问题的。这批楚军楚人，反映在表5-2中，就是郭蒙等五人皆从起于薛县。同时，将从起于薛郡南部之人，即从起于亢父之林挚、从起于胡陵之杜得臣视为楚人，当也无大错。

从而，可以说，秦二世二年后九月，刘邦为砀郡长时，其军团大致可以视为由三部分组成，三千沛县兵、六千砀郡兵、五千楚军，共约一万五千人。又据《汉书》卷一《高帝纪》，就在刘邦任砀郡长之同月，其军西进收得部分陈胜、项梁之散卒，其数量史无记载，估计或有数千人之众，皆为楚军楚人。尔后，刘邦于二世二年十二月在砀郡栗县并得刚武侯军四千人。刚武侯，应劭称其为楚怀王将，其军当为楚军。❶ 二月，在陈留得郦商军四千人，皆为砀郡兵。至此为止，刘邦军的数量已有约三万人，其中，沛县兵

---

❶《汉书》卷一《高帝纪》师古注引应劭注称刚武侯为楚怀王将，以为即是棘蒲侯陈武，史家多有异议（见《汉书补注》同条）。同《纪》称"十二月，沛公引兵至栗，遇刚武侯，夺其军四千余人，并之，与魏将皇欣、武满军合，攻秦军，破之"。即并刚武侯军后与魏军联合作战攻秦。考当时在砀郡活动之诸侯国军主要是楚军和魏军，刘邦为楚之武安侯砀郡长，合并楚军与魏军联合作战乃在情理之中。因而，笔者以为，刚武侯是否是陈武，没有确证，但是，说刚武侯为楚将，其军为楚军，则无大错。

三千、砀郡兵一万余、楚军一万数千,余为各地加入之散卒。也大致以此时为断,刘邦集团一直以砀郡为根据地展开活动,其范围主要在砀郡及其相邻之东、薛、陈、颍川、三川诸郡。

秦二世二年六月,刘邦军进入南阳郡,离开根据地砀及其邻郡远征。同月,降下宛,得秦南郡兵。八月,攻破武关,进入关中。十月,抵达霸上,秦王降。十二月,项羽率诸侯军入关,与刘邦军对峙霸上。史称其时刘邦军有十万人(《汉书》卷一《高帝纪》),若以此数计,半年中,刘邦军扩张了三倍多,大部分当是降下南阳以后,收编的秦军。

汉元年二月,项羽割裂天下,分封十八诸侯王。其中,除刘邦集团为关东楚人遣之旧秦蜀汉地区建国外,项羽之分封,大体皆本着各国将士各归故国(本籍受封)之原则,分封有功之将领于其出身之国。四月,十八诸侯王各就其国,关东人出关归国,关中秦人也分归三秦之雍、塞、翟。据《汉书》卷一《高帝纪》,其时,项羽"使卒三万人从汉王,楚子、诸侯人之慕从者数万人",与刘邦俱入汉中。又称刘邦军"吏卒皆山东人,日夜企而望归"(《汉书》卷一《高帝纪》韩信语)。也就是说,刘邦之汉中就国时,其军队人数为三万人,皆关东人,另外有楚以及关东各国籍之人士数万人跟随。以此来看,刘邦之汉中时,其下南阳以来所收编的秦军并未跟从。在表5-2中,我们看不到南阳和关中籍的人士,其道理当在于此。也正因为如此,我们于表5-1和表5-2中所见人士的籍贯和从起地,皆为刘邦军入南阳以前的地区,即泗水、砀、东、薛、陈、颍川、三川、东海诸郡。

至此,我们遂有充分的理由推断,汉元年四月,跟随刘邦之汉中就国的三万人的军队,基本上就是刘邦进入南阳前的那支约三万人的军队,其地域构成如下:沛县兵三千、砀郡兵一万余、楚军一万数千，余为泗水、砀之各邻郡所加入之散卒。这支三万人的军队，构成了刘邦集团的中坚层。从地域构成的角度着眼，笔者将此时之刘邦集团称为砀泗楚人集团，即以砀、泗水郡人为核心的，主要由旧楚国人士组成的军事集团。❶

随同刘邦进入汉中的"楚子"和"诸侯人"之问题，历来多有争论，笔者曾经提出，诸侯人即诸侯子，就是户籍在诸侯国之人；楚子，即户籍在楚国而当随项羽东归之人。❷ 想来，项羽裂土分封天下，确立新的政治秩序，对于各国之领土体制、军政民籍，皆有明确的规定限制。❸ 刘邦最初仅封有巴蜀，后经张良通过项伯说动项羽，得到汉中。然而，其军队则被限制在旧部三万人，下南阳、入关中后所收编的秦军，或是遣散归籍，或是编入本籍所在的诸国军队，即籍在关中者遣归雍、翟、塞三秦，籍在南阳者，则随南阳之划归楚而遣归入楚。入汉之三万刘邦军，本籍皆在关东，且多为楚，此时，因楚之令，当断楚籍归汉，故不称楚子、诸侯子。在这三万汉军之外，跟随入汉中者，不在汉之编制当中，以法令而言，当是私从亡归，其籍仍在楚或关东诸国，故称"楚子""诸侯子（人）"。

举例言之，淮阴侯韩信本为楚郎中，籍在东海淮阴，他于关中亡楚归汉，从入汉中，当为楚子之例。韩王信本为韩王族，为韩将

---

❶ 砀郡战国后期属于魏国，紧邻属于楚国的泗水郡地区。秦末乱起，楚国势力扩展到砀郡东南，楚将刘邦长期以砀县为根据地开展军事活动。楚怀王亲政，任命刘邦为砀郡长，正式将砀郡并入楚国。项羽分封天下，将魏国西迁到河东，砀郡属于西楚。从而，笔者将出身于砀郡和泗水郡，归属于楚国的刘邦集团之将士，笼统地称为砀泗楚人集团。关于项羽大分封和魏国西迁之叙事，参见拙著《秦崩：从秦始皇到刘邦》第八章之九"不做秦皇做霸王"，拙著《楚亡：从项羽到韩信》第三章之五"魏豹反汉被擒"。

❷ 本书第1章第二节之二。

❸ 关于项羽的王国分封之详情，参见本书第3章。

将韩兵从刘邦入武关，又从入汉中，当为诸侯子之韩国籍人例。这批人的数量，以不超过其时汉军之人数计，笔者估计在两万人左右。由于这批楚子、诸侯子大都是在关中加入刘邦集团的关东人，其从起地和其本籍已无直接关系，便利起见，笔者将他们放在后期的统计中。

第二节 后期刘邦集团之地域构成

一、地域移动之概况

汉元年四月，刘邦之汉中就国，汉五年十二月，汉灭楚，其间约五年，刘邦集团以王国求霸业，各诸侯国奉汉为盟主连横灭楚❶，这段时间也就是史表所常称的从击项籍期。笔者整理该时期刘邦集团的地域移动情况如下：

汉元年　四月，汉中建国。

　　　　八月，攻入关中。袭雍、战好畤，围废丘。塞王司马欣降汉，塞国灭，置为渭南、河上郡。翟王董翳降，翟国灭，置为上郡。

　　　　九月，遣薛欧、王吸出武关，因王陵兵。

汉二年　十月，汉王如郏。张耳归汉。河南王申阳降，河南国灭，置为河南郡。韩王郑昌降。

　　　　十一月，都栎阳。以韩信为韩王。

　　　　正月，汉拔北地。项羽破齐，齐王田荣死。

---

❶ 关于秦楚汉间的国际关系问题，可参看田余庆《说张楚》。也参见本书第3章。

二月，立汉社稷。

三月，汉王至洛阳。魏王豹降，将兵从。虏殷王卬，置为河内郡，殷国灭。

四月，攻入楚都彭城。汉大败，故殷王卬死。故塞王司马欣、故翟王董翳降楚。

五月，汉王屯荥阳。韩信至荥阳。魏豹反为楚。

六月，刘邦入关，立太子。下废丘，杀雍王章邯，雍国灭。置为陇西、北地、中地、河上、渭南郡。

八月，汉王如荥阳。

九月，韩信虏魏豹，魏国灭。请兵三万击燕赵。

汉三年 十月，韩信虏赵王歇，杀代王陈余，赵国灭。韩信用李左车策，使燕王臧荼归服于汉。

十二月，英布降汉。

四月，楚围刘邦于荥阳。

五月，刘邦脱出荥阳。周苛杀魏豹于荥阳。

六月，项羽拔荥阳，虏韩王信。汉王渡河至修武，夺韩信军。使张耳北收兵赵地。

八月，汉王军小修武，与项羽军对峙。

九月，项羽引军击梁地彭越。

汉四年 十月，韩信破齐。楚使龙且救齐。汉王破楚军成皋。两军对峙于荥阳。

十一月，韩信破齐，虏齐王田广，齐国灭。张耳为赵王。

二月，韩信为齐王。

七月，英布为淮南王。

八月，北貉、燕人来致枭骑助汉。

九月，楚汉定鸿沟之约。太公、吕后归汉。

汉五年　十月，汉楚战于阳夏、固陵。诸侯不至。许封彭越。
　　　　十一月，陈下之战，大败项羽。❶ 刘贾攻入楚地，
　　　　　　　 围寿春。汉诱降楚大司马周殷。
　　　　十二月，垓下之战，项羽死，西楚灭。汉虏临江王
　　　　　　　 尉，临江国灭。楚归汉。

　　由上述整理可知，刘邦集团于汉元年八月再次攻入关中后，首先灭塞、翟二国，次年六月，下废丘，灭雍国，完全统治旧秦国。汉二年十月，刘邦灭申阳之河南王国，置河南郡，灭郑昌之韩国，立韩信为韩王，旧韩国附汉。汉二年三月，魏王豹降，将兵从，又灭殷国，置河内郡，旧魏国附汉。汉三年十月，灭赵国，燕归附于汉。汉四年十一月，灭齐国。汉五年十二月，灭楚国，临江国、楚国属汉。也就是说，从汉元年四月汉中就国至高帝五年二月刘邦即皇帝位以前，刘邦集团首先攻占旧秦国，然后顺次攻占旧韩、魏、赵、齐，最后攻占楚国。在此期间，汉之本土，即旧秦国之蜀汉、关中地区相对安定稳固，战争主要在关东各国反复进行。楚汉之主力长期对峙于荥阳一带，汉（秦）、楚、韩、魏之势力交错争斗于此。楚汉战争之另一战场则是赵和齐，赵由韩信和张耳军攻灭，齐

---

❶ 陈下之战，是垓下之战前楚汉之间的一次重要战役。千百年来，由于史书记载的缺漏混乱，陈下之战几乎被忽视不见。陈下之战的再发现，起因于现代历史地理学家们对于垓下地理位置的探讨。具体而言，历史地理学家们在复原项羽从荥阳撤退到垓下的路线时，注意到了陈下之战的存在。诸位专家对于这个问题的精彩讨论，可以参见卜宪群、刘晓满所撰写的综合性评论《垓下位置研究评议》（刊于《安徽广播电视大学学报》2010年第4期）。笔者在仔细对比了诸家的意见后，重新核对史料，并做了实地调查，大致有了比较明确的看法：一、陈下之战和垓下之战是前后相继的两场战役。二、陈下之战在陈县（今河南淮阳）一带，垓下之战在垓下（今安徽灵璧和固镇间）一带。三、决定楚汉命运的大决战是在垓下。四、不了解陈下之战，就不可能正确地理解垓下之战。关于陈下之战的详细叙事，参见拙著《楚亡：从项羽到韩信》第五章之四"陈下之战"。

由韩信攻灭，燕基本上没有介入楚汉战争，以僻远小国，长期置身于纷争之外。

二、地域构成之统计

笔者就该时期刘邦集团主要成员中籍贯明确者进行统计，列表如下：

表5-5 后期刘邦集团主要成员籍贯表

	氏名	官位	爵位	本籍地	阶层	从起之地	备注
1	韩信	大将军	淮阴侯	东海 淮阴	军层	内史	楚将
2	陈婴	楚国相	堂邑侯	东海 东阳	军层	?	楚将
3	陈平	丞相	曲逆侯	砀 户牖	军层	河内 修武	楚将
4	刘泽	卫尉	营陵侯	泗水 沛	军层	?	刘氏
5	叔孙通	奉常		薛 薛	军层	泗水 彭城	楚臣
6	李必	都尉	戚侯	内史 重泉	军层	内史 栎阳	秦吏士
7	骆甲	都尉		内史 重泉	军层	?	秦吏士
8	杨喜	郎中骑	赤泉侯	内史 华阴	军层	内史 杜	秦吏士
9	申屠嘉	丞相	故安侯	三川 梁	军层	?	韩地征兵?

由上表我们可以看出，此时期刘邦集团主要成员中籍贯明确者9人，其中，出身于沛县者1人，砀郡1人，薛郡1人，三川郡1人，东海郡2人，内史3人。与前期相较而言，有两点不同之处：其一，在地域构成上，在原有的砀泗楚籍人士之外，增加了关中内史之秦籍人士；其二，除了秦籍人士仍然保持着从起地和籍贯之一致性外，籍在关东各国之人，其从起地和其籍贯已经没有一致之关联性了。

关于第一点，我们将在下文蜀汉、关中之秦人集团一小节中详细叙述。关于第二点，应是比较容易理解的。我们知道，汉王国是关东之楚人集团客居关中秦地所建之国，汉建国以后，乃以旧秦国为根据地，逐步实行征兵制，全面收编雍、塞、翟三国之旧秦军队，壮大自己的军事力量。从而，加入于刘邦集团之旧秦国籍人士，或是汉所收编的三秦军，或是汉所征召的关中兵，其从起之地和其籍贯基本上是一致的。

然而，关东地区情况就不一样了。我们知道，当时之关东地区由以楚为首的各个诸侯国分占，各国各自在国内征召军队，参与楚汉战争。我们也知道，楚汉战争乃楚汉各率盟国争夺霸权盟主的国际战争，其时，各国间合纵连横，分合不断，战线随战事而改变，流动性极大。因而，在此期间加入刘邦集团的关东各国人士，其从起之地往往就是他们在战场上由他国军队归附刘邦集团之地，和籍贯已经没有关联了。其详细事例，可参看后文楚人集团之连续性一小节。所以，在此期间加入刘邦集团之新成员，不但从起之地多语焉不详，即使有所记载，对于本人籍贯之推断也无甚价值。

但是，正因为楚汉战争是一场各国间分合不断的国际战争，人员之流动不但频繁，而且往往在国与国之间进行，所以，在这段时间加入刘邦集团的人士，虽然其籍贯之郡县难以推测，但之前旧所属王国则不时可以求得。下面，笔者就从国籍上进行推测，将结果列表如下（表5-6）：

表5-6 后期刘邦集团主要成员国籍表

	氏名	官位	爵位	本籍地	阶层	从起之地	备注
1	宋昌	中尉	壮武侯	楚？	军层	山东	楚将宋义孙
2	陈武	将军	棘蒲侯	楚？	军层	薛 薛	楚将
3	许猜	楚将	严侯	楚？	军层	东 临济	楚将
4	黄极忠	临江国将	邸侯	楚？	军层		楚将

续表

	氏名	官位	爵位	本籍地	阶层	从起之地	备注
5	灵常	中尉	阳羡侯	楚?	军层		楚令尹
6	陶舍	中尉	开封侯	楚?	军层		楚将
7	吕青	楚令尹	新阳侯	楚?	军层		楚将
8	刘襄	淮南太守	桃侯	楚	军层	东　定陶	项氏族
9	刘它	楚砀郡长	平皋侯	楚	军层		项氏族
10	刘缠	楚左令尹	射阳侯	楚	军层		项氏族（项伯）
11	刘氏❶		玄武侯	楚	军层		项氏族
12	赵衍	河间守	须昌侯	秦?	军层	汉中	秦吏卒或汉征兵
13	吕马童	司马	中水侯	秦?	军层	内史　好畤	秦骑将?
14	王竞	都尉	景侯	秦?	军层	内史　高陵	秦车司马
15	杨武	骑都尉	吴房侯	秦?	军层	内史　下邽	秦骑将（郎中骑将）
16	王虞人	将军	高陵侯	秦?	军层	内史　废丘	秦骑将（骑司马）
17	越	长沙国相	醴陵侯	秦?	军层	内史　栎阳	秦吏卒或汉征兵
18	王翳	郎中骑	杜衍侯	秦?	军层	内史　下邽	秦骑将
19	吕腾	郎将	涅阳侯	秦?	军层	从出关	秦吏卒或汉征兵（骑士）
20	杜恬	廷尉	长修侯	秦?	军层		秦御史?
21	缯贺	将军	祁谷侯	赵?	军层	晋阳	赵吏士
22	宣虎	将军	南安侯	赵?	军层	晋阳	赵吏士
23	赵尧	御史大夫	江邑侯	赵?	军层		赵吏士
24	赵将夕	赵将	深泽侯	赵?	军层		赵将
25	许瘛	赵将	宋子侯	赵?	军层		赵将
26	冯解散	雁门守	阏氏侯	赵?	军层		代太尉
27	强瞻	赵将	繁侯	赵?	军层		赵将

---

❶ 玄武侯刘氏，《史记》和《汉书》功臣表不载，见于《史记》卷七《项羽本纪》。

续表

	氏名	官位	爵位	本籍地	阶层	从起之地		备注
28	程黑	将军	历简侯	赵？	军层	恒山	卢奴	赵将
29	张越	将军	任侯	赵？	军层	恒山	东垣	赵将
30	卢卿	齐将	昌侯	齐？	军层	薛	无盐	齐将
31	卢罢师	齐将	共侯	齐？	军层	临淄	临淄	齐将
32	刘到	齐将	平都侯	齐？	军层			齐将
33	虞将军	齐将		齐	军层			齐将
34	奚意	太原尉	成阳侯	魏？	军层	三川	阳武	魏郎
35	蔡寅	将军	肥如侯	魏？	军层			魏太仆
36	温疥	燕国相	㡣侯	燕？	军层			燕将军
37	昭涉掉尾	燕国相	平州侯	燕？	军层			燕相
38	蔡兼	常山相	樊侯	韩	军层	阿		韩家子

由表中我们可以看出，此时期加入刘邦集团其旧属王国可知者有38人，其中，楚国11人，秦国9人，赵国9人，齐国4人，魏国2人，燕国2人，韩国1人。将此表和表5-5总合起来统一以旧所属王国计算的话，可以得出以下结果：后期刘邦集团主要成员中，其籍贯所在之国可以明白者共47人，其中，楚国16人，占35%，秦国12人，占26%，赵国9人，占20%，齐国4人，占9%，燕、魏、韩国各2人，各占4%。由上述数字可以看出，此期刘邦集团之地域构成，具有广泛容纳各国人士的特点，其中，又以楚人和秦人为多。

三、楚人集团之连续性

我们知道，楚为刘邦集团之故国，其核心成员基本上皆为楚人，对楚有深厚的文化归属感。刘邦集团曾先后归属于陈胜之楚、景驹之楚、怀王之楚和项羽之楚，特别是怀王和项羽之楚，因是刘邦的旧主封君，与刘邦集团有千丝万缕的恩怨关系。❶ 如前述，汉中建国以前，刘邦集团为楚军之一部分，直接归属于楚之建制；建国以后，不仅其基干为楚军旧部，且大量楚人私从跟随，正因为如此，从地域构成上讲，建国汉中之刘邦集团，乃是前期楚人集团之延续。不仅如此，在尔后达五年之久的楚汉相争中，以及灭楚以后，刘邦集团对于楚国吏士，皆以旧国故人相待，尽可能宽待优遇，网罗招纳，诱使楚人源源不断背楚入汉，在地域构成上保持了楚人集团的连续性。举大事而言，汉三年，汉诱降九江王英布背楚归汉，后封淮南王。汉四年，韩信破楚将龙且所统领的救齐大军，楚军将吏多降汉。汉四年，汉诱降楚大司马周殷举九江兵背楚归汉。垓下之战后，楚军更完全归降于汉，项氏皆赐姓刘。

以表5-5和表5-6之统计数字而言，后期加入刘邦集团者，仍以楚籍人士为多，共16人，占35%。具体而言，韩信，东海淮阴人，于汉元年在关中背楚入汉，以楚降将出任汉大将军，总领汉军（《汉书》卷三十四《韩信传》）。陈平，砀郡户牖人，于汉二年在河内背楚入汉，刘邦首先复其在楚时之都尉故职，不久更任以为护军中尉，监护诸将，成为刘邦之心腹谋士（《汉书》卷四十《陈平传》）。陈婴，东海东阳人，故楚柱国，汉四年项羽死后归汉，封侯，后出任楚国相（《史记》卷七《项羽本纪》，卷十八《高祖功臣侯者年表》）。又，表有棘蒲侯陈武，即柴武，也就是参加垓下大战之柴将军。据《史记》卷十八《高祖功臣侯者年表》，陈武"以将军前元年率将二千五百人起薛，别救东阿，至霸上。二岁十月入汉，击齐历下军田既，功侯"。前元年，当为楚怀王元年，即秦二世二年。❷ 其

---

❶ 本书第4章第一节之二。
❷ 参见拙论《说南郡守强和醴阳令恢》，特别是其注4。

年四月,刘邦之薛见项梁,项梁益刘邦军五千人,五大夫将十人,陈武,当为其时楚军将领之一。后随刘邦战东阿,至霸上。刘邦之汉中就国时,陈武可能东归楚,汉二年十月再次归汉,后属韩信部,转战齐国、垓下,其与刘邦集团渊源深厚,关系至为密切。陈武在汉功臣中排位第十三,于文帝三年曾任大将军统领汉军备战匈奴,地位极为显要。汉对其资历功劳之认定,是一直追溯到从起于薛时,相当于前述从入蜀汉之砀泗楚人集团。

宋昌,楚将宋义之孙,当于宋义父子被项羽杀后,归附刘邦。新阳侯吕青,"以汉五年用左令尹初从"(《史记》卷十八《高祖功臣侯者年表》)。二世二年后九月,刘邦受怀王之封为武安侯、砀郡长,同时,吕青受命为楚令尹,当为同一人。平皋侯刘它,即项它,乃汉四年降韩信之救齐楚军之主将;射阳侯刘缠,即项伯;桃侯刘襄,项姓名襄;玄武侯刘氏,也本项氏,四人皆归汉,后赐姓刘,封侯(《史记》卷七《项羽本纪》,卷十八《高祖功臣侯者年表》)。严侯许猜,楚将;阳羡侯灵常,楚令尹;邔侯黄极忠,以临江国将降汉,临江国为楚将共敖封国,故其本为楚将,以上三人,也皆以楚将降汉封侯(《史记》卷十八《高祖功臣侯者年表》)。

我们知道,高祖功臣封状中有相当数量的楚爵存在。❶ 据张家山汉简《奏谳书》第十六,汉帝国建立后,作为战后的遗留问题,对于故楚爵有明确的比定规定。❷ 有关汉政府如何认定楚爵之原则细节,由于史料不足,不得而知。❸ 考秦楚汉间之楚有四,即陈胜

---

❶ 本书第1章第二节。
❷ 彭浩、陈伟、工藤元男编《二年律令与奏谳书》。
❸ 就这个问题,笔者近年撰有论文《释"功比"——说轪侯利苍与平皋侯刘它》,发表于2016年8月在宁夏固原召开的"丝绸之路暨秦汉时期固原区域文化国际学术研讨会",因为种种原因,尚未正式刊行。

之楚、景驹之楚、怀王之楚和项羽之楚，刘邦集团都曾归属过。陈胜和景驹之楚是否实行过楚爵，没有证据，怀王和项羽之楚实行楚爵却是没有问题的。据《史记》卷七《项羽本纪》，项羽死后，刘邦以鲁公礼葬项羽于谷城，即承认楚怀王对于项羽之封爵。据此，笔者推想，汉政府在认定楚爵时，可能是承认怀王时之爵位资历，即承认反秦之功劳地位，以其比照汉军吏士之同等爵位资历，予以认定。据笔者之研究，高祖功臣侯封状中之楚爵，皆为汉中就国前之爵位，其道理也在这里。如果以上之推想不误的话，可以说，汉政府不仅在人事构成上，而且在制度上保持了楚汉间的连续性，使刘邦集团之楚国本源，得到进一步补充和发展。

四、秦人集团

刘邦集团之汉中就国，乃是出于不得已。其时，为了反攻关中，恢复怀王之约，进而以秦为根据地与楚争夺天下霸权，刘邦集团在汉中确立了汉承秦制的秦本位政策，进行了一系列的军政改革。❶ 以韩信为大将，重申军法，整顿军队；以萧何为丞相，制定律令，整理户籍。可以说，汉中就国期间，是刘邦集团政策转换和制度建立的重要时期。汉之征兵制，当开始于汉中就国期，秦人之大量加入刘邦集团，也由此而始。❷ 已如前述，在前期的统计中，我们看不到秦人加入刘邦集团的明确迹象。而后期的统计，秦国籍者有12人，占26%，仅次于楚而居第二位，这说明刘邦集团之地域构成显然有了相当重大的变化。

具体而言，李必，内史重泉人，汉二年从起栎阳；杨喜，内史

---

❶ 本书第1章第二节及结语第三节之三。
❷ 本书第1章第一节之三。

华阴人，汉二年从起杜，二人皆旧秦军之骑兵将校，于刘邦出汉中攻占关中时归汉。须昌侯赵衍，汉元年从起汉中，为旧秦吏卒或汉之征兵，当为本籍就地加入之汉中人。中水侯吕马童、景侯王竞、吴房侯杨武、杜衍侯王翳、高陵侯王虞人、涅阳侯吕腾六人，当同李必和杨喜一样，本为秦之骑兵吏卒将校，在刘邦收复关中时加入刘邦集团。醴陵侯越，汉二年从起内史栎阳，当为旧秦吏卒或汉征召之关中兵。长修侯杜恬，当为旧秦之法吏，以御史入汉加入刘邦集团。

据《汉书》卷三十九《萧何传》，刘邦领军反攻关中，萧何镇抚巴蜀，刘邦领军出关中击楚，萧何留守关中，"计户转漕给军"，"常兴关中卒，辄补缺"。也就是说，从汉中时代起，萧何就开始按户籍就地征发徭赋兵员，以为刘邦军之后勤。汉究竟征发了多少关中秦兵，史无明载，据《汉书》卷一《高帝纪》，汉二年，刘邦攻楚大败，"萧何发关中老弱未傅者悉诣军"。由此可知，汉不但尽征关中之兵役适龄者，且更及于未成年者和超龄者，推想其数量，前后或有数十万之众。可以说，从数量上看，在楚汉战争中，旧秦国籍士卒已经构成了汉军的主要部分。

下面，试以汉之骑兵部队为例说明之。据《汉书》卷四十一《灌婴传》，汉二年，汉军组建骑兵部队："汉王乃择军中可为骑将者，皆推故秦骑士重泉人李必、骆甲习骑兵，今为校尉，可为骑将。汉王欲拜之，必、甲曰：'臣故秦民，恐军不信臣，愿得大王左右善骑者傅之。'（灌）婴虽少，然数力战，乃拜婴为中大夫，令李必、骆甲为左右都尉，将郎中骑兵击楚骑于荥阳东，大破之。"这支骑兵部队，即最后消灭项羽的汉军精锐部队，表中的王竞、王翳、吕马童、杨喜诸人，皆为这支骑兵中旧秦籍骑士。可见，汉之骑兵部队，其主将虽为刘邦集团核心成员之一，即前期从起关东的砀郡人灌婴，但其基本部队，则由旧秦国之骑兵将校组成。此时，由于地域之差异和资历之限制，秦籍人士尚不能进入刘邦集团之核心及高层，但他们却实实在在构成了汉军的主力。

以上诸人，皆为刘邦集团秦籍人士上层之例。张家山汉简《奏谳书》第十五，高帝七年有醴阳令恢，为旧秦内史郦邑建成里人，恢秩六百石，爵左庶长，为军功爵第十级，为后期加入刘邦集团的秦籍吏士。恢之状况，当可视为刘邦集团的秦籍人士中层，且更具一般性。❶

五、多国合纵集团

汉与楚之特殊关系，及秦籍人士在刘邦集团中之兴起，已如上述。然而，据表5-6，后期加入刘邦集团者，并非仅限于楚秦籍人，而是几乎包括了旧七国之各国人士，只是数量比重较少而已。以表顺次而言，赵国人士有9人，占20%，仅次于秦而居第三位。我们知道，项羽分赵为二，以常山国王张耳，以代国王旧赵王歇。汉二年十月，陈余击败张耳，赵歇复为赵王，陈余为代王，张耳亡归汉，汉王厚遇之。汉三年，张耳与韩信攻占赵、代，赵、代之将士，多为张耳旧部，井陉之战后，大量降归，从汉击楚，此当是赵国籍人士数量居于第三位的原因。具体而言，深泽侯赵将夕、宋子侯许瘛、繁侯强瞻、历简侯程黑，为故赵将，阏氏侯冯解散，故代王太尉，皆汉三年降汉封侯。祁谷侯缯贺、南安侯宣虎、任侯张越，分别于汉三年从起于故赵地之晋阳、恒山，以从起之时地推之，当皆为旧赵国吏士，同上述五人一样，降汉后封侯。江邑侯赵尧，以其姓氏和深及赵国事推之，当为赵人，或许也是旧赵吏士之入汉者（《汉书》卷四十二《赵尧传》）。

---

❶ 彭浩、陈伟、工藤元男编《二年律令与奏谳书》。

下面，顺次叙述齐、魏、燕、韩诸国人士之入汉者。齐在诸国之中，除楚秦外，最为强大且具独立性。项羽分齐为三，以田都为齐王，以旧齐王田市为胶东王，以田安为济北王，三国不久皆为田荣所并，田荣死后，子田广继为齐王。汉四年，韩信攻破齐国，齐军多降归之。表中旧齐国籍者4人，昌侯卢卿、共侯卢罢师、平都侯刘到，皆旧齐将，汉四年降汉后封侯，正当其时。齐人虞将军（其事见《汉书》卷四十三《娄敬传》），以汉之将军引见娄敬见刘邦者，时在高帝五年六月，想来，此虞将军当也为降汉之齐军将校。

据表5-6，魏国2人，成阳侯奚意，故魏郎；肥如侯蔡寅，故魏太仆。考项羽分封天下时，由旧魏国分出殷，以司马卬为殷王，汉二年为汉所灭。项羽因自己占有旧魏之东郡和砀郡（梁地），乃以河东郡和原属赵国之太原郡、上党郡为西魏，以旧魏王魏豹为西魏王。汉二年三月，魏豹降汉；五月，复反为楚；九月，为韩信所擒，刘邦复以豹为汉将守荥阳，汉三年为汉将周苛所杀。奚意于汉二年、蔡寅于汉三年从汉，当皆为魏豹旧部。

项羽分燕国为二，以燕将臧荼为燕王，以旧燕王韩广为辽东王，韩广之辽东不久即为臧荼所攻灭。汉三年，韩信攻灭赵、代，用广武君李左车策，臧荼不战而归属于汉（《汉书》卷三十四《韩信传》），汉四年八月，更遣骑兵助汉灭楚。表中之撑侯温疥，平州侯昭涉掉尾，皆汉四年从汉，当为臧荼旧部，助汉有功封侯。旧韩国也为项羽分为二，以河南国王赵将申阳，汉二年为汉所灭。以旧韩王韩成为韩王，不久杀之，继以楚将郑昌为韩王，汉二年为汉所灭。汉继以韩王族韩信为韩王，领韩军助汉攻楚，常山相樊侯蔡兼，故韩家子，汉三年从汉，当为韩信部下。通过以上之叙述，可以看到，随着汉军之推进，刘邦集团广泛收编各国军队，广泛接纳各国人士加入，最后，会合各国联军，共同灭楚。

综合本章所述，我们可以说，刘邦集团是一个规模庞大、人数众多的政治军事集团。其成员出身于不同的地区，他们在不同的时间、由不同的地方加入刘邦集团，这就形成了刘邦集团的地域构成。这一地域构成，乃是由其地域移动层累地形成的，具有非常清楚的地域和时间之层次性。根据其地域和时间之层次，我们可以将刘邦集团划分为四个地域集团，也就是说，刘邦集团之整体，可以说是由四个不同的地域集团层累地组成的。

其一，丰沛元从集团。即秦二世元年九月，跟随刘邦起兵于沛县之地域集团，他们的人数约在三千人以内，几乎皆为沛县人，乃刘邦集团之最核心部分。

其二，砀泗楚人集团。即汉元年四月，跟随刘邦入汉中就国的地域集团。其成员，乃以刘邦集团攻入关中以前的部队为基本，人数约在三万以内，其出身地区大体以秦之砀和泗水郡为中心，及于近邻之陈、东海、薛、东、三川、颍川诸郡。这些地区，旧多属于楚国，楚国复兴后，也多归属于楚之旗号下，故可以笼统地称他们为楚人，他们构成了刘邦集团之中坚部分。尔后，在楚汉战争中，由于大量楚人楚军的归降，这个集团得到不断的扩大和加强。

其三，秦人集团。即汉中建国以后加入刘邦集团之蜀汉关中地区出身的人，也就是旧秦国出身的人所形成的地域集团。他们的人数前后或有数十万之多，构成了建国以后的刘邦集团之主力部分。

其四，多国合纵集团，也就是由楚、秦以外的诸侯国人所形成的地域集团。在楚汉战争中，诸侯各国或被汉消灭，或归属于汉，各诸侯国出身的人也纷纷加入刘邦集团，他们的数量或有数十万之多，他们构成了刘邦集团之外围部分。

笔者曾经指出，汉王朝建立以后，刘邦集团对于政治权力、经济财富、社会身份，即社会总资源进行了全面的再分配，转化为了新的统治阶层，即汉初军功受益阶层。❶ 在这个转化的过程中，刘邦集团对于社会总资源的再分配是严格地按照功劳原则施行的，即根据个人加入刘邦集团时间之先后和军功之大小而授予不同的军功爵，再根据军功爵的高低而授予不同数量的土地财富，决定其社会身份的高低，相应地委任不同的官职。正因为如此，由不同时间、不同地区加入刘邦集团的各个不同的地域集团，也相应地在汉王朝之政治和社会中占有不同的地位。大体而言，丰沛元从集团地位最高，待遇最厚；其次为砀泗楚人集团，他们长期垄断了汉王朝之核心和上层部分；蜀汉、关中出身之秦人，一般很难进入上层核心，多以中层为其局限；其他的诸侯国之人，则以在各诸侯王国任事者为多。

对于刘邦集团的这种层累的地域构成，我们可以直观地用同心圆锥体结构来加以表达。首先，从其内部之凝结度来看，刘邦集团之地域构成乃呈现出一种同心圆结构，其以砀泗楚人集团为中心，以蜀汉关中之秦人集团为中坚，以多国合纵集团之其他诸侯王国人为外围，而丰沛元从集团，乃居于中心之中的中核。另一方面，如果我们从地位职务之高低的角度来看，刘邦集团内的各个地域集团间又呈现出明显的阶梯结构，丰沛元从集团居于顶层，砀泗楚人集团支撑于其下，再下，分别是关中秦人集团和多国合纵集团，而这个层累的同心圆锥体的圆心和顶点就是刘邦本人。透过这个同心圆锥体结构，我们可以看到，越接近这个结构的中心，其地域越小，人数越减，同时，地位升高，作用增大，其凝结性也越强。也就是说，从地域构成的角度看，同心圆结构的刘邦集团，因其强烈的内向凝结性，最终形成一种层累的同心圆锥体结构。

---

❶ 本书第1章第三节。

第6章

汉初军功受益阶层与汉代政治

第一节　高帝政治与汉初军功受益阶层

在中国历史上，结盟起誓之事，作为通行于整个社会之习俗，在春秋时代普遍盛行❶，至战国时代，虽然有所衰退，仍然不断地举行。❷秦始皇统一以来，结盟之习俗，一时从国家的政治舞台消失，然而，秦末汉初，再次复活兴盛。❸陈胜初起，设坛结盟❹，怀王主

---

❶ 关于盟誓的问题，学界多年以来有相当的研究成果。滋贺秀三「中国上代の刑罰についての一考察——誓と盟を手がかりとして」(『石井良助先生還暦祝賀法制史論集』，創文社，1976 年)，从法源的角度对其有综合性的论述。1985 年，高木智见发表了长篇论文「春秋時代の結盟習俗について」(『史林』第 68 卷第 6 号，1985 年)，不拘于政治及法律关系，从社会习俗的角度对于该问题做了综合性的深入探讨，对于现有研究成果的网罗和利用也极为周详，可以作为其时的基本研究加以参看。又，阎步克《春秋战国时"信"观念的演变及其社会原因》一文(《历史研究》1981 年第 6 期)，将盟誓所结之"信"放在从西周到春秋战国之政治秩序的演变中，即天子—霸主—列国这种过渡的政治秩序中加以考察，从思想史的角度论及盟誓约信和霸业政治相关联的特点，也请参看。2007 年，吕静的专著《春秋时期盟誓研究》选取盟誓最盛行的春秋时代，对这个问题做了详细的综合性研究。
❷ 关于战国时代的盟誓问题，历来被忽视。1994 年，工藤元男发表论文「戦国時代の会盟と符」(『東洋史研究』第 53 卷第 1 号，1994 年)，结合新的出土材料，对这一问题做了重要的填补，可以作为关于战国时代结盟问题的基本研究加以参看。
❸ 增淵龍夫「戦国秦漢時代における集団の『約』について」(收入氏著『中国古代の社会と国家』)。增渊氏之文，主要从社会习俗的角度考察战国直至汉初之约信盟誓，对战国至汉初的人际关系做了独特的分析。
❹ 《史记》卷四十八《陈涉世家》。

政，定先入关中者王秦之约。❶ 项羽接受秦军之降，与章邯有殷墟之盟。❷ 刘邦封功臣，有封爵之誓，刘邦死前，与将相大臣定有白马之盟。

盟誓之订立，对于秦末汉初之政治和社会的影响之大，远远超出一般想象。如笔者在本书第4章所论，怀王之约，已经成为刘邦集团独立建立汉王国的法统依据。封爵之誓和白马之盟，直接关系于汉代王侯功臣之分封，特别是白马之盟，对于汉初之政治更有全面性的影响。为了深入地讨论汉初军功受益阶层与汉代政治的关系，笔者将对封爵之誓和白马之盟的内容和性质进行分析，以为下一步研究的起点。

一、栗原朋信说之检讨

《史记》卷十八《高祖功臣侯者年表》：

> 封爵之誓曰："使河如带，泰山若厉，国以永宁，爰及苗裔。"

同一内容，《汉书》卷十六《高惠高后文功臣表》记载：

> 封爵之誓曰："使黄河如带，泰山若厉，国以永存，爰及苗裔。"于是申以丹书之信，重以白马之盟。

此即司马迁和班固关于汉初封爵之誓和白马之盟的记载。关于封爵之誓及白马之盟所涉及的义务关系及由此而具有的性质，由于

---

❶ 《史记》卷十六《秦楚之际月表》，《汉书》卷一《高帝纪》。
❷ 《史记》卷七《项羽本纪》。

涉及中国、日本、欧洲的封建主义（feudalism）问题，故早就引起了历史学家们的关注，日本历史学家栗原朋信曾为此专门写过一篇有名的论文《封爵之誓小论》❶，是迄今对于该问题的最详细、最富启发性的论述。栗原朋信文的结论说，封爵之誓与白马之盟乃同一性质的文书，为汉皇帝刘邦向臣下们所下达的绝对命令，而不能认为其具有双方契约的性质。然而，笔者以为，此结论是有问题的，有必要重新做一番检讨。

首先，我们来看栗原朋信是怎样得出他的结论的。栗原朋信的结论是用演绎的方法从盟誓的形式着手分步推导的，其论证方式和基本论据可以概括如下：

（一）封爵之誓和白马之盟是两个互有关联的誓和盟，由于史书中有关其内容的记载过于简单，无法从内容着手进行分析。故栗原氏选择从古代中国誓盟的一般性质进行推导的论证方式。

（二）中国古代的誓有两类。其一为立场对等者相互间的"约信"，此乃为古典中一般所见。其二为个别性质的誓，即上对下的命令，《尚书》中的三代之誓，如《甘誓》《汤誓》《泰誓》等即是其例。《汉书》卷一《高帝纪》之赞语言及封爵之誓说"又与功臣剖符作誓"，其"作誓"一语，与三代之誓序文中之"作甘誓""作汤誓""作泰誓"类似，故"封爵之誓"之性质当同于三代之誓，为命令。

（三）中国古代的盟也有两类。其一为地位对等者间结"约信"的盟，此也为古典中所常见。其二为地位上下者间的盟，如春秋时代以霸主为司盟者之盟，此种上下之盟所反映的关系当同于后世的君臣关系，其性质为上对下的命令。白马之盟乃根据中国古来盟誓

---

❶ 栗原朋信《秦漢史の研究》，吉川弘文馆，1986年。

的顺序，继封爵之誓后进行的，为君臣上下间的盟，所以，其性质当为命令。

如果以上之理解不误的话，下面，笔者将据此对栗原文进行检讨。首先，就（一）而言，诚如栗原氏所言，封爵之誓的内容，《史记》《汉书》之记载过于简单，难以据此进行内容分析。然白马之盟尚有逸文可循，栗原氏不知为何忽略了。此逸文分别见于《史记》卷九《吕太后本纪》、《汉书》卷四十《王陵传》、《史记》卷五十七《周亚夫传》及《史记》卷十七《汉兴以来诸侯王年表》等。其内容为约信而非命令，据文即可大体看出，具体论述详后。

就（二）而言，古典中一般所见之誓为"约信"，此自不待言。然栗原氏谓《尚书》中的三代之誓为个别性质的誓，即上对下的命令一说，则尚有充分讨论之余地，尽管如此，也不妨暂时搁置不论。❶ 如前所述，栗原氏断定封爵之誓为命令之理由，在于其性质同于三代之誓进而推论所得。那么，为什么封爵之誓的性质同于三代之誓呢，栗原氏乃以《汉书·高帝纪》赞及三代之誓序文中"作誓"一语在用法上的类似为根据推论而得，然此根据是站不住脚的。为检讨方便起见，姑将栗原氏引以为证之史料全引如下：

《汉书·高帝纪》赞语言及封爵之誓曰："又与功臣剖符作誓，丹书铁契，金匮石室，藏之宗庙。虽日不暇给，规摹弘远矣。"关于三代之誓，栗原氏未引《尚书》而转引《史记》文，其文分别

---

❶ 由于古代关于"誓"之用法相当复杂，其性质之界定往往需要具体分析。三代之誓，据文字和内容将其作为一般的誓，即"告戒（诫）"或"有条件的赏罚的预告"（参见滋贺秀三「中国上代の刑罰についての一考察——誓と盟を手がかりとして」）加以理解，当是比较稳妥的。作为所谓特殊的誓，即相当于后代的命令来加以理解的说法，是需要论证的。这个论证至少要从两个方面进行：其一，有所谓等同于命令的特殊的盟誓之存在；其二，三代之誓相当于此。遗憾的是，栗原朋信并未就此进行论证。因此，笔者将只就栗原朋信有所论证的部分进行辨析。

如下：《史记》卷二《夏本纪》："有扈氏不服，启伐之，大战于甘。将战，作甘誓。"《史记》卷三《殷本纪》，汤"以告令师，作汤誓"。《史记》卷四《周本纪》："武王乃作太誓，告于众庶。"以上三誓，《尚书》所载之序文则分别如下："启与有扈战于甘之野，作甘誓。""伊尹相汤伐桀。升自陑。遂与桀战于鸣条之野，作汤誓。""惟十有一年，武王伐殷。一月戊午，师渡孟津，作泰誓三篇。"

考上述诸文中"作誓"一语，皆古典中常见的动宾结构用语。据《说文》，"作"之本义为"起"，即起步站立的意思。《论语·先进篇》："舍瑟而作。"即为其例。引申为表示始事兴作之词。进而生发出始、为、生等多种意义。❶ 此处当作动词"制定"讲。《尚书·吕刑》"度作刑以诘四方"，《商君书·更法》"知者作法"，皆其例。誓，宾语，其义从《说文》，约束也。作誓，即制定誓，也就是制定约束。《汉书·高帝纪》赞语中之"作誓"，即制定封爵之誓，《尚书》三代之誓序文中之"作甘誓""作汤誓""作泰誓"，即制定甘誓、制定汤誓、制定泰誓，皆普通用法，与誓文之内容性质并无特别之关系，只据此而推断封爵之誓的性质同于三代之誓，似乎没有什么说服力。

就（三）而言，栗原氏谓中国古代之盟有两类：地位对等者间的盟和地位上下者间的盟，而地位对等者间的盟为结"约信"之盟。当然，此话也可以这样说了。然而，栗原氏又谓地位上下者间的盟，即春秋时代以霸主为司盟者之盟，所反映的关系当同于后世的君臣关系，其性质为上对下的命令一说，则难以成立。考春秋时

---

❶ 《说文》释"作"曰："起也，从人乍声。"释"起"曰："能立也。"段注说："起，本发步之称，引申之训为立。又引申之为凡始事，凡兴作之称。"段注又引《释言》释"作"："《穀梁传》曰：'作，为也。'《鲁颂》，传曰：'作，始也。'《周颂》天作，传曰：'作，生也。'其义别而略同。"段注的解释，是把"作"的意义解释得相当清楚的。

代以霸主为司盟者之盟,如齐主盟的葵丘之盟、晋主盟的践土之盟等,与盟诸国有大国小国、强国弱国之分,与盟诸国又共奉一最强之国为霸主,往往以其主盟司会,固然可以说是上下之盟。然而,此时的主盟霸国和与盟诸国之关系,仍然是列国纷争中大国和小国、强国和弱国、霸国和非霸国间之国际关系,和秦以后统一帝国之中君臣上下、命令下达之专制关系,其性质是完全不同的。栗原氏在论证此种上下之盟为命令时,乃以《左传》所载蒙门之盟为证据。下面,作者同样以蒙门之盟为证据以辨明之。

据《左传》襄公二十七年,七月,晋楚两大国及十二小国盟会于宋都蒙门之外。其时,晋楚争为盟主——

> 晋、楚争先。晋人曰:"晋固为诸侯盟主,未有先晋者也。"楚人曰:"子言晋楚匹也,若晋常先,是楚弱也。且晋、楚狎主诸侯之盟也久矣,岂专在晋?"叔向谓赵孟曰:"诸侯归晋之德只,非归其尸盟也。子务德,无争先。且诸侯盟,小国固必有尸盟者。楚为晋细,不亦可乎?"乃先楚人。书先晋,晋有信也。

考此记事,争为盟主,即争为尸(主)盟者,也即"争先"。争先,杜注:"争先歃盟。"盟会之仪式,盟主先歃血。如哀公十七年齐鲁之盟,大国齐为盟主,先歃血主盟,小国鲁则执牛耳。然盟会并非一定由大国主盟,如叔向言,小国主盟之事也常有。然不管大国主盟还是小国主盟,盟主都只是盟誓仪式上的先歃血领誓主盟者,和下达命令、宣言自我意志的君主类是风马牛不相及的。

蒙门之盟的结果,由楚主盟先歃血,但盟书之书则由晋先,实力相当之两大国关系并没有什么变化,晋也没有居下位之感。另一方面，与盟其他诸小国如宋、蔡、卫、陈、郑、许、曹等，皆是独立之国，若是已有所属之国，如齐之属国郳、宋之属国滕，则不能临会与盟。❶

可见，非常明显，如蒙门之盟的古代盟会，其为大国和小国、强国和弱国间的上下之盟固然不误，然其盟主和与盟者的关系，完全是独立的诸国间的条约关系，即约信关系，决不能简单地类推到秦以后的专制君主与臣下间的命令关系上去。不管是地位对等者之间的盟会，还是地位上下者间的盟会，其性质为约信，皆为相互义务，这点是没有变化的。

据高木智见的研究，春秋时代的结盟，从其缔结范围来看，有国与国间之会盟，也有一国内君臣间之盟，也有个人间之盟。从结盟者间之关系上看，有地位对等间之"齐盟"，也有一方强制另一方的"要盟"，也有居于弱者地位而言的"乞盟""受盟"，然而，不管盟誓之种类如何，其性质皆为契约，其所结成的关系，都是一种拟制的兄弟关系。❷ 增渊龙夫更是明确地指出，不管盟约的条件多么屈辱，其盟约之性质，仍然是自立的国和国之间的契约。❸ 相对于栗原氏的意见而言，高木氏和增渊氏的意见是接近于史实的。

栗原氏之文，乃基于欧洲、日本之封建君臣关系与中国相反之认识，力图说明中国之君臣关系乃上下之绝对统属关系，而看不见反映在下者愿望的双务契约关系，即如欧洲中世之托身仪礼，日本中世之名簿奉呈和起请等所见。此一问题，实已超出作者之论旨，然中国历史上之君臣关系，因时代久远而复杂多异，在用理论模式对其进行概括的时候，难免出现理论和事实之间的差异。

---

❶ 杨伯峻《春秋左传注》襄公二十七年，经传及其注文，中华书局，1981年。
❷ 髙木智見「春秋時代の結盟習俗について」。
❸ 増淵龍夫「先秦時代の封建と郡県」（収入氏著『中国古代の社会と国家』）。

据笔者管见，西汉初年之君臣关系难以用上下之绝对统属关系加以规定，而在相当程度上具有双务契约性质，其详论见下。

二、盟和誓之语意

如上述，笔者以为，栗原氏关于封爵之誓和白马之盟性质的论断是难以成立的，那么，封爵之誓和白马之盟究竟当属何种性质呢？下面，将先从文书的形式和盟誓的语意的角度对其加以考察。

首先，就古代文书之形式而言。众所周知，至秦始皇做了皇帝后，对于政令文书的体裁和称谓就有了明确的规定。特别是对于皇帝所下达的令和命，开始有了严格的定义和体例，即如《史记》卷六《秦始皇本纪》所记："命为制，令为诏。"秦的此种制度规定，又为汉所继承和发展。大体而言，汉代皇帝所下之命令有四种，即策书、制书、诏书、戒书，其书体、材料、下达之方式皆有明确的规定。❶ 封爵之誓和白马之盟，既不言令和命，也不称诏、制、策、戒，我们从制度上就可以明确地判定其不是皇帝的命令。

其次，封爵之誓既然称誓，白马之盟既然称盟，从书体之形式而言，当然应理解为盟和誓了。盟，《说文》引《周礼》说："国有疑则盟。"具体解释："盟，杀牲歃血，珠盘玉敦，以立牛耳。"《释名·释言语》："盟，明也，告其事于神明也。"合而释之，即杀牲歃血，告其事于神明之仪式也。古代中国，诸侯与会结盟，用言语相邀约以结信释疑，为重其事，结盟者杀牲歃血，共同对神明宣言起誓。此种盟会的仪式，春秋时代最为盛行，古典如《左传》中极为常见。盟会的内容之一，乃制定盟书，即将结信之誓辞书

---

❶ 大庭脩『秦漢法制史の研究』第三篇第一章。

写下来，此种书类又称载书。❶ 此书于盟书或载书之辞，即盟辞。誓，《说文》曰："约束也。从言折声。"《说文通训定声》释誓曰："以言约束也。"《说文义证》引《礼记》释誓曰："《曲礼》'约信曰誓'。《正义》，'用言辞共相约束以为信也'。"释文皆非常贴切。概括言之，所谓誓，即以言辞定约束也。同结盟一样，行誓也有仪式。相对于盟而言，誓之仪式，可能并非那样特定，当较为简单多样。❷ 行誓时的言辞约定，书写记载下来，就是誓辞。如此看来，誓与盟之语意，皆有两重含义：（一）盟会与起誓之仪式；（二）记载盟辞和誓辞之文书，其意义非常具体明确。❸

从而，前引《史记》及《汉书》中所言封爵之誓和白马之盟，都可以从上言仪式和书体两方面进行理解。封爵之誓，从仪式上理解，即分封爵位时所举行的仪式，从书体上理解，即行封爵仪式时所宣读之誓辞的文书。同样，白马之盟，从仪式上理解，即刑白马歃其血以结约信之仪式，从书体上理解，即行上述仪式时所宣读之盟辞的文书。封爵之誓和白马之盟，尽管内容皆涉及对于王侯功臣的分封，然而，在对其进行分析时，我们首先必须明确，作为仪式的封爵之誓和白马之盟，乃为不同时间、不同地点所行的两个不同的仪式，作为文书的封爵之誓和白马之盟，也为两种内容和形式皆

---

❶ 《左传·襄公九年》："晋士庄子为载书。"杜注："载书，盟书。"《周礼·秋官》"司盟"郑玄注曰："载，盟辞也。"可参见白川静「載書関係字説」，『甲骨金文学論叢』四集，立命馆大学，1956年。吉本道雅「春秋載書考」，『東洋史研究』第43卷第4号，1985年。

❷ 参见前引滋贺氏文。在该文中，滋贺氏是从仪式之形式上和法之性质上将誓和盟作为两种不同的东西区别开来的。然而，也正如滋贺氏所指出的，有的时候，盟和誓是很难明确区分开来的。

❸ 《周礼·秋官》"司盟"："掌载盟之法，凡邦国有疑会同，则掌其盟约之载，及其礼仪。"非常清楚地把司盟者的职务划分为仪式和书类两部分。对于盟誓的理解，正当据此从仪式和书类两方面去进行，方才能够准确完整。

不同的书类。也就是说，二者之间并无直接关系。明确这一点以后，下面，我们将对封爵之誓的内容进行分析。

三、封爵之誓分析

如前引，封爵之誓，其记载见于《史记》卷十八《高祖功臣侯者年表》序："封爵之誓曰：'使河如带，泰山若厉，国以永宁，爰及苗裔。'"同文，又见于《汉书》卷十六《高惠高后文功臣表》，"封爵之誓曰：'使黄河如带，泰山若厉，国以永存。爰及苗裔。'"两相对照，《汉书》之誓辞较《史记》多一黄字，即"河"作"黄河"。《汉书》此"黄"字乃后人所加，《汉书补注》同卷所引王念孙说已有辨正。

封爵之誓的仪式何时及如何举行，史无明文。《汉书》卷一《高帝纪》概述此事说："又与功臣剖符作誓，丹书铁契，金匮石室，藏之宗庙。"符，即合符，剖而分别为同样两半，分藏于结信之双方，即皇帝和受封之功臣。丹书铁契，《补注》王先谦曰："通鉴胡注，以铁为契，以丹书之。谓以丹书盟誓之言于铁券。"诚如胡注所言，封爵之誓的誓辞，当以红色书于铁券之上。金匮石室，如淳曰："金匮，犹金縢也。"言藏于皇帝处的铁券，乃保管于宗庙之中，为慎重起见，更将铁券放入以金封缄之匮中，再置于石室。

据仁井田陞之研究，此铁券即为合符，一半藏于宗庙，一半颁赐于功臣，其内容当包括功臣的功勋、封建的事实及皇帝的誓文，为一种证据文书。❶ 据工藤元男之推测，该合符可能类似于出土之鄂君启节，为铁简当中两分，表面嵌以誓辞。❷ 凡功臣之受封，皆

---

❶ 仁井田陞『唐宋法律文書の研究』第三篇第二章，東京大学出版会，1983年版。
❷ 工藤元男「战国时代の会盟と符」。

当颁赐铁券，自然也都有封爵之仪式。

考刘邦于高帝六年开始剖符封功臣，其仪式之行，也当由此时起，以后，则因分封之行而随时举行。前引《史记》所载封爵之誓"使河如带，泰山若厉，国以永宁，爰及苗裔"，应劭释之曰："封爵之誓，国家欲使功臣传祚无穷。带，衣带也。厉，砥石也。河当何时为衣带，山当何时为厉石，言如带厉，国乃绝耳。"释文非常贴切。考后世之铁券誓文，多于文末使用与此类似的文辞以结句，如唐代之《赐突骑施黑姓可汗铁券文》：

> ……丹书铁券，以表其忠。宜保终始，就固诚节，山河带砺，福禄长存，可不慎欤。

《赐陈敬瑄太尉铁券文》：

> ……望泰山而立誓，指黄河以为盟，山无尽时，河无竭日，君君臣臣，父父子子，永远贵昌，并皆如此。❶

据此可以推知，上引《史记》及《汉书》所载之封爵誓文，当同后世之同类文书一样，为颁赐予各功臣的铁券中共有的誓文之结束套语。颁赐各功臣的封爵誓文，因颁赐之对象不同而内容各异，除此共同的套语而外，余皆为马、班所省略不录。既然如此，我们确实不能据此寥寥数语之誓文套语，来对封爵之誓的性质做出判断。然而，参考传世的同类文书的内容和性质，对我们理解封爵之誓的性质，仍有相当大的帮助。

---

❶ 仁井田陞『唐宋法律文書の研究』第三篇第二章。

东周之初，周和秦之间曾经行有封爵之誓。据作者所知，在现有的史籍文物当中，此封爵之誓与刘邦君臣间的封爵之誓可能是最可相互参照的。❶ 据《史记》卷五《秦本纪》，秦襄公七年，周平王封秦襄公为诸侯，赐予岐以西之地。其时，曾行封爵之誓，其誓曰：

> 戎无道，侵夺我岐、丰之地，秦能攻逐戎，即有其地。

我们知道，周幽王为犬戎所杀后，周之岐、丰之地也为犬戎所攻占。周平王在洛阳即位。其时，平王因秦襄公将兵救周作战有功，遂封其为诸侯，并将尚在犬戎占领中的岐以西之地许赐予秦。

下面，我们就结合此背景来考察秦襄公七年的封爵之誓。"戎无道，侵夺我岐、丰之地"，此是申说封地之缘由，岐、丰之地本为周所有，现为犬戎所占有。"秦能攻逐戎，即有其地。"由于周无力收回该地，遂许诺于秦，假如秦能将犬戎从岐、丰之地驱逐，周即承认该地为秦所有，此即是周、秦双方的双务性契约。对于周来说，周将岐、丰之地的领有权许诺给秦（义务），换取秦将侵占了该地的戎驱逐出去（权利）。对于秦来说，秦要想得到岐、丰之地的领有权（权利），则必须将占据了该地的戎驱逐（义务）。

事实上，双方一直信守此约定，秦襄公十二年，伐戎至岐而卒。其子文公十六年败走戎，扩地至岐，收周余民有之。其时，将岐之东归还于周，如约领有岐以西之地。我们可以说，由誓文的内

---

❶ 1948 年，陕西鄠县（今西安市鄠邑区）出土有《战国秦封宗邑瓦书》，泥制烧瓦，刻字涂红，为秦惠文王四年（前 334 年）秦国政府封赐右庶长歜的政府文书，乃有关秦之封建赐邑制度的贵重原始史料，与封爵之誓当也有关联。想来，就内容和程序而言，此书当为爵位封赐颁定以后，其具体执行过程中颁发的政府文书。关于该文书之详情，可参见陈直《史记新证》秦本纪注引释文（天津人民出版社，1979 年，第 14 页），郭子直《战国秦封宗邑瓦书铭文新释》，《古文字研究》第十四辑，中华书局，1986 年。

容和起誓之历史背景来看，秦襄公七年的封爵之誓，其性质当为一种赐封者与受封者上下间的、双务性的约信和承诺，是契约而不是一方的命令。

四、白马之盟及其历史背景

《史记》《汉书》中关于白马之盟的记载，似较封爵之誓有迹可循。前引《汉书》卷十六《高惠高后文功臣表》说："封爵之誓曰：'使黄河如带，泰山若厉，国以永存，爰及苗裔。'于是申以丹书之信，重以白马之盟。"师古曰："白马之盟，谓刑白马歃其血以为盟也。"结盟之习俗，春秋时代最为盛行，至于战国仍然流行不断。据工藤元男之研究，战国时代的结盟之习俗，往往伴随着合纵连横的霸业政治举行，刑白马歃血和交符，为其特点。较春秋时代之盟誓而言，其宗教性有所淡薄，然而，其所结成的关系，仍然是一种拟制的兄弟关系。❶西汉初年，后战国时代到来，政治关系回归于霸业，刘邦和功臣间用旧时之传统形式结盟求信，乃其时代特征之自然反映。❷

白马之盟于何时何地举行，史无明言。大庭脩推定其时间在高帝十二年三月。❸考刘邦于高帝十二年二月，废燕王卢绾，封皇子建为燕王，大致完成非刘氏不王之政局。同年四月，刘邦死去。白马之盟，当于二月到四月间举行，大庭氏说可从。其时，刘邦病重，结盟之地点当在首都长安。如前述，白马之盟的逸文尚存，栗原氏不知为何忽略了。据《史记》卷九《吕太后本纪》，惠帝即位之初，吕后欲王诸吕，王陵廷争引白马之盟文说：

---

❶ 工藤元男「战国时代の会盟と符」。
❷ 秦末汉初的国际关系，请参见田余庆《说张楚》，也请参见本书第3章第一节以及结语第三节之四。
❸ 大庭脩『秦漢法制史の研究』第三篇第五章。

高帝刑白马盟曰："非刘氏而王，天下共击之。"今王吕氏，非约也。(《汉书》卷四十《王陵传》所记同)

又据《史记》卷五十七《周亚夫传》，景帝欲王皇后兄王信，周亚夫反对说：

高皇帝约："非刘氏不得王，非有功不得侯，不如约，天下共击之。"今信虽皇后兄，无功，侯之，非约也。

于是景帝"默然而止"，不得不作罢(《汉书》卷四十《周亚夫传》同)。此高皇帝约当即为王陵廷争所引的白马之盟文。此文，司马迁在《史记》卷十七《汉兴以来诸侯王年表》中记作：

高祖末年，非刘氏而王者，若无功上所不置而侯者，天下共诛之。

虽未明言其所出，但为白马之盟的盟文当无疑问。《汉书》卷十八《外戚恩泽侯表》所记则更为明确，其文曰：

汉兴，外戚与定天下，侯者二人，故誓曰："非刘氏不王，若有亡功非上所置而侯者，天下共诛之。"是以高后欲王诸吕，王陵廷争，孝景将侯王氏，脩侯犯色。

考此白马之盟，既不言制也不言诏，王陵、周亚夫皆明言其为约，其性质不是皇帝之命令，而是君臣间的约信，已大致可以窥见。据大庭氏的研究，高帝十二年三月所行白马之盟，与《汉书》

卷一《高帝纪》所载之同年三月诏：

> 吾立为天子，帝有天下，十二年于今矣。与天下之豪士贤大夫共定天下，同安辑之。其有功者上致之王，次为列侯，下乃食邑。而重臣之亲，或为列侯，皆令自置吏，得赋敛，女子公主。为列侯食邑者，皆佩之印，赐大第室。吏二千石，徙之长安，受小第室。入蜀汉定三秦者，皆世世复。吾于天下贤士功臣，可谓亡负矣。其有不义背天子擅起兵者，与天下共伐诛之。布告天下，使明知朕意。

二者内容相似，为同时制定的同一主旨互为表里的文件。三月诏为公布于天下的皇帝的命令，白马之盟则为非公开的皇帝与功臣间的个人约信，三月诏为具有"公"的强大约束力的律令，而白马之盟的信守与否则系于关系者的个人意志，约束力远为弱小，事实上往往被违反。大庭氏之说相当贴切，可为理解白马之盟誓文在法制归属上的参考。❶

下面，我们进而具体分析白马之盟的内容，可将其归纳为四点：（一）王与侯之分封，只能由皇帝进行；（二）封王，只能在刘氏皇族之内进行；（三）封侯，只能对有功者施行；（四）若违反以上约定，天下共诛之。

据《史记》卷九《吕太后本纪》所载王陵之言，结白马之盟时，刘邦与其主要的大臣如王陵、周勃、陈平等皆在场，诸侯王们是否与会史无明文，然从其内容上看，由于此盟涉及三个方面，即

---

❶ 大庭脩『秦漢法制史の研究』第三篇第五章。关于此问题的更远源流，即将春秋的誓作为战国以来法家之法的原型来加以考察的尝试，则可参看敉山明氏之论文「法家以前——春秋における刑と秩序」（『東洋史研究』第39卷第2号，1980年）。

皇帝、诸侯王及列侯，诸侯王也当与会。

就结盟之三方而言，三方各有其权利和义务。先说权利，就列侯而言，无功不侯，盟约保证功臣们独享封侯之特权。就诸侯王而言，非刘氏不王，盟约保证刘氏皇族独享封王之特权。就皇帝而言，侯王之封，乃上所擅，盟约保证皇帝独享行王侯之封的特权。再说义务，此时之列侯，皆是与刘邦共定天下的功臣们，此盟约加于他们的最大的义务，就是忠于皇帝，不得擅自起兵称王。刘邦立同姓诸侯王，其目的非常明确，即用诸刘姓王国以支援汉朝之皇权，其忠于皇帝之义务自不待言，同时，由盟文可知，诸侯王也不能行爵赏封侯。

以上所言诸侯王和列侯之义务，对皇帝而言，皆在下者之义务，然而，在上者，即皇帝之义务何在呢？已如前言，无功不侯，乃功臣们之权利，非刘氏不王，乃刘姓皇族之权利，而保证此两种在下者的权利，即是在上者的皇帝的义务。换言之，皇帝封王须以刘姓为条件，封侯须以有功者为条件，不如此，即是违约。前引王陵廷争于吕后说："今王吕氏，非约也。"又斥周勃、陈平二人为"纵欲阿意，背约"。即据此指斥女主违反非刘氏不王之义务。周亚夫对抗景帝说："今信虽皇后兄，无功，侯之，非约也。"即据此指斥皇帝违反非功臣不侯之义务。

可见，不管是从形式和内容的分析，还是从其实际运用上看，白马之盟都不是命令，而是双务契约的一种，即上下关系者间的双务契约。在此种契约中，结约者间的上下关系，与双方对于权利和义务的信守关系并无矛盾，也就是说，上下关系和双务契约关系在该契约中并存不悖。

以上通过对于栗原朋信说的检讨，进而通过对于封爵之誓和白马之盟的形式和内容的直接分析，我们可以做出下面的结论。

（一）作为仪式的封爵之誓和白马之盟，乃为不同时间、不同地点所行两个不同的仪式，作为文书的封爵之誓和白马之盟，也是内容和形式皆不同的两种书类。

（二）封爵之誓仪式的举行，当于高帝六年十二月以后，因分封功臣而随时进行。封爵之誓的誓文，因受封者而异，《史记》《汉书》所载的封爵之誓誓文"使河如带，泰山若厉，国以永宁，爰及苗裔"，乃为颁赐予各功臣的誓文中共有的结文套语。封爵之誓的誓文以红色书于铁券之上，此铁券为合符，一半藏于宗庙，一半颁赐予功臣，为一种证据文书，其性质乃为关于勋功的约信，相当于《周礼·秋官》司约所掌的"治功之约"❶。

（三）白马之盟于高帝十二年三月举行，参加者至少包括皇帝、诸侯王及功臣列侯。《史记》《汉书》诸表传所载之文"非刘氏而王者，若无功上所不置而侯者，天下共诛之"。即其盟书誓辞的摘要。就文书的性质而言，白马之盟当为皇帝、诸侯王及功臣列侯与盟三方间的相互承诺，为个人间所缔结的约信。白马之盟所反映西汉初年的君臣关系，在相当程度上是一种基于个人间的信赖所建立的相互契约关系。由这种关系所规定的汉初之皇权，并非绝对专制皇权，而是一种相对有限皇权。❷

（四）汉初之盟誓约信，是直接上承春秋战国、秦楚汉间而来

---

❶ 《周礼·秋官》"司约"："掌邦国及万民之约剂，治神之约为上，治民之约次之，治地之约次之，治功之约次之，治器之约次之，治挚之约次之。凡大约剂书于宗彝，小约剂书于丹图。"

❷ 关于汉初皇权的相对有限性问题，参见本书第4章第三节，结语第二节之二。又，栗原益南在「鉄券授受からみた君臣関係について」（『史学雑誌』第65编第6、7号，1965年）一文中，详细考察了伴随盟誓的铁券之封赐授受，提出了在该种封赐盟誓中，君主的权力受到受封者的限制，促成了分权统治的形成。当然，栗原益南之研究，是以唐和五代为中心的，然而，其结论也是适合于汉代的。

的，其性质皆可以说是一种契约关系。在西汉初年，盟誓约信所反映的政治关系，主要是一种霸业政治关系，盟誓约信所反映的人际关系，乃是一种拟制的兄弟间的关系。从盟誓约信的角度着眼，我们可以看出一种明显的迹象，显示春秋时代、战国时代、秦楚汉间、西汉初年这四个时代是具有历史连续性的，其时代的政治关系和社会关系，是有类似之处的。这种类似之处，构成了笔者界定包含秦楚汉间在内的西汉初年为后战国时代的理由之一。

第二节　吕后政治与汉初军功受益阶层

一、汉初的政府和宫廷

汉朝之中央政府主要官僚，往往称为三公九卿。三公九卿之称，不必拘泥其三九之数，也不必拘泥其一定指称哪些官僚，将其理解为中央政府主要官僚的泛称就可以了。一般而言，西汉初年之三公指丞相、太尉、御史大夫，九卿多指俸禄在中二千石以上的主要官僚机构的长官，如郎中令、卫尉、太仆、宗正、少府、廷尉、太常、中尉、典客、治粟内史等。[1] 已如学者们的研究所指出，汉

---

[1] 关于汉代的三公九卿，可参见祝总斌《两汉的三公》（氏著《两汉魏晋南北朝宰相制度研究》第二、三章，中国社会科学出版社，1990 年）；伊藤德男「前漢の三公について」（『歴史』八，1954 年）；劳榦《秦汉九卿考》（《劳榦学术论文集甲编》上）；伊藤德男「前漢の九卿について」（『東方学論集』一，1954 年）。大庭脩『秦漢法制史の研究』第二章第三节，对于九卿问题也有概述。对三公九卿做系统概述的，当举安作璋、熊铁基《秦汉官制史稿》，主要是其第一章和第二章。该书基于泛称的观念，称九卿为诸卿，笔者认为是得体的。在本节当中，关于九卿之职能的概述，主要依据《汉书》卷十九《百官公卿表》和安作璋、熊铁基《秦汉官制史稿》，除有所辨明处之外，不再一一注明。

朝之三公九卿，根据其起源及职能，可以划分为管理国家日常政务的政府机构和负责皇室事务的宫廷机构两部分，这点已为学界所接受。然而，汉朝四百年之久，究竟哪些机构可以归属于政府，哪些机构可以归属于宫廷，则是因时因人因事而有所不同的。❶

杨鸿年先生在《汉魏制度丛考》中，多发千年历史之覆，将汉魏诸种政治制度，特别是宫省制度之细节，首次系统地解析，为我们理解和研究汉朝历史提供了诸多新的知识和极大的便利。❷ 杨鸿年提出，汉朝中央职官的设置可以分为三类：一类可以叫作省官，即在省中（禁中）工作或其关系与省内特别密切的官吏；一类叫作宫官，即设在省外宫内的官吏；第三类叫作外官，即设在宫外的官吏。这三种官吏的划分，直接系于汉代京城宫殿之建筑结构及其与皇帝之距离的远近。

参考杨鸿年之说，笔者下面将对汉初的三公九卿简略地作政府和宫廷的划分。❸ 一般而言，汉之政府类机构，大体相当于杨鸿年所说的外官部分，在西汉初年，乃以丞相为中心，负责汉朝政府的

---

❶ 西嶋定生在『秦漢帝国』第二章第五节中，将汉代政府机构明确地区分为国家统治机构和皇帝的家政机构。在西嶋的分类中，丞相、御史大夫、太尉、治粟内史、廷尉，是被归属于国家统治机构的，郎中令、卫尉、中尉、少府、太仆、宗正、奉常等，是被归属于皇帝的家政机构的。

❷ 杨鸿年《汉魏制度丛考》，武汉大学出版社，1985年。

❸ 杨鸿年在对政府机构进行分类时，是根据两个标准而定的，其一为该机构该职官的职能，这是变化的；其二为该机构的所在，这是比较固定的。就方法论而言：其一为机构职能因素分析，乃是历来的研究者们所习用的；其二当为空间地理因素分析，乃是杨鸿年首次系统地引进官制研究中，这是他的创见。基于同样的见地，佐原康夫发表「漢代の官衙と属吏について」（『東方学報』第61册，1989年），主要利用出土的和林格尔汉墓壁画，致力于汉代官府的空间构成和职能研究，扩展了官制研究的领域。受此启发，笔者在汉初宫廷和政府之分类中，尽可能引入空间地理因素。然而，由于笔者的论旨仅仅在于判明西汉初年汉朝政府的主要官府究竟是在宫内还是宫外，对其建筑构造的细节，则不做深入讨论。

日常政务。宫廷类机构，大体相当于杨鸿年所说宫官和省官两部分，其机构多在宫内，以皇帝为中心，主要负责皇室事务。❶

汉初之九卿当中，郎中令和卫尉的府寺设置在宫中，这是可以确认的。据《史记》卷九《吕太后本纪》，诛吕之变时，朱虚侯刘章在未央宫廷中击吕产，"杀之郎中府吏厕中"。如淳注曰："《百官表》郎中令掌宫殿门户，故其府在宫中。"《汉书》卷十九《百官公卿表》卫尉条师古注引《汉旧仪》曰："卫尉寺在宫内。"就职务而言，卫尉统领由地方轮番上京服役的卫士担任皇宫正门的警卫。而郎中令则率领郎官"掌宫殿掖门户"(《汉书》卷十九《百官公卿表》)，即负责宫殿侧门以及皇帝身边之警卫侍从。据佐原康夫的研究，郎中令和卫尉在职务上的差异，可以理解为一般的警备队和亲卫队，由卫尉所负责的宫殿正门，乃是正式场合使用的，而由郎中令所负责的掖门，则是直接连接天子所在的"九闱"的。❷ 从而，我们将卫尉和郎中令归属于宫廷机构，当是没有问题的。我们知道，汉代之财政分为帝室财政和政府财政两部分，其帝室财政之部分由少府主管，宫廷内各种事务及机构，也都在少府管

---

❶ 西汉王朝的政治机构，有内朝和外朝之别。其制度之定型，乃在武帝以后，特别是霍光辅政之后。所谓内朝，可以理解为以皇帝为中心的宫廷权力机构，而外朝，乃是以丞相为中心的政府权力机构。宫廷权力机构和政府权力机构的并立，作为皇帝制度下的基本要素之一，是始终贯穿于中华帝国的历史中的。本章所论述的西汉初年的宫廷和政府的问题，就是作为汉代内朝和外朝的先行形态来加以考虑的。关于汉代的内朝和外朝，可以参见劳榦《论汉代的内朝和外朝》(《劳榦学术论文集甲编》上)、杨鸿年《中朝官和外朝官》(《汉魏制度丛考》)、祝总斌《两汉的中朝官制度》(氏著《两汉魏晋南北朝宰相制度研究》)、西嶋定生「武帝の死」(氏著『中国古代国家と東アジア世界』)、富田健之「内朝和外朝——漢朝的政治構造的基礎考察」(『新潟大学教育学部記要』二七一二，1986 年)、藤田高夫「前漢後半期の外戚と官僚機構」(『東洋史研究』第 48 卷第 4 号，1990 年)等。
❷ 佐原康夫「漢代の官衙と属吏について」。

第 6 章　汉初军功受益阶层与汉代政治　　**211**

辖之下。❶ 据中国社会科学院考古研究所的发掘报告，少府或者其主要官署，在未央宫内，前殿西北的四号遗址，即其位置。❷ 将少府归属于宫廷机构，当也是没有问题的。太仆主管车舆马政，其职掌可以说是以宫廷为主，宗正主管皇帝宗室事务，太常主管陵寝和宗庙祭祀等事务，皆可以归属于宫廷机构类。

汉代的丞相府乃是拥有数百人的巨大官府。丞相及其家属在府内居住，三百多人的属吏也在丞相府四周的吏舍居住。丞相府四方有门，昼夜接受各处各地文书报告等，乃是宫廷外的另一政治中心。现在，西汉丞相府的准确地点尚不能确定，然而，其在长安城内、皇宫之外则是没有问题的。❸ 丞相之下，治粟内史主管国家财政，廷尉主管司法，中尉主管京城之守备，典客主管外交客礼，其都可以归属于政府机构类。❹ 与丞相并列的三公中，太尉为最高军职，不常置，其机构在宫外，也可以归入政府类。❺ 然而，所谓三公之一的御史大夫却比较复杂，不可不稍加辨别。

---

❶ 汉代之财政，明确有政府财政和帝室财政之别，最早对此做出区分的，是加藤繁的研究。可参见其论著『支那経済史考証』上（東洋文庫，1952年）。关于汉代财政的综合性研究，可参见山田胜芳『秦漢財政収入の研究』。

❷《汉长安城未央宫》第四章，中国大百科全书出版社，1996年。

❸ 西汉的丞相府在长安城内，皇宫之外。此点，由《史记》卷五十四《曹相国世家》、《汉书》卷五十八《公孙弘传》、卷六十六《杨敞传》等有关丞相府建筑的记载可以明确看出。详见佐原康夫「漢代の官衙と属吏について」。

❹ 西汉的治粟内史（大司农）的官府所在，现在尚不能确定。然而，据《汉书》卷九十田延年传、严延年传以及《后汉书》卷二十二苏不韦传等，可以推断其官府在长安城内，皇宫之外。这种由文献记载来判定官府地点的推断，间接而繁杂，在此一律省略。

❺ 关于西汉太尉府的具体位置，也未能确定。据《史记》卷九十七《陆贾传》，陆贾充当陈平和周勃之间的联络人，自由往来于丞相府和太尉府之间。又据《史记》卷九《吕太后本纪》，诛吕之变时，周勃为太尉，其活动被限制在宫外。后来，先夺取了北军，又掌握了南军，其活动才能够进入宫中。由此可以看出太尉府在宫外的位置关系。

御史，战国时代已有，其本义，为侍御王之史，乃王身边处理文书的官吏。统率诸御史的御史大夫，即王之秘书机构的负责人。❶ 秦帝国由秦王国演变而来，汉帝国由汉王国演变而来，秦汉两帝国之政府机构，都是王国机构的延伸。❷ 汉代之御史大夫机构，称御史大夫寺，设在宫中司马门内。《汉旧仪》曰："御史、卫尉寺在宫中。"《汉官仪》也说："御史大夫寺在司马门内，门无塾，门署用梓板，不起郭邑，题曰御史大夫寺。"司马门，又称公车司马门，即汉代皇宫之外门。显然，御史大夫寺乃在未央宫的司马门内。

汉代御史定员四十五人，其中十五人由御史中丞领，给事殿中为侍御史，其宿庐在未央宫中石渠门外，其余三十人留御史寺，由御史丞领❸，其工作都在宫内。汉初之诏书，由御史直接秉承皇帝之意草拟，经御史大夫下达丞相。❹ 这样看来，可以说，御史大夫之原点，乃是王或皇帝秘书机构的负责人，汉初的御史大夫，可以归属于宫廷类，其作用，乃是连接皇帝和丞相、宫廷和政府的中介。

综合以上所述，笔者将汉初之汉朝中央政治机构粗略地划分为以皇帝为中心的宫廷和以丞相为中心的政府两部分。宫廷权力机构，乃以帝后所在的长乐、未央两宫为核心，由两宫属吏及郎中令、卫尉、少府、太仆、太常、宗正等宫廷官僚组成。政府权力机构，乃以丞相府为中心，由廷尉、中尉、治粟内史、典客等官僚组

---

❶ 刘师培《论历代中央官制之变迁》，安作璋、熊铁基《秦汉官制史稿》第一章第三节转引，原书未见。
❷ 参见本书第3章。
❸ 见卫宏《汉官旧仪》。石渠门，当为未央宫石渠阁之门。其位置，在未央宫前殿西北。详见《汉长安城未央宫》第一章第三节。
❹ 大庭脩『秦漢法制史の研究』第二章第三节。

成。在这两者之间，御史大夫起着中介之连接作用。

二、吕后宫廷之形成

我们知道，刘邦自起兵至死，基本上是在军营和战争中度过，其与臣下的关系，一直没有完全脱离芒砀山亡命以来的民间习气，即盛行于当时的连接个人的"任侠"风气和连接社会集团的"主客"关系。❶ 汉之宫室建筑，如主殿之未央宫、长乐宫等，皆于高帝七年以后方才落成，汉之宫廷机构制度，也在高帝七年以后，经叔孙通制定仪礼，方才初具形态。❷

考刘邦之周围近臣，汉王时代有卢绾和刘交。卢绾，刘邦同乡同里，同年同月同日生的少年朋友，从起于沛县，在诸功臣中最为亲近，汉王时代以将军太尉常从侍中，"出入卧内"（《汉书》卷三十四《卢绾传》）。刘交，刘邦异母弟，从起于沛县，史称"交与绾常侍上，出入卧内，传言语诸内事隐谋"（《汉书》卷三十六《楚元王传》）。称帝以后，刘交封楚王，卢绾封燕王，其时，御史大夫周昌常从"燕入奏事"（《汉书》卷四十二《周昌传》）。似乎接替了卢绾和刘交的角色。御史大夫之属吏御史常侍皇帝起草诏令，政令由御史大夫下达丞相。周昌以后，御史赵尧继为御史大夫，在刘邦身边主持诏令之起草下达，隐然有内廷之雏形。

然而，刘邦之行动多随军营流动于各地，并不固定于首都宫廷，因而，终刘邦之世，汉朝之宫廷权力机构并未固定成形，宫廷

---

❶ 参见劳榦《论汉代的游侠》（《劳榦学术论文集甲编》上）；增淵龍夫「漢代における民間秩序の構造と任侠的習俗」第一編第三章（氏著『中国古代の社会と国家』）；木村正雄「秦末の諸反乱」（氏著『中国古代農民反乱の研究』第二編第一章）；西嶋定生『秦漢帝国』第二章之四。

❷ 《汉书》卷一《高帝纪》，卷四十三《叔孙通传》。

禁中与政府外臣也未隔绝。据《汉书》卷四十一《樊哙传》，高帝十一年，"高帝尝病，恶见人，卧禁中，诏户者无得入群臣。群臣绛、灌等莫敢入。十余日，哙乃排闼直入，大臣随之。上独枕一宦者卧。哙等见上流涕曰：'始陛下与臣等俱起丰沛，定天下，何其壮也！今天下已定，又何其惫也！且陛下病甚，大臣震恐，不见臣等计事，顾独与一宦者绝乎？陛下独不见赵高之事乎？'高帝笑而起。"这种臣下闯宫直入禁中卧内的事，不管是在秦还是在高帝以后的汉，都是不可想象而且是不可能的事，正好是宫廷尚未与政府完全隔绝之事例。

高帝十二年，刘邦死去。次年，惠帝即位，在位七年，吕后称制，八年后死去。惠帝、吕后之十五年间，汉朝政治由吕后主持，故司马迁立吕后本纪而不立惠帝本纪。《史记》卷九《吕太后本纪》太史公曰："孝惠皇帝、高后之时，黎民得离战国之苦，君臣俱欲休息乎无为，故惠帝垂拱，高后女主称制，政不出房户，天下晏然。""政不出房户"一语，《汉书》卷三《高后纪》作"不出房闼"。师古注曰："闼，宫中小门。"也就是说，吕后当政期间，其政治之营运，完全在宫中进行。以此度之，汉朝之宫廷政治和宫廷权力机构之出现，也当在这个时期。

考吕后宫廷政治和宫廷权力机构之形成，乃是以太后所在的长乐宫为主，以皇帝所在的未央宫为副，通过对于以郎中令、卫尉等宫廷官僚的人事任命而逐渐形成的。

我们知道，惠帝、吕后之行迹，与刘邦完全不同，始终以首都宫廷为中心。高帝十一年，吕后于长乐宫钟室使武士斩韩信，就是以宫廷为据点的政治活动（《汉书》卷三十四《韩信传》）。据《史记》卷八《高祖本纪》，高帝十二年刘邦死时，吕后曾与审食其谋不发丧，欲诛大臣诸将，后因郦商之谏审食其而作罢。这个历史故事可信度很低，不过，这个历史故事所反映的政治权力与空间建筑的关系，却是可信的。❶ 刘邦死于长乐宫，不发丧诛大臣，就是据宫政变，占据宫廷以攻击政府大臣。其时，卫尉为高帝功臣郦商，领南军负责长乐、未央诸宫殿之守卫，由于他的反对，此事作罢。这件事，一方面说明吕后尚不能完全控制宫廷；另一方面，说明吕后力图以长乐宫为中心，对抗宫外之政府大臣。

惠帝即位，吕后以刘泽任卫尉取代郦商。刘泽为刘邦从祖昆弟，其妻为吕后妹吕嫛的女儿，兼刘吕两氏之亲，以其掌长乐、未央之守卫，可谓吕后控制宫廷之一步。几乎同时，吕后以陈平为郎中令，取代王恬启。我们知道，陈平与刘邦集团渊源不深，背楚归汉后，得到刘邦个人的宠信，长期担任刘邦集团军情机构的首脑，一直与绛、灌等元功宿将不和，他长于阴谋权术，善于见风使舵，为一接近宫廷之近幸臣类人物。❷ 据《汉书》卷四十《陈平传》，刘邦死时，陈平与周勃俱在燕国军中，闻刘邦死讯后一人迅速返回，途中逢使者诏陈平与灌婴屯于荥阳。然而，陈平受诏后，并不赴任，而是马上驰至长安宫中，于丧前奏事于吕后，"因固请之，得宿卫中。太后以为郎中令，日傅教帝"。也就是说，陈平于刘邦死后，迅速取得吕后之信任，得以不离宫廷，在惠帝身边侍从主事。陈平之任郎中令，为其和吕后彼此靠近的一步。

惠帝五年末，丞相曹参死，六年，陈平为左丞相，郎中令由冯

---

❶ 参见拙著《汉兴：从吕后到汉文帝》第四章之二"仁弱的汉惠帝"。笔者想要指出，西汉初年，汉政府出于自身的政治利益需要，对于历史记载曾多次进行修改。较大的修改至少有三次。一、对于秦王朝历史的修改。二、对于汉曾经从属于楚、汉王国乃是项羽的封国等有关汉之由来的隐瞒，参见本书结语第三节之三。三、对于吕氏政权历史的修改。可参见拙著《汉兴：从吕后到汉文帝》第五章《吕氏政权的兴亡》。
❷ 关于历史上陈平其人的真实面貌，请参见拙著《楚亡：从项羽到韩信》第二章之五"古代的克格勃"。

无择继任。据《史记》卷十九《惠景间侯者年表》，冯无择"以悼武王郎中，兵初起，从高祖起丰，攻雍丘，击项籍，力战，奉卫悼武王出荥阳，功侯"。悼武王，吕后兄吕泽，高帝时因功封为周吕侯，吕后追封为王。冯无择为沛县人，为丰沛元从集团之元功宿将，长期跟随吕产，吕后元年封为博城侯。看得出来，冯无择是功臣元从集团当中极为亲近吕氏的功臣，由他来担任郎中令，显然是吕氏宫廷政治之重要布局。

笔者以为，汉代宫廷权力机构和宫廷政治之成形，当在惠帝死后。据《史记》卷九《吕太后本纪》，惠帝死时，"发丧，太后哭，泣不下。留侯子张辟彊为侍中，年十五，谓丞相曰：'太后独有孝惠，今崩，哭不悲，君知其解乎？'丞相曰：'何解？'辟彊曰：'帝无壮子，太后畏君等。君今请拜吕台、吕产、吕禄为将，将兵居南北军，及诸吕皆入宫，居中用事，如此则太后心安，君等幸得脱祸矣。'丞相乃如辟彊计。太后说，其哭乃哀。吕氏权由此起"。据《汉书》卷九十七《外戚传》，接受张辟彊策者为左丞相陈平，其在政治上小心迎合吕后。

已如前述，汉代宫廷京城之守卫大体可以分为两部分，长安内外之各宫城，由卫尉领南军守卫，长安城门四周，宫外城中，由中尉领北军守卫。惠帝以来，卫尉一直由吕氏之亲的皇族刘泽担任❶，吕后四年，卫尉由卫无择继任。卫无择为高帝功臣，任卫尉之同年四月，受吕后之封为乐平侯，当为吕后信赖之人。从吕后元年起，南军由吕禄直接统领，吕氏直接即掌握了各宫殿之出入守备，完全控制了宫廷。

汉之中尉，一直由功臣担当，惠帝时任此职者为戚鳃。戚鳃，

---

❶ 参见本书附录"高帝—武帝期间三公九卿、王国相及郡太守表"。

功臣，高帝十一年二月在中尉任上封为临辕侯，大概一直任到惠帝四年死，其后任不详。吕产领北军，当兼中尉之任，掌握了长安城内外之出入守备，控制了京城，其权限所及，不仅拱卫宫廷，且直接威临城内之各政府机构、将相列侯。故《史记》卷九《吕太后本纪》叙述吕后死后之长安紧张形势说：吕禄、吕产"各将兵居南北军，皆吕氏之人。列侯群臣莫自坚其命"。即是说长安城内之官僚功臣们，因吕氏控制了南北军而人人自危，动弹不得。所谓"吕氏权由此起"，就是讲的吕氏之权力，由吕氏掌控卫尉、中尉，直接统领南北军，控制京城长安及各宫殿之守卫开始。

我们知道，南军仅仅负责宫城之守卫，但并不能自由出入殿中省内，殿中省内即皇帝身边之侍从警卫，由郎中令领郎官负责，郎中令为当时宫廷皇权的核心人物。惠帝时，郎中令先后由亲近吕氏的陈平和冯无择任。吕后三年，冯无择死，郎中令由贾寿继任，贾寿其人其事，史书几乎没有记载，其为郎中令事，为《百官公卿表》所不载。❶据《史记》卷九《吕太后本纪》，吕后七年八月，吕氏与大臣们关系极为紧张，吕产欲归北军指挥权于太尉周勃而之国。其时，"郎中令贾寿使从齐来，因数产曰：'王不蚤之国，今虽欲行，尚可得邪？'具以灌婴与齐楚合从，欲诛诸吕告产，乃促产急入宫"。以此看来，贾寿毫无疑问为吕氏同党，其为郎中令，当然是吕氏政治之人事。

我们也知道，惠帝时之汉朝政治，名义上由惠帝当政，以未央宫为皇帝宫廷，实际上则由吕后主政，以长乐宫为政治之中心。居长乐宫之吕后，其身边侍从主事，主要由审食其担当。审食其，高

---

❶《汉书》卷十九《百官公卿表》及《史记》卷二十二《汉兴以来将相名臣年表》皆不记贾寿为郎中令事，此乃前文所言汉政府修改关于吕氏政权历史的具体事例之一。

帝功臣,沛县人,起兵以来,一直留在沛县照顾吕后及刘邦家属,一同身陷项羽军中为人质,深为吕后所信任,成为吕后暗通款曲的情人。吕后元年,审食其为左丞相,然"左丞相不治事,令监宫中,如郎中令。食其故得幸太后,常用事,公卿皆因而决事"(《史记》卷九《吕太后本纪》)。据此,惠帝以来,虽然郎中令一职一直由吕后择人控制,然仍主要限于皇帝所在的未央宫一边,吕后所在的长乐宫,当一直由最亲近吕后的审食其主持,其职务相当于郎中令,为政府大臣与长乐宫相联系的中介,吕氏宫廷政治的核心人物。

吕后以女主临天下,出入有诸多不便,其宫廷政治之另一重要部分,当是宦官。以百官表而言,宦官当由少府及詹事掌管。惠、吕时期之詹事任者不明,少府则从高帝期起,一直由阳城延担任,吕后元年受封为梧侯。阳城延军匠出身,负责长安城及长乐未央等各宫殿之建筑,不闻多与政治。吕后所幸宦者,有大谒者张释,内通宫中,外及大臣民间,诸吕、刘泽之封王,皆由田生说动张释,由张释外风大臣,内言吕后而成。高后八年四月,张释受吕后之封为建陵侯,同时,"诸中宦者令丞皆为爵关内侯,食邑五百户"(《史记》卷九《吕太后本纪》)。张释,可谓吕后宫廷政治之又一重要人物,为宦官之代表,汉代之宦官政治,当起于此时。

综上所述,我们可以说,汉代之宫廷政治,起于惠帝期之吕后主政,其宫廷政治机构之成形,则是在惠帝死、吕后临朝称制以后。吕后宫廷以吕后为中心,主要由三部分组成:一、以吕氏家族为中心的外戚集团;二、以审食其为中心的亲近吕氏的功臣集团;三、以张释为中心的宦官集团。吕后宫廷乃以长乐宫和未央宫为中心,进而控制长安城及政府机构,发号施令于天下。❶ 宫廷政治的

---

❶ 惠帝一朝以来,长乐宫成为太后的居所,未央宫成为皇帝的居所、朝廷的(转下页)

一大特点,就是宫内与宫外之严格分断,宫内之宫廷决策制令,宫外之政府承命执行,分断宫内宫外之关键,乃卫尉和南军,分断殿内殿外之关键,则是郎中令。

三、汉初丞相之任选与汉初军功受益阶层之关系

如上述,在西汉初年,汉帝国中央政府所在的汉王朝,政治权力可以划分为以皇帝为中心的宫廷、以丞相为中心的政府两大部分。在当时,宫廷皇权尚在形成阶段,汉王朝政治权力的重心长期在以丞相为中心的政府,丞相之人选往往就是汉王朝政治的焦点所在。为了便于讨论这个问题,首先列西汉初年之丞相表(表6-1)如下❶:

表6-1 高帝—景帝期 丞相表

	氏名	籍贯	爵位	阶层	任期
高	萧何	泗水 沛	酂侯	军层	高元年—惠二年七月 卒
惠吕	萧何	泗水 沛	酂侯	军层	高元年—惠二年七月 卒
	曹参	泗水 沛	平阳侯	军层	惠二年七月—五年八月 卒
	王陵	泗水 沛	安国侯	军层	惠六年十月—吕元年十一月 迁太傅
	陈平	砀 户牖	曲逆侯	军层	惠六年十月—文二年十月 卒
	审食其	泗水 沛	辟阳侯	军层	吕元年十一月—七年七月 迁太傅 吕八年九月—后九月 免
	吕产	砀 单父	洨侯	外戚+军层2	吕七年七月—八年九月 杀

(接上页)所在。惠帝去世后,先后所立两位幼帝当居未央宫。吕后临朝称制,处理政务的场所,应当也在未央宫。因此之故,她或者是频繁往来于长乐宫和未央宫之间,或者是常住未央宫。《汉书·高后纪》载,高后八年七月,"皇太后(吕雉)崩于未央宫"。据此推断,吕后或许常住未央宫。

❶ 本表乃据本书附录"高帝—武帝期间三公九卿、王国相及郡太守表"做成。

续表

	氏名	籍贯	爵位	阶层	任期
文	周勃	泗水 沛	绛侯	军层	文元年十月—八月　免
					文二年十一月—三年十二月　免
	灌婴	砀 睢阳	颍阴侯	军层	文三年十二月—四年十二月　卒
	张苍	三川 阳武	北平侯	军层	文四年正月—后二年八月　老免
	申屠嘉	三川 梁	故安侯	军层	文后二年八月—景二年六月　卒
景	申屠嘉	三川 梁	故安侯	军层	文后二年八月—景二年六月　卒
	陶青	楚	开封侯	军层2	景二年八月—七年六月　免
	周亚夫	泗水 沛	条侯	军层2	景七年六月—中三年九月　免
	刘舍	楚	桃侯	军层2	景中三年九月—后元年七月　免
	卫绾	代	建陵侯	军吏	景后元年八月—武建元元年六月　免

由此表我们可以看出，汉初之丞相，从第一任萧何到第十任申屠嘉，除吕产因涉及诛吕之变，当作他论而外，皆为汉初军功受益阶层之最上层，即功臣列侯之第一代。从第十一任之陶青到第十三任之刘舍，皆为功臣列侯之第二代。从第十四任之卫绾开始，丞相第一次由汉初军功受益阶层以外的人担当，其时代已在景帝末年。也就是说，西汉初年，从高帝到景帝末，丞相例由功臣列侯世袭担当，即非功臣列侯不能任相。

汉之第一任丞相萧何。萧何为沛县人，举宗数十人从刘邦起沛，定制度守关中，于汉有万世之功，汉初评位次第一，封侯食邑万户，为刘邦集团之核心——丰沛元从集团之核心人物。他之任相终身，就是以丰沛元从集团之第一号人物出任汉之第一任丞相。❶

汉之第二任丞相为曹参。据《汉书》卷三十九《曹参传》，萧

---

❶ 笔者从地域构成的角度，将刘邦集团分为丰沛元从集团、砀泗楚人集团、秦人集团、多国合纵集团四个地域集团，参见本书第5章。

第6章　汉初军功受益阶层与汉代政治　　221

何死时，曹参在齐相任上，"萧何薨，参闻之，告舍人趣治行，'吾且入相'。居无何，使者果召参"。可见，曹参在得知萧何的死讯后，确信丞相一职非己莫属，在诏令未到时就已公然宣称并开始作进京的行装准备。曹参何以如此自信呢？我们知道，曹参乃是丰沛元从集团中与萧何并列的另一核心人物。曹参也是沛县人，秦时与萧何俱任沛县小吏，同时随刘邦起于沛，与刘邦共定天下。史书中往往以"萧曹"并称，"萧曹"一语，在史书中已成了刘邦集团之核心，即丰沛元从集团之代名词。萧何属文官，多在后方主持政务，曹参久在军中，身经百战，依军功在列侯中当排第一，只是由于刘邦个人的干预，屈居萧何之下排位第二（《汉书》卷三十九《萧何曹参传》）。

我们知道，西汉初年，严格地按照军功爵赏法令论功行赏，排位定职❶，刘邦拔萧何为第一，已造成萧曹不和，功臣们也心多不服。高帝六年以后，曹参外居齐为相，齐国大治。至惠帝二年，萧何以后，汉初军功受益阶层内没有任何人之资历功劳可以和曹参相比，曹参之当继任萧何为丞相一事，乃汉初军功受益阶层内论资排辈的当然结论。在当时汉初军功受益阶层主导政府，因功劳排位次定官职的政治环境下，这个结论可以说是汉朝内外、君臣上下一致的共识。曹参本人之自信，其根源就在这里。曹参任相之时，汉初军功受益阶层完全控制了政府和汉朝政治。

惠帝五年，曹参死于丞相任上，丞相一分为二，吕后任命王陵

---

❶ 关于西汉初年功臣列侯位次的制定及其意义，参见松島隆真「漢王朝の成立——爵を手がかりに」(『東洋史研究』第69卷第2号，2010年)；楯身智志「漢初高祖功臣位次考——前漢前半期における宗廟制度の展開と高祖功臣列侯の推移」(『東洋学報』第90卷第4号，2009年)；邊見統「高祖系列侯位次の政治的意義——位次の制定と改定を中心に」(『史学雑誌』第123編第7号，2014年)。

为右丞相，陈平为左丞相。王陵也是沛县人，从起于沛县，刘邦反秦进军关中时，王陵留南阳自立，不从入关，又善刘邦仇人雍齿，故后封为安国侯，排位在十二。然王陵本为沛县之豪民，刘邦微时兄事之，母为人质死于项羽军中，豪侠任气，在丰沛元从集团中深具威望，是另一核心人物，其出任丞相，乃以丰沛元从集团之元老就任。陈平为砀郡户牖人❶，先事魏王咎，后事项羽，汉二年以后方才加入刘邦集团，与刘邦集团之核心和中坚并无深厚的渊源，长期受到丰沛元从集团和砀泗楚人集团的排斥，只是以其智慧权术，受刘邦个人之赏识，得以在刘邦集团中立住脚。汉初分封排位，只在第四十七，以资历和实力论，皆不足以任相。然而，如前述，陈平多智善变，长于审时度势，刘邦死后，他迅速取得吕后的信任，任郎中令得以不离开宫廷。

　　吕后分丞相为二，右丞相以丰沛元从集团之实力元老王陵出任，乃是遵循以往的惯例，左丞相以亲近吕氏之功臣陈平出任，反映了宫廷皇权对于政府权力的渗透，但并不违背惯例。高后元年，王陵反对吕后封诸吕为王，除相迁太傅，陈平升任右丞相，审食其出任左丞相。审食其为丰沛元从集团之元老，也是汉初军功受益阶层中亲吕集团之代表人物，他与陈平共任丞相，反映了宫廷皇权对于政府权力的介入，但仍然在惯例之内。

　　据《史记》卷九《吕太后本纪》，高后八年七月，吕后死，"以左丞相审食其为帝太傅"，"以吕王产为相国"。吕产为吕后兄吕泽之子，吕后元年封为汶侯，六年封为吕王，七年为梁王，从吕后元年起即掌南军，负责宫廷之警卫。诸吕无功封侯，非刘氏而王，有

---

❶ 关于陈平籍贯，请参见本书第5章第一节表5-4之注。

违于白马之盟，已造成吕氏宫廷和政府功臣间之紧张❶，由于吕后之主持，陈平之调和，两者间尚可相互忍让。然吕后死，吕产以一无功之外戚出任相国，打破了汉建国以来功臣列侯任丞相之惯例，破坏了宫廷和政府之间微妙的政治平衡，直接引发了诛灭吕氏一族的武装政变——诛吕之变❷，故《史记》卷五十七《绛侯周勃世家》曰："吕禄以赵王为汉上将军，吕产以吕王为汉相国，秉汉权，危刘氏。勃为太尉，不得入军门。陈平为丞相，不得为任事。于是勃与平谋，卒诛诸吕而立孝文皇帝。"正因为如此，吕产成了西汉初年唯一被杀身亡的丞相。吕后八年九月，吕产与诸吕被诛。同月，审食其复为左丞相。后九月，代王一行至长安。

文帝元年十月，文帝即位。文帝之即皇帝位，乃是出于功臣们的推举，即位以后，宫廷和政府再次分治，恢复功臣列侯任相之惯例。元年十月，以太尉周勃为右丞相，右丞相陈平为左丞相。八月，周勃免相。汉之丞相，复为一人专任。二年十月，陈平死。十一月，周勃继任，至三年十二月免，由灌婴继任，至四年十二月死于任。

周勃，沛县人，从刘邦定天下，封绛侯，为太尉，在功臣中排名第四，为丰沛元从集团之元老，大概从起时年轻，不像萧、曹、王陵、夏侯婴等与刘邦为同年旧交，故史书往往将其与少年将军灌

---

❶ 白马之盟所确定的汉皇帝、诸侯王和功臣列侯的关系，参见本章第一节。关于诸侯王国，请参见本书第3章。

❷ 在本次改定中，对于吕后去世后发生的这一场政变，我用"诛吕之变"的新词，取代了史学界多年沿用的"诸吕之变"的旧称。之所以如此，有两个理由。其一，这次政变是功臣集团联合齐王一系刘氏皇族发动的武装政变，诛吕之变的用语表达了他们是政变的主动发起者，政变的目的是消灭吕氏一族，更准确贴切。其二，在这次政变中，吕氏一族是被动的失败者。而诸吕之变的旧称，表达了政变的发动者是吕氏一族，这是歪曲历史，是胜利者篡改历史的标签。其详细，参考拙著《汉兴：从吕后到汉文帝》第五章之八"诛吕之变"。

婴并举，称绛灌之属以指代萧曹以下之较为年少一辈的丰沛砀泗功臣元老。周勃之为右丞相，乃出于陈平之推让。据《汉书》卷四十《陈平传》："文帝初立，怪平病，问之。平曰：'高帝时，勃功不如臣；及诛诸吕，臣功也不如勃，愿以相让勃。'于是上乃以勃为丞相，位第一；平徙为左丞相，位第二。"当时，汉之功臣们势力扩张，比功定位、论资排辈的风气再次盛行，陈平自度功劳资历不足，再次施谋，以退为进。❶周勃少文不任吏事，又功高震主，使文帝感到威胁，终至免相之国，丞相由灌婴接任。

灌婴，砀郡睢阳人，少年从起于砀，因功封颍阴侯，在功臣中排名第九，为砀泗楚人集团之名将，在刘邦集团中与周勃齐名。文帝四年，灌婴死于任上，丞相由张苍继任。张苍三川阳武人，旧秦御史，从起于秦二世三年，因功封北平侯，排位第六十五。张苍任相至文帝后二年，历十五年之久，以老免。其后任为申屠嘉。

申屠嘉，梁人，非从入蜀汉之旧部，而是楚汉战争中加入刘邦集团之士卒，初为材官蹶张，后迁队率，高帝末年迁为都尉，惠帝时为淮阳守，文帝元年封关内侯，十六年，迁为御史大夫。申屠嘉之经历，乃为汉初军功受益阶层下层之普通士兵，经年月积功劳，一步一步升迁至于顶点之典型。据《汉书》卷四十二《申屠嘉传》："张苍免相，文帝以皇后弟窦广国贤有行，欲相之，曰：'恐天下以吾私广国。'久念不可。而高帝时大臣余见无可者，乃以御史大夫嘉为丞相，因故邑封为故安侯。"从汉初到文帝后元，已有四十余年，汉初军功受益阶层之第一代，非亡即老，健在能任事者

---

❶ 关于陈平推让之详细解读，参见拙著《汉兴：从吕后到汉文帝》第六章之三"绛侯周勃"。

已不多了，文帝有意改变功臣列侯任相之惯例，仍然办不到，还是只能在功臣中选任。

申屠嘉景帝二年死，其时，第一代功臣已无健在者了，因惯例之余，由功臣列侯之第二代担任丞相。陶青，功臣开封侯陶舍子。周亚夫，周勃子。刘舍，功臣桃侯刘襄子。至景帝后元元年，方有非汉初军功受益阶层出身的卫绾任丞相。卫绾，代人，以郎事文帝，迁中郎将。景帝初为河间王太傅。平吴楚七国之乱有军功拜中尉，封建陵侯，后迁太子太傅，御史大夫，为笔者所谓的军者＋近臣类型人物。❶ 笔者曾经论及，汉初军功受益阶层对于汉朝政治之支配，大致于景帝时丧失❷，卫绾之出任丞相，正是汉初军功受益阶层之影响力从汉代政治中消失的标志。

综上所述，可以说，汉初丞相之任，自有其不成文的法规，即丞相从功臣列侯中选任。此法规以故事惯例的形式存在，明确而严格，君臣皆不能违反。该惯例与白马之盟是一体两面，非功臣不侯，非侯不相，保证了汉初军功受益阶层对于汉朝政府的支配权。不言自明，相对于此的，则是刘氏皇族对于宫廷和诸侯王国的支配权，即非刘氏不王，刘家天子。❸ 西汉初年，丞相一职为保持皇族和汉初军功受益阶层间政治平衡之关键，其人选，在维持非功臣列侯不相惯例的同时，又根据皇权之更迭变动而在功臣列侯中调整选任。❹

---

❶ 参见本书第 2 章第一节。
❷ 参见本书第 2 章第二节。
❸ 参见本章第一节。
❹ 关于汉初的功臣列侯与政治的关系问题，可以参见廖伯源《试论西汉时期的列侯与政治的关系》(《历史与政治》，香港教育图书公司，1997 年)。

第三节 文帝政治与汉初军功受益阶层

一、文帝即位与代国旧臣

公元前179年,代王刘恒即汉皇帝位于长安代王邸,是为文帝。刘恒为刘邦中子,高帝十一年立为代王。初立时,年仅八岁❶,政务当主要由其相傅宽主持。傅宽,砀泗楚人集团之元老功臣,楚时从起于砀郡横阳,汉以来以功封阳陵侯,在功臣中排名第十。傅宽先任齐相,高帝十一年任代相,惠帝五年死。傅宽以后之代相,史失载其名。❷

文帝即位时,年已二十三岁,正当壮年,其从高帝末经惠帝吕后期,足足做了十五年代王,已经牢牢地统治着代国,拥有完整的代国政权机构。文帝之长安以前,代国君臣曾经就要不要进京即位一事进行讨论,以郎中令张武为首的多数大臣表示反对,中尉宋昌表示赞同。文帝犹豫未定,后占卜,得吉兆,遣舅薄昭之长安见大臣协商,终于决定进京即位。代国政权机构之构成,从其决策运行,大致可以看到一个清楚的轮廓。

据《汉书》卷四《文帝纪》,文帝由代之长安即位时,"乃令宋昌骖乘,张武等六人乘六乘传诣长安"。先至高陵止,遣宋昌

---

❶ 据《史记》卷十《孝文本纪》集解引徐广曰:公元前157年文帝死时"年四十七"。以此推算,高帝十一年,即公元前196年刘恒立为代王时,不过八岁。

❷ 在傅宽以前,张苍曾经作过代相,然而,张苍为代相,在高帝六、七年,其时之代王先为刘邦兄刘喜,后为刘邦子刘如意。张苍后来回长安在相国府供职主计,高帝十一年出任淮南相,从其经历来看,当没有做过代王刘恒之相,但他毕竟同代国人士有联系,他后来接任灌婴久任汉丞相,可能与此有关。可参本书附录"高帝—武帝期间三公九卿、王国相及郡太守表"及《史记》《汉书》有关传纪,节省篇幅起见,恕不一一引出。

先之长安观变。宋昌还报后，文帝一行至渭桥，接受汉朝群臣之拜谒。其时，"太尉勃进曰：'愿请间。'宋昌曰：'所言公，公言之；所言私，王者无私。'太尉勃乃跪上天子玺。代王谢曰：'至邸而议之。'"高后八年后九月晦日己酉，入长安，舍代王邸，接受群臣之拥戴，即皇帝位。当日夕，入未央宫，夜拜宋昌为卫将军，镇抚南北军。以张武为郎中令，行殿中。然后下诏书大赦天下，宣布即位。❶

通过上述文帝即位之一连串行动，我们可以看出，代国旧臣自始至终环绕文帝周围，担当着重要的角色，就在文帝即位的同时，以代国旧臣为核心，新的汉朝宫廷就已经形成了。已如前述，汉朝宫廷之组成，郎中令和卫尉是最为关键的两个职务。郎中令领郎官负责皇帝身边的警卫侍从，乃宫廷之内卫，非腹心不能担当。

张武，出自不明。笔者已经论及，文帝之代国旧臣，从其出身而言，大体有两种类型❷：一种为高帝旧部，即所谓汉初军功受益阶层出身者，如前述代相傅宽，下述中尉宋昌；另一种为文帝在代国所网罗的代国士人，如前述景帝末年曾担任丞相的卫绾，其为代人，以戏车为郎侍文帝，从代之长安，迁中郎将属郎中令张武。张武，当与卫绾为同一种类型。文帝在代时，张武即为郎中令，参与文帝之大政决策，文帝即位当日，就由代郎中令任命为汉朝之郎中令。文帝在位期间，张武一直担任郎中令，任职二十三年，文帝死时，以郎中令为复土将军，负责文帝之陵墓葬事，可谓从始从终。《汉书》卷四《文帝纪》赞说："张武等受赂金钱，觉，更加赏赐，以愧其心。"虽然讲的是文帝之仁德，也可清楚地看出文帝与

---

❶ 关于文帝即位之详细，参见拙著《汉兴：从吕后到汉文帝》第五章之十"代王刘恒进京即位"。
❷ 本书附录"高帝—武帝期间三公九卿、王国相及郡太守表"，特别是第287页注2。

张武关系之深厚。

汉朝宫廷之另一关键职务为卫尉,负责宫城之警卫,也是非亲近之人不能担任的。宋昌,为项羽所杀的楚将宋义之孙❶,据《史记》卷十九《惠景间侯者年表》,宋昌"以家吏从高祖起山东,以都尉从守荥阳,食邑"。宋昌在高帝时已为都尉受爵食邑,或为傅宽旧部,在代得文帝之信任,任代国中尉成为文帝之腹心。宋昌为文帝进京之劝进者,文帝元年四月,以功封壮武侯。文帝即位的当晚,即拜宋昌为卫将军,统领南北军。如前述,汉初之南军负责宫城之守卫,由卫尉领,北军负责京城之守卫,由中尉领。至此,南北军合并由宋昌兼领。❷ 考其时汉之卫尉有足,为高帝时旧部,中尉不知何人,或者由宋昌兼任。

文帝即位之时,以腹心之代国旧臣张武为郎中令,宋昌为卫将军领南北军,意味着文帝完全控制了汉之宫廷。据《汉书》同纪,文帝元年六月,"乃修代来功。诏曰:'方大臣诛诸吕迎朕,朕狐疑,皆止朕,唯中尉宋昌劝朕,朕已得保宗庙。已尊昌为卫将军,其封昌为壮武侯。诸从朕六人,官皆至九卿。'"如上述,文帝由代之长安即位时,"乃令宋昌骖乘,张武等六人乘六乘传诣长安"。也就是说,随同文帝从代国来长安之代国旧臣,除宋昌外,其重要者尚有六人,皆出任汉之九卿,其中,名字可考者,唯有郎中令张武。

在文帝之代国旧臣中,尚有一重要人物,即外戚薄昭。薄昭

---

❶ 宋义父子事,参见拙著《秦崩:从秦始皇到刘邦》第六章之六"宋义的发达"、之八"项羽杀宋义"。

❷ 关于汉代南北军,参见劳榦《论汉代的卫尉与中尉兼论南北军制度》(氏著《劳榦学术论文集甲编》上)。关于南北军之废置问题,请参见杨鸿年《南军北军》(氏著《汉魏制度丛考》)。

为文帝母薄太后弟,据《史记》卷十九《惠景间侯者年表》,薄昭"高祖十年为郎,从军,十七岁为太中大夫,迎孝文代,用车骑将军迎太后,侯,万户"。据此,薄昭于高帝末年已为郎从军,刘邦死后随文帝母子之代国,代王十七年,以太中大夫为使者赴长安见汉大臣商量文帝即位事。文帝即位后,拜车骑将军封为轵侯,当为往来禁中、在长乐宫太后和未央宫皇帝两者间用事之要人。据《汉书》卷四十四《淮南王传》,文帝时淮南王刘长骄纵不法,"自薄太后及太子诸大臣皆惮厉王","薄昭为将军,尊重,上令昭予厉王书谏数之"。又,丞相周勃被告反下狱,也由薄昭言于太后而得出狱免事,皆可证其活动于宫廷政治之核心。

总而言之,文帝长期统治代国,在代国拥有完整的政权机构。他入汉即皇帝位后,以代国旧臣为中心形成了新的汉朝宫廷机构,以此为基础,一步一步确立他对汉朝政权之控制。考文帝之一生,始终对代国臣民恩宠有加。文帝二年立皇子刘武为代王,后改立皇子刘参。三年,"幸太原,见故群臣,皆赐之。举功行赏,诸民里赐牛酒。复晋阳、中都民三岁租。留游太原十余日"。十一年十一月"行幸代",至正月还,滞留近两月。尔后,后元三年、五年,又两次幸代国,都显示了文帝对自己的发祥之地的特殊待遇。

二、列侯之国与侯国迁移

据《汉书》卷四《文帝纪》,二年冬十月,诏曰:"朕闻古者诸侯建国千余,各守其地,以时入贡,民不劳苦,上下欢欣,靡有违德。今列侯多居长安,邑远,吏卒给输费苦,而列侯也无由教训其民。其令列侯之国,为吏及诏所止者,遣太子。"这就是有名的遣列侯之国诏。

汉初之列侯，皆在长安赐有侯邸，多偕家居于京城。诸列侯之封国，或在汉郡，或在王国，远者离长安数千里，侯国政务，由列侯委任家吏管理，侯国之租税、贡赋、徭役等的提供，要从当地辗转送到长安之侯邸，确是非常不便。❶ 故诏书列举"吏卒给输费苦，而列侯也无由教训其民"，以为列侯之国的两大理由。然而，列侯居长安，乃有汉以来的惯例，高帝、惠帝、吕后三朝皆无事因循，文帝强使列侯之国以管理不便为由，不过是表面的借口，真正的理由是在政治上。

我们知道，文帝由代王入继皇帝，乃是汉朝大臣们在成功地消灭吕氏外戚后，根据自己的政治利益在刘氏诸王中所做的选择。❷ 当初，文帝及其代国臣下并不信任迎立代王的汉朝大臣们。据《史记》卷十《孝文本纪》，诛吕之变后，丞相陈平、太尉周勃等使人迎代王，以郎中令张武为首的多数大臣皆认为不可，他们纷纷议论说："汉大臣皆故高帝时大将，习兵，多谋诈，此其属意非止此也，特畏高帝、吕太后威耳。今已诛诸吕，新喋（蹀）血京师。此以迎大王为名，实不可信。愿大王称疾毋往，以观其变。"显示了代国大臣们对于高帝功臣的不信任感。后来，文帝接受了汉初军功受益阶层出身的宋昌的意见，进京继承了汉之皇位，然而，终其一生，他始终依赖代国旧臣为腹心以控制宫廷，与高帝功臣们保持着相当的距离。

汉初之列侯，乃汉初军功受益阶层之代表，诛吕之变，主要是以吕氏为中心的宫廷政治势力和汉初军功受益阶层政治势力冲

---

❶ 关于汉初期侯国管理中的问题，贾谊《新书》，特别是《属远篇》有详细论述。
❷ 关于列侯功臣们选择文帝的理由和议论，见于《史记》卷九《吕太后本纪》。也请参见拙著《汉兴：从吕后到汉文帝》第五章之九"失意的齐王一系"。

突的结果，是列侯大臣们所发动的一次成功的政变。❶ 政变之所以能够成功，实在是与列侯们居于京城之中，能够互相联络串通有极大关系。据《汉书》卷四十三《陆贾传》，发动政变的两个关键人物，太尉周勃和丞相陈平，就是由陆贾在周陈两家邸宅间走动而连接起来的。政变能够成功的关键，乃是周勃能够掌握北军。据《汉书》卷四十一《郦商传》，当时北军由吕禄掌管，周勃无法进入，吕禄与高帝功臣曲周侯郦商子郦寄相善，周勃等乃劫持郦商，使其令郦寄说动吕禄，周勃方才得以入据北军。❷

文帝即位以后，虽然马上布置代国旧臣控制了宫廷和京城之守备，然而，列侯功臣们既然能够从诸吕的严密控制中夺取南北军，以武力攻入宫中，只要他们尚在长安城里集中居住，旧事重演的可能就不能排除。对于文帝来说，列侯离京之国，不但诛吕之变重演的可能将会消除，宫廷皇权可以得到安定，而且，以此可以抑制过于膨胀的汉初军功受益阶层的势力，有利于新政局的平衡和稳定。

我们知道，列侯之国策，乃是贾谊所提出的。《汉书》卷四十八《贾谊传》说：文帝初"诸法令所更定，及列侯就国，其说皆谊发之"。据笔者的研究，文帝在让列侯之国的同时，还实行了侯国迁移政策，将分封在诸侯王国中的侯国，迁移到汉所直

---

❶ 诛吕之变的另一个重要原因，乃是吕氏宫廷与刘氏诸侯王的矛盾。本书没有就此问题展开论述。就此，可以参见吴仰湘《汉初"诛吕安刘"之真相辨》(《湖南师范大学社会科学学报》1998 年第 1 期)。对此问题，笔者在拙著《汉兴：从吕后到汉文帝》第五章之五"刘吕联姻的成败得失"中做了系统整理，可参见。

❷ 其详细的叙事，可参见拙著《汉兴：从吕后到汉文帝》第五章之六"陈平的深念"、之七"齐王刘襄起兵"、之八"诛吕之变"。

辖的郡。❶

想来，列侯之国和侯国迁徙乃贾谊同时提出的，是互为表里的一对政策，或者，二者本来就是同一方策互有关联的两个部分。因列侯之国，在京的列侯功臣们，不得不纷纷迁离长安，搬到帝国各地的侯国去居住。如此一来，他们远离了政治中心长安，变成一个个分散各地的小国封君，不再能够在汉朝中央政治上发挥作用，势力过于膨胀的汉初军功受益阶层对于文帝宫廷的威胁，自然减轻。列侯想要不离开长安，必须在朝廷任职或获得皇帝的许可，这又加强了皇帝的权力。另一方面，由于侯国迁徙策之施行，散处王国领土的侯国皆被迁徙到汉直辖之郡，极大地便利了汉朝对于它们的管理和控制。

我们可以周勃为例说明之。周勃为汉初军功受益阶层之功臣元老，属丰沛元从集团，诛吕之变时，领北军攻占皇宫，绾皇帝玺迎代王于渭桥，为首谋主功。文帝即位后，以功排第一，取代陈平为右丞相，益封万户，赐金五千斤，子尚公主。据《汉书》卷四十九《爰盎传》，"绛侯为丞相，朝罢趋出，意得甚。上礼之恭，常目送之"。可谓富贵之极，功高震主。

文帝三年十一月后，周勃因文帝之命，辞职就国，离开长安，回到自己的封国绛。据《汉书》卷四十《周勃传》，周勃之国后，"岁余，每河东守尉行县至绛，绛侯勃自畏恐诛，常备甲，令家人持兵以见"。因此而被逮捕下狱。考绛国在汉之河东郡境内，周勃之国后，汉之河东郡守、郡尉巡视郡内各地至绛时，周勃就已战战

---

❶ 拙论《西汉轵国所在与文帝的侯国迁移策》。笔者写作这篇论文时，没有注意到钱穆先生在《秦汉史》（台北东大图书股份有限公司，1985年）中及王恢先生在《汉王国与侯国的演变》（台北编译馆，中华丛书编审委员会，1984年）中已经注意到侯国迁徙的问题。今特此注明，既表达为学失察的歉意，也表达不忘先学业绩的敬意。

兢兢，惶恐不已，最后尚逃不脱被告谋反、银铛入狱的命运。比较其在长安权倾一时的景况，可知列侯们归国后在政治上之无力及其受到汉政府的严密监视。文帝母薄太后为此事怒斥文帝曰："绛侯绾皇帝玺，将兵于北军，不以此时反，今居一小县，顾欲反邪！"也充分说明了列侯在长安时与其就国以后，在政治上可能发挥的作用，是完全不一样的。

三、贾谊左迁与新旧对立

不难想象，列侯之国策和侯国迁移策的实行，遭到了列侯们的强烈抵抗。据《汉书》卷四《文帝纪》，三年十一月，文帝下诏曰："前日诏遣列侯之国，辞未行。丞相朕之所重，其为朕率列侯之国。"可知，自文帝二年十月发布列侯之国诏以来已一年有余，在京之列侯们并未离去，文帝不得不发布第二道诏书催促他们离京，并将丞相周勃解任让他带头就国。侯国迁移策，执行也并不顺利，据《汉书》卷四十四《淮南王传》，薄昭致刘长书曰："皇帝初即位，易侯邑在淮南者，大王不肯。"可知其至少是遭到了诸侯国王的抵制的。周勃于文帝三年十二月被解任，离开京城长安回到自己的封国绛，想来，其他列侯，有周勃之例在前，也不得不怏怏离京就国，远赴他乡。

列侯之国令，在整个文帝期间一直施行，直到景帝后二年方才解除。❶另一方面，文帝以优惠的条件补偿各诸侯王，也使侯国迁移策得以实现。上引薄昭致刘长书又曰："皇帝卒易之，使大王得三县之实，甚厚。"就是讲的通过迁徙在淮南国内的侯国到汉郡一事，淮南国得到了三个县的实惠。据笔者的研究，在当时数量达

---

❶《汉书》卷五《景帝纪》，后元"二年冬十月，省彻侯之国"。

一百四十以上的侯国中，可以肯定被迁移过的，至少有马王堆墓主轪侯之封国轪国，汉代第一任丞相萧何之封国鄼国，其他分布于诸侯王国中的侯国，当也都被先后迁移了。❶

贾谊的建策加强了汉朝的宫廷皇权，使文帝有意重用贾谊。然而，贾谊的建策严重地损害了汉初军功受益阶层的利益，贾谊也成了汉初军功受益阶层的攻击对象。据《汉书》卷四十八《贾谊传》："天子议以谊任公卿之位，绛、灌、东阳侯、冯敬之属尽害之，乃毁谊曰：'洛阳之人，年少初学，专欲擅权，纷乱诸事。'于是天子后亦疏之，不用其议，以谊为长沙王太傅。"

考攻击贾谊之人，绛即为绛侯周勃；灌即为颍阴侯灌婴；东阳侯即为大将军张相如；冯敬，秦将冯无择子，先为魏王魏豹将，汉二年韩信破魏时，降汉为汉将，文帝时先任典客，后为御史大夫。❷以上四人，皆为汉初军功受益阶层之代表人物，史书列举四人之名，不过以此概括功臣列侯而已。同一事，《汉书》卷二十二《礼乐志》曰："而大臣绛、灌之属害之，故其议遂寝。"就是以更为通行的绛灌一语指代高帝之功臣列侯们的。❸贾谊离开长安，到僻远

---

❶ 拙论《西汉轪国所在与文帝的侯国迁移策》。对于拙论的辨析和批评，请参见陈苏镇《汉文帝"易侯邑"及"令列侯之国"考辨》(《历史研究》2005年第5期，后收入氏著《两汉魏晋南北朝史探幽》，北京大学出版社，2013年）；马孟龙《荆州松柏坡汉墓35号木牍侯国问题初探》(《中国史研究》2011年第4期）。2013年，马氏著《西汉侯国地理》由上海古籍出版社刊行，其下编《侯国地理分布研究》对该问题做了综合性研究，可参见。

❷ 本书附录"高帝—武帝期间三公九卿、王国相及郡太守表"。

❸ 贾谊被罢黜出京时，周勃已经回到封国绛，灌婴已经死去，与他们并无直接关系。直接出面力主罢黜者，是丞相张苍。《史记·张丞相列传》太史公曰："张苍文学律历，为汉名相，而绌贾生、公孙臣等言正朔服色事而不遵，明用秦之颛顼历。"其详细叙事，参见拙著《汉兴：从吕后到汉文帝》第六章之五"计相张苍"。

的长沙国就任王国相事,在文帝四年。❶ 从此以后,贾谊就离开了汉朝中央,被政治流放。

自司马迁合屈原、贾生为一传,世人多悲贾谊之被谪为不遇于世。❷ 班固在《贾谊传》赞语中引刘向语曰:"贾谊言三代与秦治乱之意,其论甚美,通达国体,虽古之伊、管未能远过也。使时见用,功化必盛。为庸臣所害,甚可悼痛。"多现感情色彩。宋代著名文学家苏东坡著有《贾谊论》一文,他在文中论及贾谊之被谪说:"若贾生者,非汉文之不能用生,生不能用汉文也。夫绛侯亲握天子玺而授之文帝,灌婴连兵数十万以决刘、吕之雌雄,又皆高帝之旧将,此其君臣相得之分,岂特父子骨肉手足哉!贾生,洛阳之少年,欲使其一朝之间尽弃其旧而谋其新,也已难矣。"❸ 他认为贾谊在政治上不得意的原因,在于其在人事上不能调和新旧,举事过于急切。苏东坡之议,据史实而发,已有鞭辟入里之感,然仍未能切中。在文帝初年的政局中,高帝功臣们为旧,东坡固然不误,然而,代国旧臣为新;贾谊不但为旧所恨,也不为新所喜,这一点东坡却没有看到。

如笔者所论,文帝初年的汉朝政局,乃是汉朝宫廷、汉朝政府和诸侯王国三者之间的微妙平衡。文帝以代王入继,依靠代国旧臣重建了汉朝宫廷,即位之初,政治上的最大课题就是内以宫廷为本,外引诸侯王国为援,抑制势力过于强大的汉初军功受益阶层,

---

❶ 关于这一系列事件的时间,一律据拙著《汉兴:从吕后到汉文帝》附录《西汉初年汉与列国大事年月表》做了改定,部分内容,也做了相应的修改。新的完整的叙事,也请参见《汉兴:从吕后到汉文帝》第六章《盛世仁君》的相关部分。
❷ 关于贾谊其人,王兴国《贾谊评传》(南京大学出版社,1992年)有详细叙述,可参见。不过,该书关于贾谊和张苍的师从关系之说(汪中说),贾谊受邓通谗言之说(《风俗通义》说),时间和史实皆是合不上的。
❸ 苏东坡《经进东坡文集事略》卷七。

求得政治平衡和政权的安定。❶ 贾谊既非汉初军功受益阶层出身，又非代国旧臣，他之仕文帝，出于吴公的推荐，吴公为当时新兴的法吏集团的代表人物❷，刚刚由河南守升任廷尉，与新旧两大政治集团并无特殊的渊源。贾谊之得幸于文帝，乃是由于其卓越的政见和才能为文帝所赏识，他力求加强皇权的方策也切合了文帝宫廷的利益。

贾谊出长安之长沙国就任王国相，事在文帝四年。周勃罢相领列侯之国，事在文帝三年。其间，还有另一件事情介入，这就是贾谊建议全面改制。❸《史记·屈原贾生列传》说："贾生以为汉兴至孝文二十余年，天下和洽，而固当改正朔，易服色，法制度，定官名，兴礼乐，乃悉草具其事仪法，色尚黄，数用五，为官名，悉更秦之法。"列侯之国策的推行，已经严重地损害了功臣列侯们的利益，引来了他们极大的不满，迫于文帝宫廷的持续压力，不得不退让隐忍。如今，贾谊又跳出来要革命改制，变更立国以来的治国理念和政策，是可忍孰不可忍。于是，以张苍为首的元老功臣们携手联合，集体站出来谴责贾谊，要阻止他胡作非为，扰乱国政，对文帝形成巨大的压力。

另一种压力，当来自代国旧臣。关于贾谊和文帝宫廷之核心的代国旧臣的关系，史无明载。然而，从薄昭、宋昌、张武等代国旧臣的行迹来看，多是谨慎且敬畏高帝功臣的人，贾谊年少气盛，在文帝立脚未稳时，激进地主张大规模改制，想来是很难得到他们的

---

❶ 参见本书第3章第三节。
❷ 惠帝吕后期间，战事平息，帝国安定，在汉初军功受益阶层主导政局的同时，未曾从军的法吏开始在地方政权中崭露头角，其代表者，为河南守吴公。详见本章第四节之一。
❸ 参见拙著《汉兴：从吕后到汉文帝》第六章之五"计相张苍"。

支持且很易引起反感的。《汉书》卷四十八《贾谊传》说:"是时,谊年二十余,最为少,每诏令议下,诸老先生未能言,谊尽为之对。"涉世未深,已是锋芒毕露,贾谊在其上疏中也累累攻击主张"毋动""毋为"者,这些人皆是文帝身边的"进计者",他们立论制策慎重保守,追求政治安定,新旧和谐共处。❶ 所以说,贾谊全面改制的主张,不但引来以张苍为首的老臣们的愤怒,也引起代国旧臣们的不安。正因为如此,贾谊在人事渊源上孤立于新旧两大主流政治集团外,行事既遭汉初军功受益阶层所恨,又无法得到代国旧臣的支持,仅以文帝个人的赏识,是无法立足于汉朝中央政治中的。

也就是说,贾谊之流谪,是当时的政治局势,特别是宫廷(新)和政府(旧)间的对立所决定的。这种新旧对立的政治格局只要存在,贾谊之议可听,其策可取,但其人难用的命运很难改变。

贾谊在长沙国相任上三年,文帝七年,又被召回长安,在未央宫宣室与文帝有长夜前席之谈。谈话既罢,文帝感叹曰:"吾久不见贾生,自以为过之,今不及也。"然而,文帝仍然无法将贾谊留在长安,乃拜贾谊为少子梁怀王太傅,不时遣使问以国事。文帝十一年,梁怀王坠马死,次年,贾谊死于忧伤中,年仅三十三。苏东坡总结贾谊之一生,评论贾谊其人说:"贾生志大而量小,才有余而识不足也。"东坡为文学家,长于从个人才识生发议论,可谓慧识卓见,然而,他于时势新旧之分析,则得一失一,不能不待史家来索隐发明。

---

❶ 文帝宫廷之亲近臣僚们,对待高帝功臣,多取敬畏慎重的态度。此点,可参见本节之一所述文帝之长安前代国君臣的议论。

第四节　景帝政治与汉初军功受益阶层

一、法吏集团之兴起

公元前156年，汉景帝即位，死于公元前141年，在位十六年。在本书第2章中，我们已经讨论过，在高帝和惠帝吕后期间，汉初军功受益阶层全面支配着汉帝国政治之各个部分，在三公九卿、王国相及郡太守中所占的比例，合计分别高达96%和81%，至文帝期，下降至50%，明显地看得出其衰落的趋势，至景帝时，则下降至30%，已丧失其支配地位。与此同时，伴随着汉初军功受益阶层的衰退，法吏、军吏、士吏、宗亲等各种新的政治集团兴起，逐渐填补了由于汉初军功受益阶层的衰退而留下的空白，其中引人注目者，为法吏集团和军吏集团。为了便于讨论这个问题，笔者根据本书第2章之图表统计方法，将法吏一项单独抽出，列表并图示如下（表6-2）。

表6-2　高帝—武帝期间三公九卿、郡太守、王国相中法吏出身者所占比率表　　　　单位：%

	高帝	惠吕	文帝	景帝	武初	武中	武后
三公九卿 ——	0	0	33	25	24	26	37
郡守 - - -	0	10	10	38	19	38	50
王国相 -·-·-	0	0	0	9	0	17	0
合计 ■■■	0	2	21	23	20	30	41

从图与表上我们可以看出，法吏出身者在惠吕期间开始出现，仅占2%，至文帝时，增加到21%，仅次于汉初军功受益阶层而居第二位，景帝时增加到23%，武帝初期为20%，中期增加到30%，

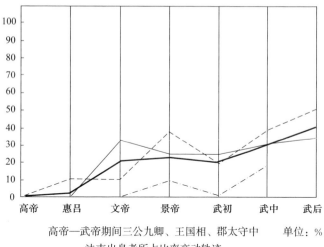

高帝—武帝期间三公九卿、王国相、郡太守中　　单位：%
法吏出身者所占比率变动轨迹

拔居各政治集团之首位❶，武帝后期更稳步增加到41%。充分显示了其强有力的成长势头。非常明显，文帝期间为法吏集团在政治上崭露头角的时代。

我们知道，汉承秦制，为一严密的法制国家，执法之吏始终在帝国的营运中扮演着关键的角色。在高帝期间，由于战争频繁，推吏从军、军功出吏两制度交替❷，出仕之法吏，一般有军功，往往归属于汉初军功受益阶层了。如御史大夫赵尧，本为执法刀笔小吏，同时又从军立有军功。又如张苍，本为秦之御史，为精通法律之吏，从军有功封北平侯，先后出任赵、代、淮南国相。其他如萧何、曹参、任敖等人，从军前皆是秦之法吏。❸ 惠帝吕后期间，战

---

❶ 参见本书第2章。
❷ 《睡虎地秦墓竹简》编年纪"三年，吏谁从军"条及其注释。也请参见本书第1章第一节。
❸ 皆见《史记》和《汉书》本人之列传。

争平息，帝国安定，在汉初军功受益阶层主导政局的同时，一些未曾从军的执法之吏开始在地方政权中显现，其代表者，为河南守吴公。吴公，与李斯同邑，为上蔡人，曾经从李斯学，惠吕期间为河南守，文帝即位，征为廷尉，为学习法律、由执法之吏步步升任的法吏型官僚。❶

我们知道，文帝即位以来，废除肉刑，确立刑期，推行法制改革❷，力求健全法制，以法制为治国之本。同时，也以法制为手段打击政敌，抑制对立于皇权之汉初军功受益阶层。其著名之事例，就是绛侯周勃之冤狱。已如前述，周勃为文帝期间汉初军功受益阶层第一号人物，长期使文帝在政治上感到威胁。文帝三年，以列侯之国为理由，被解除丞相职遣离京之国。文帝四年，以莫须有的谋反罪名下吏于廷尉。其时之廷尉，正是法吏吴公。❸周勃受狱吏之苦，又因收买狱吏而得解脱，出狱后感慨万分道："吾尝将百万军，安知狱吏之贵也！"非常形象地反映了时代的变化。

冯唐曾经批评文帝说："陛下法太明，赏太轻，罚太重"(《史记》卷一百二《冯唐传》)。冯唐之言，其具体有所指，即讲云中太守魏尚因上报首虏数差六级，下吏受审，被法吏判处削爵服刑之事。冯唐之言，也是对于文帝过于倚重法律和法吏的综合性批评，

---

❶ 《汉书》卷四十八《贾谊传》。
❷ 关于文帝所推行的法制改革，请参见高恒《秦律中的"隶臣妾"问题的探讨》《西汉王朝前期的法制改革》(收于氏著《秦汉法制论稿》，厦门大学出版社，1994 年)；滋贺秀三「前漢文帝の刑制改革をめぐって——漢書刑法志脱文の疑い」(氏著『中国法制史論集——法典と刑罰』，創文社，2003 年)；富谷至「二つの刑徒墓——秦一後漢の刑役と刑期」(『中国貴族社会研究』，京都大学人文科学研究所，1987 年)；张建国《西汉刑制改革新探》(《历史研究》1996 年第 6 期) 等。近年，若江贤三著有『秦漢律と文帝の刑法改革の研究』(汲古書院，2015 年)，对此问题做了综合研究，请参见。
❸ 吴公任廷尉在文帝元年至六年，周勃下狱在文帝四年，其狱事，当由吴公秉文帝意旨追究。

反映了法吏型官僚在文帝期间兴起用事的一般趋势。

然而，在文帝期间，汉初军功受益阶层依然在政治上占据着主导地位，法吏集团之兴起，主要还是一种新的政治和社会动向之反映。法吏集团成长壮大，和军吏集团并列成为汉帝国政治的支配力量，是在景帝期间。

景帝期间，在中央政府之三公九卿当中，法吏之出身相当清楚者有御史大夫晁错、中尉郅都和甯成。晁错学申商刑名，讲术重法，为有名的执法之吏。他崭露头角于文帝时，极受文帝赏识，拔为太子家令，得太子之信任，太子家号为智囊，后以对策中意，迁为太中大夫。景帝即位，晁错先为内史，不久迁为御史大夫在内廷协助景帝制定法令，主持汉朝中央政治。晁错之一生，可谓法吏集团历史变化的缩影，该集团兴起于文帝时，开始支配汉朝政治于景帝期间（《汉书》卷四十九《晁错传》）。

郅都、甯成，皆为以严酷著称的执法之吏。郅都升任九卿之中尉前，曾任济南郡太守，免中尉职后，又担任过雁门太守。甯成经历类似，任中尉前，曾任济南郡都尉，免中尉职后，又担任过内史。他们的经历，反映了法吏官僚由下而上，由地方而中央的稳步成长过程。景帝期间之地方郡太守中，法吏型官僚尚有周阳由和蜀郡太守文翁。❶周阳由为严法之酷吏，文翁则为兴学之循吏。据《史记》卷一百十九《循吏列传》。文翁学"春秋"，以郡县吏察举出仕，升迁至于太守。我们知道，汉代的春秋之学，直接用于狱讼司法，与律令之学直接相连。如果说，在文帝期间，以吴公为代表的法吏，多具有学法用法的比较单纯的特点，在景帝期间，像文翁

---

❶ 郅都、甯成、周阳由事见《汉书》卷九十《酷吏传》。

这样兼学经法的新型法术官僚开始增加了。❶

本书第 2 章中曾经界定说,法吏以通晓法律即律令章程而升任官僚。相对于其他类型的官僚而言,他们是一种较典型、较纯粹的专业化官僚。一般而言,法吏官僚在政治上是比较谨慎保守的,他们多依附皇权之下,按照章程执行成命。❷

二、军吏集团之兴起

汉代政治另一大转变,为军吏集团之兴起。已如本书第 2 章所述,景帝时期,新兴之法吏集团和军吏集团已经取代汉初军功受益阶层,成为汉朝政治的支配力量。军吏出身之官吏,在三公九卿、王国相及郡太守之总和中所占比例,已经达到 19%,与占 23% 的法吏集团并列,二者合计 42% 的比例,已经超过汉初军功受益阶层之 30%。为了便于讨论军吏集团,笔者根据本书第 2 章之图表统计,将军吏一项单独抽出,列表并图示如后(表 6-3)。

由图与表我们可以看出,军吏类型的官僚出现于文帝时期,其在三公九卿、王国相及郡太守之总和中所占比例,不过 5%,景帝时增加为 19%,武帝初期增加为 27%,达于顶峰,然后开始减少,武帝中后期分别为 23% 和 13%。我们知道,军吏集团同汉初军功受益阶层一样,同为战争的产物,文帝时期因汉朝与匈奴的边境冲突而出现,景帝时,由于平定七国之乱的战争而大规模增

---

❶ 一般而言,西汉之士人,往往是兼学诸家学问的。有意于仕途者,学法可以说是最为基本的,学习经书,也是为了断狱治事,二者并未分开。事实上,贾谊就已经是如此,晁错也是如此,这是汉兴以来,不同于秦之出仕用吏只是学法的一大变化。可参见邢义田《秦汉的律令学》(收于氏著《治国安邦》,中华书局,2011 年)。

❷ 关于汉代的法吏,可参见阎步克《汉代的文吏和儒生》(《历史研究》1986 年第 3 期),氏著《文吏·武吏·儒吏》(《周一良先生八十生日纪念论文集》所收,中国社会科学出版社,1993 年)。

长,至武帝初期、中期,更由于长期的对外战争而达到顶峰,到武帝后期,又因战争之平息而减少。由上述军吏集团起伏兴衰之大势可以看出,景帝期间,是军吏集团在政治上崭露头角的时代。

表6-3 高帝—武帝期间三公九卿、郡太守、王国相中军吏出身者所占比率表　　单位:%

	高帝	惠吕	文帝	景帝	武初	武中	武后
三公九卿 ——	0	0	0	8	21	23	17
郡守 ---	0	0	20	38	38	24	6
王国相 -·-·-	0	0	0	27	33	17	0
合计 ━━	0	0	5	19	27	23	13

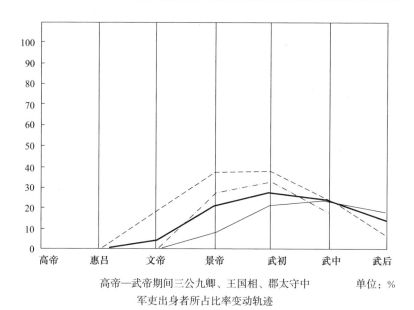

高帝—武帝期间三公九卿、王国相、郡太守中　　单位:%
军吏出身者所占比率变动轨迹

军吏类型之官僚,乃是由下而上,由基层而中央,逐步兴起发展的。从统计上看,他们首先出现于地方之郡太守中,从时间上看,他们最初出现在文帝中后期。具体而言,其一为陇西太守公孙浑邪，其一为云中太守魏尚。公孙浑邪任陇西太守大致在文帝十五年至景帝中期，景帝三年以将军参加平定七国之乱，以军功封平曲侯。公孙浑邪为公孙贺父，北地义渠人，胡种，当以邻边近胡，尚武习骑射从军，因积有功劳而出任边郡太守者（《史记》卷一百一十附《公孙贺传》）。魏尚为云中太守，当在文帝十四年前后。❶ 以《史记》卷一百二《冯唐传》所载冯唐之言推之，魏尚当同公孙浑邪相似，为生长于赵代边郡地区之人，以习武善骑射由军吏升任边郡太守。想来，在文帝期间，国内无战事，北部边境却不断遭受匈奴骑兵的入侵，在这种形势下，一部分长于骑射的边境士人，通过从军升迁，逐渐在政治上崛起，成为军吏集团的先声，在当时，他们多活跃于边郡基层。

至景帝时，由于七国之乱的发生，在大规模战争中大量的军人立功受赏，军吏集团迅速成长。在郡太守中，军吏出身者由文帝期之20%增加至38%，与法吏出身者并列，占有最高比例。当时，他们的出仕，已经不仅限于边郡，也出现于内郡，如灌夫之任淮阳守，即为其例。在文帝期间，王国相中尚见不到出身于军吏者，而至景帝时，军吏出身者则占27%。具体而言，有灌夫任代相，苏息任赵相，程嘉任江都相，三人皆为参加平定七国之乱的军吏，因立有军功而封爵受赏。汉朝三公九卿当中军吏出身者之出现，也在景帝期，以数字而言占8%。具体而言，有先后任中尉、御史大夫、丞相之卫绾，先后任卫尉、御史大夫之直不疑，皆为在平定七国之乱中立功封侯者，为新兴军吏集团在政治上之代表。

在本书第2章中，笔者曾经界定军吏，即通过军事活动及军事组织的途径而升任官僚者。广义上讲，军功受益阶层只是军吏中一

---

❶ 以上诸人之职位任期，皆据本书附录"高帝—武帝期间三公九卿、王国相及郡太守表"。

个特殊的部分,但是,军功受益阶层所参加的是以创建政权为目的的军事活动,因而,他们对于自己所创建的政权具有明确的所有权意识❶,积极而具有独立性地参与政治活动,故笔者称军功受益阶层为政治性军事官僚集团。一般军吏所参加的是在既存政权指导下相对单纯的军事活动,因而,他们并无明确的政权意识和政治欲望,往往是依附皇权获取利益和升迁,故笔者称他们为职业性军事官僚集团。

三、周亚夫之死与专制皇权之形成

据《汉书》卷五《景帝纪》,景帝后元元年,故丞相、条侯周亚夫下狱死。据《汉书》卷四十《周勃传》,周亚夫下狱致死的直接原因是其子私买工官葬器,被告发牵连,问成谋反罪,不食而死。然而,这些都不过是表面的缘由,其真正的原因是在政治上。具体而言,周亚夫之死,直接牵涉两个政治事件,其一为栗太子被废黜事,其二为王皇后兄王信封侯事。

景帝四年,皇子刘荣被立为皇太子,因其母为栗姬,故称栗太子。景帝六年,景帝薄皇后无子被废,宫廷内爆发皇后之争。景帝王夫人与景帝姐长公主刘嫖联手,击败栗姬,景帝决定立王夫人为皇后,废栗太子而改立王夫人之子胶东王刘彻为太子。这件事遭到以周亚夫为代表的大臣们的反对。结果,景帝不顾反对意见,一意孤行,废黜了栗太子。受此牵连,主张立栗姬为皇后的大行被诛杀(《汉书》卷九十七《外戚传》),丞相周亚夫被疏远,种下了日后的杀身之祸。

王信封侯事,在景帝中元年间(《汉书》卷十八《外戚恩泽侯

---

❶ 参见本书第2章,及第4章第三节。

表》)。据《汉书》卷四十《周亚夫传》，周亚夫为丞相时，窦太后催促景帝封王皇后兄王信为列侯。"景帝曰：'请得与丞相计之。'亚夫曰：'高帝约，非刘氏不得王，非有功不得侯，不如约，天下共击之。'上默然而沮。"由于周亚夫的反对，景帝不得不暂时放弃王信封侯的打算。中元三年，景帝不顾周亚夫的反对，封匈奴降王徐卢等人为列侯，周亚夫因此免相，从汉朝中央政治舞台退出。中元五年，景帝如愿封王信为侯。景帝后元元年七月，周亚夫被逮捕下狱，冤死狱中。

考汉初之任丞相者中，死于非命者共有三人，其一为吕产，诛吕之变中为政变者所诛杀；其二为审食其，为淮南王刘长所刺杀；再就是周亚夫了，为景帝下狱冤死。从政治背景看，吕产之死，乃是汉初军功受益阶层消灭吕氏宫廷的政治事件。审食其的死，乃是刘氏诸侯王对于亲吕势力的个人报复。周亚夫之死，其政治背景又当做何理解呢？

笔者曾经论及，起源于"功德"、受到"共天下"之政治理念限制的汉初之皇权，为一种有别于绝对专制皇权的相对有限皇权。❶ 该有限皇权之存在，基于内外两个条件，内在条件为强大的具有独立性的汉初军功受益阶层的存在，外在条件则为独立于汉朝的众多诸侯王国之存在。有限皇权存在的这两个条件，由于白马之盟的订立而确立。❷

然而，如本章所述，汉初以来，独立而强大的诸侯王国，经过岁时的自然变迁和人为的调整限制，逐渐分散衰弱，特别是经过景帝三年后的领土削减和景帝中元年间的制度改革，已经不再

---

❶ 参见本书第 4 章第三节。
❷ 参见本章第一节。

作为独立于汉朝的政治势力存在，变成相当于汉朝的直辖郡县的行政区。与此相应，其对于汉朝皇权的制衡作用也随之丧失。可以说，至景帝中元年间，汉初以来的有限皇权，其存在的外在条件已经消失。

笔者曾经论及，汉初以来支配汉帝国政治之军功受益阶层，随着岁月之流逝和汉朝政治之变动，经历了一个自外而内、自下而上逐渐衰落的过程。至文帝初期，军功受益阶层已经退出各个诸侯王国；文帝中期，丧失对于汉朝县一级政权的支配；文帝后期，丧失对于汉朝郡一级政权的支配；至景帝即位以来，进而丧失了对于汉朝中央政治的支配。至此，作为汉初以来有力地限制着皇权的独立的政治力量，已经不复存在。❶ 在这种意义上，我们可以说，至景帝时，汉初有限皇权存在的内在条件也已经消失。

汉初之政治结构，可以理解为宫廷皇权、诸侯王国和以丞相为中心的政府所形成的三权并立的政治结构。❷ 皇权，以宫廷为核心，外引诸侯王国为外援以制约由汉初军功受益阶层垄断的政府。吕后时，宫廷皇权机构以吕氏一族及亲吕功臣为核心形成，但其作用范围，仅仅限于宫廷。文帝即位以来，以代国旧臣为核心的宫廷皇权巩固壮大，但内受汉初军功受益阶层的限制，外受诸侯王国的牵制，始终谨慎地致力于维持宫廷、政府和王国间的平衡。

景帝即位以来，对皇权具有依附性的法吏和军吏官僚集团取代汉初军功受益阶层，开始掌管汉朝各级政权和各个王国政权，形成了支撑专制皇权的政治基础。同时，以太子时代以来的近幸属臣为核心的景帝宫廷皇权机构，也已经和政府完全分离开来，不再接受

---

❶ 参见本书第2章。
❷ 本书结语第二节。

政府的制衡。也就是说，随着汉初军功受益阶层的没落和诸侯王国的弱化，景帝的皇权急遽膨胀，汉初以来的皇权、诸侯王国王权和以丞相为中心的政府所形成的三权并立的政治结构，也随之出现了重大的本质性的变化，从而，皇帝、诸侯王和汉初军功受益阶层三者间关系的根本修正，已经是时间早晚的问题。

如前述，白马之盟乃皇帝、诸侯王和功臣列侯三者间的契约，白马之盟的订立，将皇帝、诸侯王和功臣列侯三者间的相对独立关系以盟誓的形式加以确认。其"非刘氏不王"的约规，保证了刘氏皇族对于王国王权之世袭所有，在皇族内分散了政治权力；其"非功臣不侯"的约规，保证了功臣对于列侯的垄断，在社会身份的领域限制了皇权之任意性。与"非功臣不侯"的约规相联动的"非列侯不相"的惯例，也限制了皇权对于政府的干预。从而，白马之盟的信守与否，成为衡量皇权性质的重要标志。

正因为如此，吕后当政时，皇权局限于宫廷，吕后欲王诸吕，朝廷内有王陵、周勃、陈平关于是否违约之争。在取得主要功臣的同意以后，吕氏宫廷方才能够对诸侯王国做有限的调整。景帝因太后的压力，欲侯外戚王信，直接涉及白马之盟所立约规，仍然需要征求丞相周亚夫的意见，结果，由于周亚夫的反对而不得不作罢。这表明，直至此时，白马之盟仍然具有约束力，作为已经衰落的汉初军功受益阶层之代表的周亚夫，尚可以利用白马之盟阻止皇权的任意扩张。

然而，由于白马之盟乃是皇帝、诸侯王和功臣列侯三者间基于个人信赖关系的信约，信守与否，系于特定的政治形势和个人间的承诺。至景帝中元年间，参加白马之盟结盟的三方中，诸侯王国和以功臣列侯为代表的汉初军功受益阶层，皆已经不再作为独立的政治力量而存在。周亚夫据守白马之盟，在汉朝内部已经没有强大的政治势力的支持，在相当程度上，不过是以个人的力量对膨胀不已的皇权做最后的抗争罢了。

中元三年，即周亚夫据白马之盟阻止景帝封王信为侯后的两年，景帝否决了周亚夫的反对意见，封匈奴降王徐卢等人为列侯，周亚夫免相，废弃白马之盟的最后障碍得以消除。中元五年，景帝如愿封王信为侯，白马之盟从此被废弃。景帝后元元年七月，周亚夫被逮捕下狱，冤死狱中。就在周亚夫之死的同年同月，具有军吏和近臣双重身份的卫绾出任丞相，这是汉建国以来第一位非汉初军功受益阶层出身的丞相。这表明，伴随着周亚夫之死，宫廷皇权通过对于丞相的自由任命，已经完全掌控了以丞相为中心的汉朝政府机构。

同时，也许是历史的巧合，就在周亚夫免相的同年，汉"罢诸侯御史官"，开始了对王国制度的彻底改革；而在周亚夫死的前一年，汉"更名诸侯丞相为相"，基本完成了对于诸侯王国制度之改革。❶

可以说，至景帝中元年间，白马之盟被废弃，诸侯王国已经等同于汉朝之郡县，以丞相为中心的汉朝政府也已经从属于宫廷，汉初以来的有限皇权已经不复存在。相对于此，汉帝国之再统一完成，凌驾于王国和政府的专制皇权建立。汉初以来的霸业政治最终结束，帝业政治再次完全复活。周亚夫的死，集中反映了这一历史变化的完成。

---

❶ 参见本书第3章第三节。

结　语

第一节　军功受益阶层论

一、汉初军功受益阶层概论

西汉初年，一个新的统治阶层，即汉初军功受益阶层出现了。汉初军功受益阶层的母体，乃是刘邦集团。刘邦集团起源于芒砀山群盗集团，即秦始皇三十七年刘邦率领沛县之服徭役者集体逃亡所结成的集团，其人数不过数十百人，其性质乃是一个没有政治目的的脱籍流民集团。秦二世元年九月，刘邦率领芒砀山群盗集团返回沛县起兵反秦归楚，转化为楚国属下的楚制沛县集团，其人数约有三千人，其性质乃为楚军楚臣之一部分，具有明确的政治统属关系。秦二世二年后九月，刘邦集团升格为楚之砀郡集团，接受怀王之命，在明确的独立建国之目标下展开军事活动，其人数发展到三万人，其性质仍为楚国属下的政治军事集团。

汉元年二月，刘邦集团接受项羽的分封，在蜀汉地区独立建立汉王国，刘邦集团开始转化为汉王国的统治阶层，成为独立的政治军事集团。❶ 高帝五年，汉王刘邦联合其他诸侯王国共同消灭西楚霸王项羽，即位做了皇帝，建立汉帝国，作为政治军事集团的刘邦集团，已发展到约六十万人以上。汉帝国宣告成立以后，开始遣散军队，同时，颁行了"高帝五年诏"等一系列优待军吏卒的法令，通过到手的政权，对于帝国内的政治权力、经济财富、社会身份，即社会总资源进行了全国性的再分配。在这个社会总资源的再分配过程中，刘邦政治军事集团转化成了汉帝国的统治阶层，即汉初军功受益阶层。

根据笔者的估计，汉初军功受益阶层，连同其家族计算，约有三百万人以上，约占当时人口总数的20%。在汉初所进行的社会总资源的再分配过程中，其分配的标准依照军法的规定，首先根据军功大小确定军功爵的高低，再根据军功爵之高低确定分配量之多少。就政治权力之分配而言，集团之首领刘邦功最高，又有公平主持分配的最厚之德，因而得到了最大的权力，做了皇帝。在皇帝之下，依据军功之高低，刘邦集团的成员们分别得到了诸侯王、列侯、大臣、各级官僚、官吏之职位，掌握了汉帝国之各级政权。就社会身份的分配而言，刘邦集团之成员们根据军功得到了二十等军功爵中的不同爵位，这二十等爵加上其上之王和帝，再包括其下之无爵的士伍公卒、庶人以及半自由民的隐官❷、非自由民的奴婢，就

---

❶ 参见本书第4章。
❷ 据《张家山汉简·户律》，隐官本指收容刑余者的官府手工作坊，也用来指称收容于隐官的刑余之人，进而成为一种法律定义明确的身份名称。隐官的身份，与（减刑有期的）刑徒之司寇同等，在没有爵位的什伍、公卒和庶人之下，奴婢之上。其田宅名有（占有）量的规定为半顷半宅，相当于庶人等级的一半，允许单独立户。也就是说，隐官是介于自由民的庶人和非自由民的奴婢之间的一种身份，相当于半自由民。说见拙论《说赵高不是宦阉——补〈史记·赵高列传〉》(《史学月刊》2007年第8期)。

是当时的整个社会等级身份，各种特权和待遇皆由此而定。就经济财富之分配而言，汉初军功受益阶层根据以功劳行田宅赏赐的军法规定，估计得到了全帝国 40% 以上的土地和相当部分的其他财产，控制着帝国的经济。❶

汉初军功受益阶层，从高帝时期出现，经惠帝、吕后、文帝、景帝，直到武帝末年从历史舞台消失，大约存在了一百余年时间。在高帝、惠帝、吕后、文帝期之约五十年间，汉初军功受益阶层完全支配着汉帝国之各级政权，为其间汉帝国政治之主导和支柱。随着时间推移，汉初军功受益阶层开始衰退，其衰退呈现一种自下而上的渐进方式，因时间之先后，由基层逐渐波及上层。大体而言，汉初军功受益阶层在文帝初期退出诸侯王国，文帝中期失去了对于县一级政权的控制，在文帝末期失去了对郡一级政权的控制，在景帝时期失去对于汉朝中央政权的控制，无可挽回地全面没落，被新起的法吏和军吏集团取而代之。汉帝国政治之主导，由此而转入皇帝的宫廷方面。❷

汉初军功受益阶层的前身，乃是刘邦政治军事集团。刘邦集团是地域移动范围相当广大的政治军事集团。其兴起于沛县，早期活动以泗水和砀郡为中心，然后西迁于关中蜀汉地区建国，再东进统一关东地区，由该集团转化而来的汉初军功受益阶层，也由此而具有鲜明的地域特点。其成员的出身籍贯结构，即其地域构成，乃是由其地域移动层累地形成的，呈现一种层累的圆锥体结构。该圆锥体结构由上而下可分为四个部分：

（一）丰沛元从集团。即秦二世元年九月，跟随刘邦起兵于沛

---

❶ 参见本书第 1 章第三节及第 4 章第一节。

❷ 参见本书第 2 章及第 6 章第四节。

县之楚制沛县集团,他们约有三千人,几乎皆为沛县人,乃是整个刘邦集团之核心。

(二)砀泗楚人集团。即汉元年四月,跟随刘邦进入汉中建立汉王国的集团。其成员以刘邦集团攻入关中以前的部队为基础,人数约在三万人以内,其出身地区大体以秦之砀和泗水郡为中心,及于近邻之陈、东海、薛、东、三川、颍川诸郡。这些地区,旧多属于楚国,楚国复兴后,也多归属于楚之旗号下,故笔者笼统地称他们为楚人,他们构成了刘邦集团之中坚部分。

(三)秦人集团。即汉中建国以后加入刘邦集团之蜀汉、关中地区出身的人,也就是旧秦国出身的人所形成的地域集团。他们的人数前后或有数十万之多,构成了建国以后的刘邦集团之主力部分。

(四)多国合纵集团。也就是由加入刘邦集团的楚秦以外的诸侯国人所形成的地域集团,他们的数量也或有数十万之多,他们构成了刘邦集团之外围部分。

大体而言,在汉初军功受益阶层当中,丰沛元从集团地位最高,待遇最厚,其次为砀泗楚人集团,他们长期垄断了汉帝国政权之核心和上层部分,秦人集团多以汉帝国政权之中层为其局限,多国合纵集团之其他诸侯国人,则以在各诸侯王国任事者为多。❶ 毋庸置疑,这个圆锥体政治结构的顶点就是刘邦本人。

二、军功受益阶层通论

我们在序文中已经谈到,西汉王朝不过是中华帝国时代众多的循环王朝之一,是笔者在考察中华帝国问题时所选取的一个可供分析的独立单位。已如所论,汉初军功受益阶层乃是西汉帝国之创建

---

❶ 参见本书第 5 章。

者，其存在状况决定了初期汉帝国的基本形态。然而，当我们将汉帝国作为典型，放到整个中华帝国问题中来加以考察时，马上就面临着这样一个问题：军功受益阶层这样一个独特的社会阶层，究竟是西汉王朝时期的特殊产物呢，还是贯穿整个中华帝国时代的普遍现象？也就是说，笔者根据创建西汉帝国的刘邦集团所建立的军功受益阶层的概念，是否可以推广到中华帝国时代的二千年中，作为一个具有普遍意义的历史学概念而成立？

也如我们在序文中所谈到的，中华帝国始于秦始皇所建立的秦王朝，分析中华帝国起源的最适当对象当然是秦王朝了，然而，主要是由于史料的限制，我们选取了西汉王朝作为一种便宜的替代。事实上，如果我们根据残缺的现有材料对秦王朝之建立过程作一鸟瞰式的概观的话，就会相当清晰地看到，秦王朝同汉王朝一样，产生于秦之军功受益阶层之手。

在本书第1章中已经详细地讨论过，汉初军功受益阶层之产生，直接系于军功爵制，而汉之军功爵制，乃是直接从秦之军功爵制继承而来的。我们知道，秦之军功爵制，以法制的形式明确成立于商鞅变法，秦之社会，由此而成为一个完全不同于远古以来的氏族贵族社会的新社会，秦之国家，也由此从一偏处西陲的诸侯小国一步步扩张成为中国历史上第一个统一帝国。

对于由军功爵制所塑造的这个新的社会，杜正胜在其《编户齐民》中称之为兵农合一的编户齐民社会，杜氏之着眼点，在于制度本身，特别是户籍制度之整理和身份制上之齐一，故有是称。❶ 笔者之着眼点，则在主导社会的人，特别是社会集团和社会阶层。事实上，经商鞅变法确立军功爵制以后，秦国举国转入军国主义的战

---

❶ 杜正胜《编户齐民——传统社会结构之形成》。

争体制,在尔后不断扩张的战争中,秦之军吏卒通过军功获得军功爵,通过军功爵获得田宅地位官职,从而取代旧的氏族贵族,稳定而牢固地发展成为一个全新的支配阶层——秦之军功受益阶层,秦之国家和社会由此完全由秦之军功受益阶层支配和主导。在这种意义上,笔者将商鞅变法以后主要由军功爵制塑造的秦的新社会,定义为军功社会。

笔者所谓的军功社会,至少有两重基本含义:其一,这个社会是由军功导向的。也就是说,这个社会的基本价值观念乃是尊崇军功的,政治、经济等各种权益的分配、社会身份的确定,皆是基于军功的。其二,这个社会的支配和主导者是军功受益阶层。也就是说,其他的社会阶层和社会集团,都处于各种不同的从属地位。秦之军功社会,至商鞅变法以后在秦是完全地确立了,并随着统一之进程而日渐扩大到整个中国。

中华帝国的起源,即秦统一帝国之建立及其之所以出现,乃是中国史研究的基本问题之一。笔者以为,关于这个问题的一个比较直接而且可以实证的解答方向有三:

(一)秦之军功受益阶层通过长期战争建立了秦帝国(人及人的集团)。

(二)以秦为代表的军功社会取代了远古以来的氏族贵族社会(社会)。

(三)包括军功爵制在内的军法和各种军事制度,逐步演化为以秦帝国为代表的法的体系和制度(法和制度)。

也就是说,以秦为原形的中华帝国之起源,应当求之于战争及其所带来的变化。中华帝国各种性质之原点,皆是由其军事起源规定的。由于本书限于讨论军功受益阶层问题,故关于社会和制度之问题及关于中华帝国军事起源论之整体的讨论,皆暂时置而不论。

已如笔者所论，秦末汉初，乃是后战国时代，汉帝国之建立过程，在相当程度上是战国末年历史关系的重演，也就是秦之统一过程在相对短一些的时间的又一次重演。❶ 与此相应，汉初军功受益阶层之建立过程，就是秦之军功受益阶层之建立过程的一个缩影，汉初之社会，与商鞅变法以来的秦之社会是同一性质的，皆是军功社会。

　　在中国历史上，继秦汉帝国时代以后的另一个持续而稳定的统一帝国时代是隋唐帝国时代，在关于整个中华帝国问题的研究中，隋唐帝国时代具有上承秦汉魏晋，下启宋元明清之典型意义。关于隋唐帝国之建立，陈寅恪先生有卓越的分析，陈先生指出，隋唐帝国之建立，出于北魏、北周以来的关陇集团之手，关陇集团，乃是一个以关中为根据地，以在关中的关东关中胡汉军人为核心的政治军事集团，他们通过战争创建了隋唐帝国，转化为帝国的统治集团。从北魏至唐初的政治，皆由该集团主导。❷ 陈先生之分析，在中国历史的研究上具有开创性意义，他创造性地使用社会集团的分析方法，首次系统地展示了通过创建王朝的人组成的集团来考察王朝起源及其性质特点的方法和成果，使我们对于隋唐帝国的理解有了一个坚实的基础。

　　当然，陈先生的关陇集团的概念，更多地限定于统治集团之上层和核心部分，然而，如果将关陇集团的一般士兵及其家属考虑进去，适当地结合府兵制和均田制来展开考察的话，以关陇集团为核心的创建了隋唐帝国的政治军事集团就可以直接理解为北魏北周隋唐以来的军功受益阶层，他们和创建了秦汉帝国的秦汉军功受益阶

---

❶ 参见本书第3章。
❷ 陈寅恪《唐代政治史述论稿》《隋唐制度渊源略论稿》（《陈寅恪史学论文选集》，上海古籍出版社，1992年）。

层具有基本的共同性，属于同一类型的社会阶层。为了明确而普遍地表达这个社会阶层的概念，笔者首先将他们通称为军功受益阶层，然后定义如下：

（一）创建王朝政权的政治军事集团的成员及其家族后代；

（二）王朝政权建立以后，他们转化为新的统治阶层，在政治、经济、社会身份诸方面居于支配地位。

笔者进而以为，由对于创建西汉王朝的刘邦集团之研究中抽象出来的这个军功受益阶层的概念，不仅可以作为一种典型通用于秦汉帝国和隋唐帝国时代，而且可以推广到整个中华帝国时代，作为中国历史研究中，特别是中华帝国问题研究中一个普遍概念来加以使用。

我们知道，继秦和西汉以后，中国之统一帝国是东汉帝国，东汉帝国创建于刘秀之光武集团之手。光武集团，乃是一个以南阳豪族为核心的政治军事集团，该集团通过长期战争建立东汉帝国以后，也转化为东汉帝国的统治阶层。汉末三国并立，三国之魏、吴、蜀，无一不是出于各个政治军事集团长期战争的结果，魏国创建于以中原世族为核心之曹魏集团，吴国创建于以江东世族为核心之孙吴集团，蜀汉创建于以寒门下士为核心的刘备集团，皆是军功受益阶层所创建的政权。西晋直接继承曹魏，只是将宫廷皇权由曹氏转入司马氏，统治阶层没有发生变化。南北朝时期，东晋承继西晋，其他各个政权，无不出于各个胡汉政治军事集团之手，也是军功受益阶层政权。其后，南北共同归于隋唐。

唐末有五代十国，无不是一个个短期之军功受益阶层政权。北宋创建于赵匡胤集团，该集团就是后周政治军事集团，同魏晋交替一样，只是将军功受益阶层政权之顶点——皇室，由柴姓换了赵氏，作为帝国创建者之军功受益阶层没有改变。蒙古骑马军团创建了元朝，以蒙古军人为核心，形成了新的军功受益阶层。起源于红巾军的朱元璋集团建立了明帝国，其军功受益阶层问题，具有另一种典型性。清朝创建于八旗军团，为以满汉八旗为核心的政治军事集团，他们在帝国建立以后，转换为新的统治阶层，作为军功受益阶层持续的时间之长，甚至超过汉唐。

　　论述至此，笔者感到有必要再次说明，笔者所提出的军功受益阶层的概念，只是笔者由创建西汉王朝的刘邦集团之研究中抽象出来的一个具有普遍意义的典型概念，运用这个典型概念，有助于对于中华帝国问题之整体及其各个王朝部分之理解。毫无疑问，当我们把这样一个概念具体运用到不同的时代和王朝时，必须考虑到时代之变迁所带来的新的因素，如东汉之豪族、魏晋之世家大族、北朝隋唐，更至于元清之种族因素等❶。笔者以为，尽管可能因时代不同而有种种变形，军功受益阶层这样一个概念，是可以作为一条首尾一致的主线贯通于中华帝国二千年的。

第二节　汉帝国国家论

一、汉帝国之起源

　　西汉王朝，由刘邦集团一手创建，汉帝国起源于刘邦集团。刘邦集团的发展过程，就是汉帝国的建立过程。然而，对于这

---

❶ 军功受益阶层，作为一个具有普遍性的历史学概念，如何应用于中华帝国二千年的历史当中，各个时代的军功受益阶层，又是如何在不同的历史背景下发生变化，如何与不同时代的其他的社会阶层和社会集团相关联等问题，特别是对其进行实证性的考察研究，是一个具体而庞大的课题。我对于这个问题的理论性回答，见本书序第八、九节。

个发展过程，需要从历史和理念两个方面进行理解。从历史看，刘邦集团的起点是芒砀山群盗集团。芒砀山群盗集团乃是既存（秦）政权体制外的非法组织，其在陈涉所开创的秦末革命运动中，通过归属于张楚政权的形式，转化为既存政权的一部分，成为楚国的沛县政权，完成了其发展过程中第一次质变。尔后，刘邦集团升级为楚国的砀郡政权，灭秦攻占了关中，在楚国政权内不断发展壮大。汉王国之建立，是刘邦集团发展过程的第二次质变。当时，在项羽的主持下，根据怀王之约，刘邦集团脱离楚国政权，接受分封，建立汉王国，由楚国的地方政权发展成为独立的政权，进而积极卷入霸权争夺。在各以楚汉为盟主的多国霸权争夺中，汉王国及其盟国消灭了楚及其盟国，获得了最终的胜利，汉成为号令天下的霸国盟主，将政治势力伸张到各个王国，发展成为汉帝国政权，完成了其发展过程的第三次质变。

从政治理念看，刘邦集团由芒砀山群盗集团转化为楚国沛县政权，从名分上讲，乃是出自对于陈涉张楚政权的归属。陈涉所开创的反秦复楚运动的正当性，就是刘邦集团由政权体制外的非法组织转化为既存国家的地方政权组织的法理根据。这就是汉帝国起源的第一层法统观念，即张楚法统。刘邦集团由楚国之沛县政权升格为砀郡政权，是出于怀王的任命，刘邦作为旧秦国之王，刘邦集团统治旧秦国，其法理依据则在于怀王之约，这就是汉帝国起源的第二层法统理念，即怀王之楚的法统。刘邦集团之初起，是在楚国的体制下反秦，然而，其由怀王之约所获得的，却是统治旧秦国的正当性，也就是说，刘邦集团根据怀王之约接受了秦王国的法统。这就是汉帝国起源的第三层法统理念，即秦之法统。

我们知道，秦是一个不断扩大的国家，其由一诸侯小国，经称王之王国，称西帝之霸国，最后发展成为秦始皇的统一帝国。❶ 伴随于此，至秦楚汉间，秦之法统也就成为一个模糊而有伸缩性的概念，它可以仅仅指旧秦王国之统治权，也可以指号令各王国的秦王国之霸权，也可以指统一帝国的秦帝国之统治权。汉中改制，反攻关中时，刘邦集团所理解的秦之法统是旧秦王国的统治权。在楚汉战争中，汉自为盟主，联合各诸侯王国共同反楚，又将秦之法统扩大到霸国之秦了。灭楚以后，刘邦接受表示帝国法统的皇帝称号，是开始把自己所接受的秦的法统理解为秦帝国了。

概言之，汉帝国作为政治组织，是刘邦集团经由芒砀山群盗集团、楚国沛县和砀郡政权、汉王国政权、汉帝国政权四个阶段发展而来的。在此发展过程中，刘邦集团依据于三个不同的法统理念完成了三次质的转变，首先，依据张楚法统，完成了由政权体制外的非法组织转化为既存国家的地方政权组织的质变；其次，依据怀王法统，完成了由既存国家的地方政权组织转化为独立国家的政权组织的质变；最后，依据秦的法统，开始了由独立国家的政权组织转化为支配多个独立国家的帝国政权组织的质变。很清楚，汉帝国是汉初军功受益阶层的前身——刘邦政治军事集团通过长期战争建立的，在这个建立的过程中，刘邦集团通过阶段性的合法化和官僚化，顺利地由一个弱小的民间非法组织转化为一个庞大的帝国政权组织，汉帝国的起源正当求于刘邦集团的这种转化。❷

---

❶ 秦惠文君于十三年（公元前325年）继魏、齐以后称王，次年，改元。秦昭襄王十九年（公元前288年），秦与齐并称西帝和东帝，相互称霸东西。参见杨宽《战国史》第八章。

❷ 参见本书第3章及第4章。

二、有限皇权

汉朝的第一代皇帝刘邦，是刘邦集团的开创者和首领，也是汉帝国的开创者之一。如前述，汉帝国是刘邦集团经由芒砀山群盗集团、楚国沛县和砀郡政权、汉王国政权、汉帝国政权这四个阶段发展而来的。伴随着刘邦集团的这个发展过程，其组织的首领刘邦，也相应地经由群盗首—楚国沛县公—楚国砀郡长—汉王等阶段，最后得到了各诸侯王国的推举，成为汉帝国的皇帝。很明显，刘邦由一群盗首做了皇帝，同刘邦集团由一群盗集团发展为汉帝国一样，皆是一种不断升级的合法化和官僚化的结果。

刘邦由芒砀山群盗首做楚国沛县公，乃是出于沛县吏民的推举，其法理根据在于张楚法统。刘邦任楚国之砀郡长，乃是出于怀王的任命，其法理根据在怀王法统。刘邦为汉王，出于项羽之大分封，其法理根据仍然可以说是怀王法统。刘邦即位做皇帝，从法统观念讲，是将自己所继承的秦的法统观念做了扩大的解释，然而，从形式上看，却是出于诸侯王们的推举。❶

西嶋定生先生曾经指出，秦始皇所建立的皇帝权力乃是绝对专制皇权。皇帝是天下的主宰、道理的体现、秩序的发端和权威的渊源。❷ 想来，秦始皇的皇权之所以成为绝对专制皇权，可以说有两个前提条件：其一，皇权的内在唯一性。也就是说，秦的皇权是由世袭王权转化而来的，在此转化过程中，远古以来的贵族分权政治被否定了，政治权力高度集中于王族之一人，皇帝独占了帝国的统治权力。其二，皇权的外在唯一性。也就是说，秦的皇权，乃是由

---

❶ 参见本书第 4 章。
❷ 西嶋定生「皇帝支配の成立」（氏著『中国古代国家と東アジア世界』第二章）。

武力合并其他王国的世袭王权而产生的，在否定远古以来的列国并立的基础上，皇帝一人独占了天下的统治权。

相比较而言，刘邦之皇权是不具备形成绝对性专制皇权之条件的。首先，刘邦的皇权不起源于血缘世袭而起源于功德，即军功和恩德。在取得天下以后，刘邦集团基于共天下的政权共同所有之政治理念，根据因功行赏的功利原则，对社会总资源进行了全面的再分配，此分配过程中，刘邦以其功最高、德最厚而分得了最大的权益——皇权。也就是说，刘邦之皇权，不过是刘邦集团集体分配共同权益的部分结果，只是相对于集团的其他成员的一个最为丰厚的部分而已。与皇帝刘邦同源，在同一社会总资源的再分配中获得了巨大权益的汉初军功受益阶层，对于政治权力具有强烈的所有权意识，相对于皇权也具有相当大的独立性。从而，强大的汉初军功受益阶层的存在，成为决定刘邦皇权性质的基本因素之一，起源于功德的刘邦皇权之相对有限性，也由此而生。

其次，汉之胜利，出于诸侯王国的协力，刘邦之即皇帝位，出于诸侯王们的推举。如果说秦始皇的皇权乃是在消灭王国、废止分封之上建立的，刘邦的皇权则是在复活分封、保证各国王权之上建立的。这就决定了刘邦皇权与诸侯王权并立的外在的相对性。笔者所谓的汉朝与各个独立的诸侯王国并立的霸业性质，也是以此为前提条件的。进而，由于同姓王国的分封，这种外在的相对有限性，转变为在刘氏皇族内分散统治权力的形式，成为笔者所谓的新贵族王政。❶

上述内外两个条件所决定的刘邦皇权的这种相对有限性，因白

---

❶ 参见本书第1章第三节、第3章第三节、第4章第三节。

马之盟而得到确认和确立。❶已如笔者所论,白马之盟,乃是皇帝、诸侯王和列侯功臣间的双务性契约,其所反映的政治关系,乃是一种霸业政治关系。白马之盟将汉朝宫廷皇权和诸侯王国之王权,限定在刘氏一族,将侯国及汉帝国内各级政府机构之权力,限定在以列侯为首的汉初军功受益阶层。白马之盟所规定的这种权力分配,使汉帝国之政治结构具有一种以汉朝宫廷皇权、诸侯王国王权和各级政府权力为代表的三权并立的政治结构。在这个三权并立的政治结构中,以汉朝丞相为首的各级政府政权,是由独立于皇族皇权的汉初军功受益阶层垄断,并立于宫廷皇权和王国王权之外的。诸侯王国之王权,相对于汉初军功受益阶层而言,是宫廷皇权的外援,相对于宫廷皇权而言,则是与其并立的贵族王政。在这个三级并立的政治权力结构中,皇权是被限定于汉朝宫廷的。

三、联合帝国

汉行郡国制,这是汉代行政制度的最大特点。然而,郡国制是一个相对于郡县制的区别性概念,其意义重在强调汉与秦之全面郡县制不同,在实行郡县制的同时,也实行王国分封,即所谓郡县制与分封制并行。

然而,我们知道,就汉之郡国制而言,景帝以前的西汉初年与其后的时代是有本质上的不同的。西汉初年,其时代特征为类似战国后期的后战国时代,其郡国制之王国并非一级政区,而是和汉并立的独立王国,其下辖有复数的郡,郡下又辖有复数的县。在这种意义上讲,西汉初年的郡国制,乃是基于郡县制的王朝与

---

❶ 参见本书第6章第一节。

王国并立。景帝中元以后，郡国制之王国不但在领土上等同于汉之一个郡，而且，在职能上也等同于汉之郡，不再是一个个的独立王国，而是变成中央集权的汉帝国内与郡同等的一级政区。❶ 一般而言，我们在使用郡国制一语时，多是在后一种意义上说的。正因为如此，西汉初年的汉帝国之行政结构，是难以用郡国制一语来准确表达的。❷

为了清楚地区分西汉初年及其以后的汉帝国的行政体制，笔者以为，西汉初年的行政体制，可以用帝国、王朝、王国和侯国四级政体所组成的国家联合体来加以概括。这个四级制的国家联合体，笔者称其为联合帝国，乃是四百年汉帝国行政结构的出发点，其后之变化改动，都是以此为基础的。下面，笔者将逐级对此四级体制进行分析，从另一个侧面寻求汉帝国的原点。

侯国，即列侯所统治之国。汉初刘邦所封之侯国，共有一百四十余，既有封在汉朝直属的汉郡当中的，也有封在各王国当中的。❸ 侯国以户计，大者万户，相当于汉之大县的户数，小者数百户，相当于汉之乡的户数。据笔者的初步统计，汉初侯国户数总共有约24万户，约120万人，占汉初人口总数的8%。❹ 汉初之侯国，列侯治国，治民，自置吏，自纪年，宛若王国之缩小，基本上为一独立之小国，这是很不同于以后的。总的来说，汉之侯国有自己的领土，在其领土内拥有统治权。在这种意义上，我们将汉初之侯国

---

❶ 周振鹤《西汉政区地理》引论。也请参见本书第3章。
❷ 近年来，学界有重新审视汉初郡国制的新探索，参见陈苏镇《〈春秋〉与"汉道"——两汉政治与政治文化研究》第一章第三节"郡国并行及其意义"；阿部幸信「漢初『郡国制』再考」(『日本秦漢史学会会報』第9号，2008年）。
❸ 对于西汉侯国地理之细致而系统的研究，参见马孟龙《西汉侯国地理》。
❹ 汉初之人口数，以1500万计，一户之平均人口，以5人计，参见本书第1章第三节之二。

结　语　265

理解为汉帝国内的一种既不从属于王国，也不从属于汉郡的具有相当独立性的地区自治政权。❶

王国，即诸侯王所统治之国。已如我们在本书第3章所详细讨论过的，汉之王国分封源于项羽的大分封。其王国领土之划分是基于战国末年之秦和六国之版图进行的，主封国汉和受封各国之间的关系，也是直接连接于战国末年和秦楚汉间的国际关系的。换言之，汉初之诸侯王国，可以说就是复活了的战国六国，各国之领土大者如齐国有七郡，小者如梁国有两郡，分别基于战国末年齐和魏之疆域而定。王国内之行政区划同汉一样，为郡县制。王国内之官制、政制也同汉一样，独立纪年，拥有自己的军队，独立之财政，自置吏，治国，治民，为一个个拥有广大的领土，具有行政、国防、司法等自主权的独立国家。至于汉本身，本质上可以说就是复活了的秦，拥有旧秦王国的领土，继承了战国末年以来的秦的霸国地位。

汉朝。汉，为刘邦封国国名，当源于国都所在的汉中郡之名。朝，早也，本为名词，转为动词，见人、会聚曰朝❷。汉帝国建立以来，诸侯王定期去首都长安见皇帝，也称为朝，即朝于汉。也就是说，汉（王）朝一语，作为（王）朝于汉之名词化来加以理解，是非常合适的。就西汉初年而言，狭义的汉朝指皇帝直接统治的汉

---

❶ 汉初之侯国有无自己的军队，没有直接的证据。我们知道，汉之侯国是直接从秦之列侯分封而来的。据《史记》卷十五，秦封商鞅于商十五邑，商鞅败时，曾"与其徒属发邑兵"反秦，当是掌管封邑之军队的。关于汉初侯国研究的情况，请参见本书第3章第四节之一，第119页注1。

❷ 《说文》："朝，旦也。"《诗经·小雅·何草不黄》"哀我征夫，朝夕不暇"即其例。徐灏《注笺》："晨见曰朝。"《史记》卷七《项羽本纪》"项羽晨朝上将军宋义"即其例。赵翼《陔余丛考》卷二十二："古时凡诣人皆曰朝。"《吕氏春秋·求人》"昔者尧朝许由于沛泽之中"即其例。通过以上三说，可以看到朝之意义，如何由早晨，进而转义为晨见，再扩大到一般的见人之变化。

的国土及其统治机构。这个汉朝，其领土就是汉王国之领土，相当于战国末年之秦国，即关中蜀汉地区，其统治之民就是籍在汉郡内之汉人❶，其统治机构就是汉朝的宫廷和政府。广义的汉朝，乃是指汉朝所掌握的政治主导权所及的势力范围，即作为复数诸侯王国的宗主国的汉朝。相对于异姓王国和各侯国而言，汉是其封主；相对于刘氏各王国而言，汉是刘氏皇族之大宗：其间皆是主从上下之关系。

汉帝国。帝国一语，其原义乃法或命令实行所及的地域，用来表现由一个握有政治主导权的国家支配复数国家的政治状态及其实体是相当适用的。❷ 汉帝国，包含了汉朝、复数的诸侯王国、复数的侯国三个独立的部分，为一在汉朝的政治主导下的国家联合体。我们知道，汉之法令以皇帝诏书的形式成立，颁行于整个帝国境内，汉帝国内通行统一的法制，不仅汉朝，王国和侯国也都奉行汉法。汉法有诸侯王国法，其律文已难以详考，但是侯国和王国都不能直接交通外国，则是没有问题的。也就是说，汉帝国之立法权和外交权在于汉朝。汉法的这些规定，当从汉帝国成立之初就开始制定，以后不断加以完善。❸

总而言之，我们可以说，在西汉初年，汉帝国是一个在汉朝政治主导下的有统一法制的四级制国家联合体。在这个四级制国家联合体的汉帝国中，列侯拥有对于侯国的统治权，诸侯王拥有对于王

---

❶ 参见本书第 1 章第一节之二。
❷ "帝国"一语，乃是和制汉语。最初是作为荷兰语"keizerrijk"的译语使用的，当日本洋学的主流由（荷）兰学变为英（国）学后，自然地成了英语"empire"的译语。"帝国"所包含的丰富多样的意义，不仅在历史学当中，在整个人文学科中都有相当广泛的使用余地。关于"帝国"一语之由来及其语义的详尽考察解释，请参见吉田忠典「『帝国』という概念について」（『史学雑誌』第 108 编第 3 号，1999 年）。
❸ 参见本书第 3 章第四节。

国的统治权，皇帝所在的汉朝，兼有对于皇帝直辖地的统治权和对于侯国及王国的政治主导权。很清楚，这样一种形式和内容的政治体制，是不同于秦始皇所开创的全面郡县制的统一帝国的，为有所区别起见，笔者概括其为四级制的联合帝国。也许，这样一个定义比较接近于西汉初年的历史实际。

第三节　汉帝国政治论

一、马上天下与军功政治

据《史记》卷九十七《陆贾传》，陆贾时时在刘邦前说称诗书，刘邦骂之曰："乃公居马上而得之，安事诗书。"陆生曰："居马上得之，宁可以马上治之乎？"这段对话，构成了中国政治史上一对最为有名的重大命题，即所谓马上取天下和诗书治天下，也就是贯通二千年中华帝国时代的所谓文武之道的问题。关于诗书治天下的所谓文治问题，笔者拟在他文中另作讨论❶，在此，仅仅讨论马上天下的武功问题。

在本书第4章中我们已经详细地讨论了西汉帝国之建立过程。概括而言，从秦二世元年九月刘邦沛县起兵到高帝五年二月称帝之八年期间，以芒砀山群盗集团为前身的刘邦集团，首先转化为一性质明确的政治军事集团，通过楚国之沛县集团、楚国之砀郡集团两阶段，然后接受项羽之分封，建立独立之汉王国，尔后，再以

---

❶ 陆贾在此所说的"诗书"，泛指古来的各种典籍文书。在黄老思想当道的这个时代，相对于武功的文治，是指以法律为基础的文法制度。参见拙著《汉兴：从吕后到汉文帝》第四章之三"万世之功萧相国"。

霸主的形式联合各诸侯王国，灭楚统一天下，称帝建立汉帝国。在汉帝国之建立过程中，战争是最基本的手段，军队之将士是建国的主体。据《史记》卷九十九《刘敬传》中刘敬的话，汉帝国建立之八年期间，经历了"大战七十，小战四十"，共一百一十余次战斗。据笔者的研究，在这八年期间，刘邦集团的将士也由三千人发展到约六十万人以上。❶ 对于汉帝国之建立和起源，我们可以用一句话简洁概括之，西汉帝国是刘邦政治军事集团通过战争建立的政权。由政治军事集团通过战争建立政权，这就是我们对于马上天下的第一层诠释。

本书第1章还曾论及刘邦集团在汉元年于汉中独立建国以后，转化为汉王国的统治阶层。汉帝国建立以后，刘邦集团利用到手的政治权力，通过颁行"高帝五年诏"等一系列法令，对汉帝国之社会总资源进行了全面的再分配。通过这种社会总资源的再分配，刘邦集团成为汉帝国的统治阶层，即笔者所谓的汉初军功受益阶层。在西汉初年，汉初军功受益阶层彻底地掌握了汉帝国之各级政治权力，独占了汉帝国社会身份的主要部分，拥有汉帝国内大部分的经济财富，全面而稳固地支配着汉帝国之各个方面。由夺取了政权的政治军事集团转化而来的军功受益阶层，依据军功，利用政权，全面地支配社会总资源和国家生活的各个方面，这就是我们对于马上天下的第二层诠释。

正如我们在本节开始时所谈到的，马上天下的命题，起源于汉初，然而，这个命题所涵盖的意义，却是通用于二千年中华帝国时代的。秦始皇以武力统一天下，刘邦提三尺剑取天下，不过是其开端，尔后之中国历史，王朝之交替，政权之更迭，基本上

---

❶ 参见本书第1章第三节及第5章。

沿用马上天下的模式。东汉、三国、南北朝、唐、元、明、清等，概莫能外。魏、晋、隋、宋等有所谓禅让，不过是马上天下之形式变通，在全面内战和掌握了军队以后，在帝位之确立上用禅让形式加以更动。相反，完全不用马上天下，纯粹以文治的形式更迭政权，似乎只有王莽之新朝和武则天之周，新朝很快失败，武周又回到李唐，传统的文治更迭政权的形式似乎很难成功。马上取天下，遂成了中华帝国时代王朝更替政权更迭的唯一形式，这就是我们对于马上天下的第三层诠释。

通过以上三层诠释，我们对于马上天下之含义当是比较清楚了。由政治军事集团通过战争建立政权，这就是说，政治权力和政权机构起源于战争和军事，换言之，这就是关于权力来源和结构的军事起源论。由夺取了政权的政治军事集团转化而来的军功受益阶层，利用政权全面地支配社会总资源和国家生活的各个方面，意味着产生于武力的政治权力支配着国家和社会的所有其他方面。换言之，这是一个脱胎于武力的政治优先的社会，武力产生了政权，政治决定着经济、身份、文化等其他方面。王朝更替的唯一形式是马上天下，这就意味着政权更迭唯有依赖大规模的军事集团和全面内战，这种形式暗示了一种极为严重的破坏性和贫乏的创造性。笔者以为，中华帝国二千年之王朝循环，皇权官僚集权体制之长存，经济社会和市民社会之迟迟难以确立，都不能不追及于马上天下之宿命。限于篇幅，笔者只能在这里对于"马上天下论"做最低限度的诠释，其展开，当另拟他文。

二、无为而治与有限皇权

无为而治，是中国政治史上另一个重大命题。无为而治之历史时代，按照传统说法，当可以一直追溯到所谓黄帝和尧、舜、禹，即传说中的远古时代。然而，我们所确切知道的，冠以无为而治之名的第一个时代，实际上是西汉初年。《史记》卷九《吕太后本纪》太史公曰："孝惠皇帝、高后之时，黎民得离战国之苦，君臣俱欲休息乎无为，故惠帝垂拱，高后女主称制，政不出房户，天下晏然。刑罚罕用，罪人是稀。民务稼穑，衣食滋殖。"

根据司马迁的上述见解，惠帝和吕后的时代，正是无为而治的时代，其无为而治的内容，可以分为三个方面：首先在于君臣间之无为，君臣获得休息的共识，君主用放任的施政方式，不干预政府的政务，此即司马迁所谓的"君臣俱欲休息乎无为，故惠帝垂拱，高后女主称制，政不出房户，天下晏然"。其次在于法制上之无为，法制之运用，务求宽疏不繁，即司马迁所谓"刑罚罕用，罪人是稀"。再则在于官民间之无为，官不扰民乱民，官民共求发展生产，富裕民生，即司马迁所谓的"民务稼穑，衣食滋殖"。

我们知道，无为而治的命题，是黄老道家的基本思想，惠帝吕后时代之无为而治，在思想上正是基于主导汉初思想界的黄老道家学说的。关于黄老道家，笔者另有他文详论，在此不赘述。❶ 关于法制无为和官民无为，其背景皆在于秦政苛酷之戒，刑法太严，扰民太甚，历来论述已多，也不赘述。在此笔者只想结合汉初皇权的相对有限性问题，论述无为而治之第一个侧面，即君臣无为的历史背景。

我们已经讨论过，刘邦之皇权由于其内在相对性和外在相对性这两个条件的限制，从其诞生起就具有分权的性质，是一种相对性有限皇权。这种相对性有限皇权，因白马之盟的订立而确立，形成

---

❶ 参见拙著《汉兴：从吕后到汉文帝》第四章之五"曹相国黄老治国"、之六"盖公说黄老之学"。

一种以汉朝宫廷、汉朝政府和诸侯王国各为一方的三权并立的政治结构。基于这种三权并立的政治结构的相对有限皇权,正是汉初君臣无为的历史背景的开端。

惠帝期间宫廷尚未成形,诸侯王皆未成年,不管是宫廷、王国还是政府,人事一仍高帝旧命,完全由汉初军功受益阶层一手掌握,三权并立的政治结构中,汉帝国之政治重心在于汉初军功受益阶层所掌控的政府一方。当时的君臣无为,是以皇权弱小,几乎不能过问政事为历史背景的,是一种在弱君强臣的前提下由汉初军功受益阶层主导的政治安定。

关于此,《汉书》卷三十九《曹参传》有一最好的事例。据该传,惠帝曾通过曹参子曹窋责怪丞相曹参不理政事,曹参怒笞曹窋二百,曰:"趣入侍,天下事非乃所当言也。"惠帝朝会时为此责问曹参,曹参免冠谢曰:"陛下自察圣武孰与高皇帝?"上曰:"朕乃安敢望先帝?"参曰:"陛下观参孰与萧何贤?"上曰:"君似不及也。"参曰:"陛下之言是也。且高皇帝与萧何定天下,法令既明具,陛下垂拱,参等守职,遵而无失,不亦可乎?"惠帝曰:"善。君休矣。"从此以后,惠帝再不闻有过问政府政务之事。

考惠帝即位以来,政府政务先由丞相萧何主持,后由曹参继任丞相主持。对于惠帝而言,萧、曹二人,既是大功臣,又是长辈,他们所主持的政府政务,完全没有皇权干预的余地。其时曹窋为中大夫供职于惠帝,为宫廷官僚,惠帝通过曹窋责问曹参,就是宫廷对于政府的干预,因此,曹参怒笞曹窋,令其"趣入侍",即迅速回到宫廷去。曹参对惠帝语中,"陛下垂拱",就是说皇帝当无为于宫廷,"参等守职",就是说政府政务由丞相因循办理,"遵而无失",就是各司其事,互不干涉。曹参任汉朝丞相以前,久任齐国丞相,齐国政务也由其一手包办。当时之齐王,是高帝庶出长子刘肥，可以想象，其他诸侯王国，其政务也同齐国一样，皆由汉初军功受益阶层出身之王国相一手包办。可以说，各个王国内，同汉朝一样，皆盛行这种汉初军功受益阶层主导下的君臣无为。

吕后称制以来，以吕氏一族为中心，环绕着吕后往来之未央和长乐两宫❶，宫廷机构成形，宫廷皇权积极介入政务。然而，吕后当政期间，汉帝国政治之主要矛盾在皇室内部，即刘氏和吕氏之间。这个矛盾表现在吕氏宫廷和刘氏诸侯王国之间，集中体现在吕氏封王上。据《汉书》卷四十《陈平传》，吕后称制之初，曾以封诸吕为王事征求大臣们的意见，右丞相王陵以其事有违白马之盟"非刘氏不王"之约为由，表示反对，然而，以左丞相陈平及绛侯周勃为代表的多数大臣表示赞同，皆曰："高帝定天下，王子弟；今太后称制，欲王昆弟诸吕，无所不可。"封诸吕为王之事遂行。

已如所论，白马之盟所确立的政治结构，乃是汉朝宫廷、汉朝政府和诸侯王国之三权并立，其中，政府权力划归汉初军功受益阶层，宫廷皇权和诸侯王国之王权是划归皇室的。王陵仅将皇室理解为刘氏，真是少文戆直，过于迂腐。以陈平、周勃为首的大臣们却认为，诸吕封王事，是皇室内部的事，皇室内部的刘氏和吕氏之争，并未侵害汉初军功受益阶层的权益，也没有破坏白马之盟所规定的三权并立的结构，故"无所不可"。

大体而言，吕后期间，宫廷皇权有所加强和扩张，但明确地限于皇室内部，主要在宫廷和诸侯王国间进行。宫廷和政府、皇室和汉初军功受益阶层间，相互谨慎地维持着政治平衡。汉代列侯之位

---

❶ 参见本书第6章第二节之二"吕后宫廷之形成"。

次朝位之排定，是在吕后时❶，封诸吕为王的同时，分封高帝旧功臣，都是其例。❷ 很显然，吕后期间的君臣无为，也是建立在白马之盟所定的三权并立的政治结构上的，是皇室和汉初军功受益阶层间的政治平衡所带来的政治安定。然而，吕后死前，贸然将宫廷权力扩张到政府，破坏了宫廷和政府、皇室和汉初军功受益阶层间的平衡，引发政治冲突，酿成诛吕之变。吕后期间的君臣无为，也因此不得善终。❸

文帝即位，以代国旧臣为核心重建汉朝宫廷，扶持刘氏诸侯王以为皇权之外援，推行列侯之国、侯国迁移等方策以抑制势力过于强大的汉初军功受益阶层，其施政建策，莫不致力于恢复三权并立的政治平衡。贾谊批评文帝政治"无为""无动"，可为长太息（《汉书》卷四十八《贾谊传》），似乎忽视了文帝不得不无为的客观环境。想来，就文帝期之政治而言，当也是一种基于三权并立的君臣无为政治，为了政治的安定，皇权严格地限定于宫廷，绝不能轻易地扩张至政府及诸侯王国。举大事言之，文帝十六年，张苍以老免相，文帝有意以皇后弟窦广国继任，然犹豫很久，还是依惯例任命汉初军功受益阶层出身的申屠嘉为丞相，这是为了不破坏宫廷和政府、皇室和汉初军功受益阶层间的权力分野和政治平衡。文帝不用贾谊之削弱王国策；吴王诈病不朝，文帝赐以几杖；淮南王有罪国除，文帝复封其子为王，这是为了维持汉朝宫廷和诸侯王国间的平衡。郎中令张武受贿，文帝更加赏赐以愧其心，这是为了巩固

---

❶ 关于汉初列侯位次之详细研究，参见楯身智志「漢初高祖功臣位次考——前漢前半期における宗廟制度の展開と高祖功臣列侯の推移」(『東洋学報』第 90 卷第 4 号，2009 年)；邉見統「高祖系列侯位次の政治的意義——位次の制定と改定を中心に」(『史学雑誌』第 123 編第 7 号，2014 年)。
❷ 参见拙著《汉兴：从吕后到汉文帝》第五章之四"新分封的政治平衡"。
❸ 参见拙著《汉兴：从吕后到汉文帝》第五章《吕氏皇权的兴亡》。

以代国旧臣为核心的宫廷。司马迁评论文帝为政"广恩博施""谦让未成"(《史记》卷十《孝文本纪》)。班固评论文帝为政"以德化民""兴于礼义"(《汉书》卷四《文帝纪》),其事皆昭昭而明,其论似乎皆未能深入,未在君臣无为上有所发明。❶

三、秦楚汉之历史连续性

秦楚汉三者之间的相关关系问题,乃汉初政治的基本问题之一。笔者在自己所进行的关于汉初军功受益阶层的研究当中也涉及这个问题。随着研究之进行,笔者理解到秦楚汉三者之关系相当错综复杂,既有对立和断裂的一面,也有融通和连续的一面,对于后者,笔者将其称为秦楚汉之历史连续性问题,并笼统地以"出楚入秦建汉"一语来加以概括。笔者以为,对于这个简单的概括,至少需要从法统、制度、地域、人事和文化五个方面来理解,才能有一整体的认识。在这五个方面当中,文化问题内容深广,笔者暂时无意涉及,在此只拟就其他四个方面,主要根据自己的研究内容,稍加论及。

有关地域问题和人事问题之一部分,笔者在本书第5章做了详细的讨论。有关社会集团的地域性问题分为地域移动和地域构成两个部分。社会集团的地域移动问题就是其活动地区问题,社会集团之地域构成问题就是其成员的出身地区问题。很清楚,社会集团的地域构成问题,直接关系其人事组成,乃人事构成问题的一个重要的方面。

就刘邦集团之地域移动状况而言,如果我们笼统地从战国政区

---

❶ 参见本书第6章及第3章。也请参见拙著《汉兴:从吕后到汉文帝》第六章之二"重建政治平衡"。

的角度来看这个问题，同时，也将刘邦集团之成长过程理解为汉之建立的过程的话，我们对于秦楚汉在地域移动上之连续性，是可以简要地用"出楚入秦建汉"来加以理解的。也就是说，汉起源于楚之江淮地区，然后西迁至于秦之蜀汉关中地区，以其为根据地，再东进扩展至包括楚地在内的整个关东地区，在这里，汉和秦在地域上是重合的。

秦楚汉在地域关系上的连续性，更为明确地体现在刘邦集团的地域构成上。同地域移动问题一样，如果我们也笼统地从战国政区的角度来看，同时，也将刘邦集团之成长过程理解为汉之建立过程的话，我们对于汉之地域构成也可以据"出楚入秦建汉"的脉络来加以理解，进而将汉之地域构成概括为以楚人为核心和中坚，以秦人为主力，以其他诸侯王国人为外围的层累的同心圆结构。不言自明，楚汉在地域构成上的连续性，直接体现于丰沛元从集团和砀泗楚人集团之形成过程中，秦汉在地域构成上的连续性，则直接体现在蜀汉关中之秦人集团的形成过程上。

如上述，社会集团之地域构成，就是其人事构成的一个方面。从而，我们所讨论过的刘邦集团的地域构成问题，就是从地域的角度讨论汉的人事构成问题。换言之，秦楚汉在人事构成上的连续性，集中体现在其成员之出身地的结构，也就是其地域构成上。

对于法统的问题，笔者在本书第4章第三节中已经有所讨论。所谓法统，就是统治权之正当性及其在法理上的根据。关于这个问题，田余庆先生在《说张楚》一文中，于纷繁的史实当中，勾画了楚汉在法统观念上相继相承的大致轮廓，开了楚汉关系研究的先河。❶

---

❶ 田余庆《说张楚》，收于氏著《秦汉魏晋史探微》。

然而，笔者进一步以为，不仅汉和楚在法统观念上有连续性，汉和秦在法统观念上也是连续的，秦楚汉三者在法统观念上之连续性，有直接而明确之连接点，这就是怀王之约。对于怀王之约连接秦楚汉的作用，我们可以用一句话加以概括，即汉由怀王之约从楚获得统治秦之权力。怀王之约，是楚国之部属（郡）的刘邦集团，合法地获得旧秦国的统治权而独立建国，由楚军楚臣之一部转化为汉（秦）王国统治集团的法理根据。秦楚汉在法统上的连续性，相当集中地体现在这里。

就制度问题而言，汉承秦制，已是古来不争的事实。然而，秦制和汉制之间，尚有楚制之存在，这个问题，近年来已因学者们的研究和新材料之出土而益渐明晰。❶ 具体而言，建汉之刘邦集团初用楚制，后改秦制，秦楚汉在制度上相连，已成为史学界的定论。只是，汉何时、何地、怎样开始其由楚制改变为秦制之事，尚不清楚。然而，此事乃秦楚汉在制度上相关联的节点，不可不首先予以解决。

笔者已经在本书第1章第二节中提出了汉中改制论的意见，在此，只想根据新的研究再次明确其说。笔者的一个基本观点是，汉之改楚制为秦制的问题，必须放在项羽主持关中大分封、十九国同时建国改制的大背景下，才能有近于历史真相的理解。汉元年二月，项羽在关中实行大分封，刘邦与其他十七诸侯王同时接受项羽之封，称汉王。不难推想，项羽所主持的分封仪式之举行，分封制度之确定颁行，历法纪年之授予，也都在这个时候一并实

---

❶ 关于楚汉之爵制关系，可参见本书第1章第二节。卜宪群《秦制、汉制与楚制》(《中国史研究》1995年第1期) 一文，对秦楚汉制度之关联性问题做了综论；卜宪群《秦汉官僚制度》(社会科学文献出版社，2002年) 又将此问题放在秦汉官僚制度的整体中再次做了论述，可参看。新的出土材料，主要见于张家山汉简《奏谳书》。

现。当时，不仅刘邦之汉王国，其他受封之各国，皆面临建制和改制的问题。

我们知道，刘邦之封为汉王，诚然是项羽曲解怀王之约的结果，然而，从地理上讲汉是在秦国之蜀汉地区，从政治上讲汉之统治权也是秦国统治权的一部分，至少在形式上，楚汉双方都是将汉理解为旧秦国的一部分的。因而，从理论上讲，汉改楚制为秦制，应当在汉元年二月关中受封之时。但是，关中受封时，诸侯王们齐集咸阳，皆未之国实行统治，各国之建制和改制，皆来不及具体实行。根据现有的史料，各国军队之限定和改编，关中分封时是实行了❶，新的历法纪年，也可能在关中分封后就开始使用，其他的变动，以理度之，当在各王领军就国后实行。

汉元年四月，十九王各就其国。四月，刘邦集团之汉中就国，八月，出汉中反攻关中，在汉中待了五个月，改楚制为秦制之事，当主要于此时进行。笔者曾经论及，汉之军法，乃由韩信在汉中根据秦之军法而重申，军功爵制乃军法之一部，从而，汉之军功爵制也由此而从楚制改变为秦制。此外，汉之户籍整理、徭税征收、征兵制之实行，秦制官职之任命，皆开始于汉中就国时，也大体可以确认。❷ 所以，笔者以为，汉之改楚制为秦制的问题，从道理上讲，当始于汉二年二月受项羽之封建汉王国时，其实际之开始实行，则是在同年四月之汉中就国之后，尔后则不断完善补充，可以笼统地称其为汉元年之汉中改制。

春秋战国以来，秦楚两国在四百多年间，有绵延二十一代的联姻结盟关系。这种密切而复杂的关系，对于尔后中国历史的进程，

---

❶ 参见本书第5章第一节。
❷ 参见本书第1章第二节。

有相当重大的影响。这种关系及其影响的详情，因为史料的毁损和史书的失载，我们至今尚了解不多。❶ 今天看来，这种关系及其影响，一直延续到本书所及的秦楚汉期间。❷ 不过，秦楚汉三国间的关系问题，因为历时短暂，变动剧烈，史料缺乏，显得相当地模糊不清。

同时，西汉初年，汉政府出于自己的政治利益，对于历史进行过种种修改，其中，规模较大的至少有过三次，其一为对秦王朝历史的修改，另一为对诛吕之变的历史的修改，还有一次，就是对于汉从楚来的历史的修改。❸ 正是由于这种人为的历史篡改，特别是对于汉从楚来的历史的修改，使本来就显得含混的秦楚汉相关关系，变得更加不清。尤其是其中汉改楚制为秦制的问题，因为涉及面广，又有变通改订、旧制比定等种种实行中的问题掺杂其中，益发头绪纷纭。尽管如此，笔者以为，如果我们能够在认识上有所突

---

❶ 参见拙论《末代楚王史迹钩沉——补〈史记〉昌平君列传》(《史学集刊》2010 年第 1 期)，以及拙著《秦谜：重新发现秦始皇》(插图增订版)之"谜底　穿透历史的迷雾"之二"《史记》失载了的历史"，上海人民出版社，2020 年。

❷ 参见拙著《楚亡：从项羽到韩信》第六章"倒影回声中的楚与秦"。

❸ 关于汉政府对于历史的修改问题，请参见本书第 6 章第二节之二。西汉初年，汉政府出于自身的政治利益需要，对于历史记载曾多次进行修改。其较大的修改至少有三次。一、对于秦王朝历史的修改，可以参见鎌田重雄「秦三十郡」(氏著『秦漢政治制度研究』，学術振興会，1962 年)；栗原朋信「秦水德説の批判」(氏著『秦漢史研究』，吉川弘文館，1960 年)。近年，鶴間和幸力图修正由汉王朝的观点塑造的秦王朝的历史，有一系列引人注目的成果，参见氏著『秦の始皇帝——伝説と史実のはざま』(吉川弘文館，歴史文化ライブラリー，2001 年)，『秦帝国の形成と地域』(汲古書院，2013 年)。对此，田人隆在《中国史研究动态》1996 年第 2 期上有综合性评述，请参看。二、汉王朝对于汉曾经从属于楚、汉王朝乃是项羽的封国等有关汉之由来的隐瞒，请参见本书第 3 章和第 4 章。三、对于吕氏政权历史所加的修改。参见拙著《汉兴：从吕后到汉文帝》第五章《吕氏皇权的兴亡》。然而，就如何研究如上历史修改的问题，笔者想举出藤田胜久所提示的史料解构分析的方法。参见氏著『史記戦国史料の研究』，『史記戦国列伝の研究』『史記秦漢史の研究』等。

破，有效地利用新的出土材料对于旧有的史籍加以重新整理的话，二千年来笼罩在历史真相之上的诸种疑相是可以逐一剥除的，我们对于秦楚汉之连续性问题，也是可以在深度和广度上获得进展的。

四、后战国时代论

从时间上看，本书所论的内容，基本上集中在秦末汉初。秦末汉初之七十年，其历史状态具有相当的独特性。此种独特性，不但体现在政治经济上，也体现在文化思想上；这种独特性，既不同于秦始皇所开创的统一的秦帝国时期，也不同于汉武帝所完成的统一的汉帝国时期，为了凸显这段历史的特点，笔者将这段历史分离出来，作为一个独立的历史时期加以看待，并称之为"后战国时代"。❶

后战国时代，起源于秦楚汉间。所谓秦楚汉间，即司马迁于《史记·秦楚之际月表》所截取的八年时间，始于秦末乱起的秦二世元年（前209），终于汉王朝建立之高帝五年（前202）。其时间虽然短暂，历史变动却非常剧烈，秦王朝在此期间崩溃，战国七雄在此期间复活，项羽在此期间称霸天下，分封十九国。刘邦也在此期间战胜项羽，接受楚、韩、淮南、梁、衡山、赵、燕共七国国王的推举即皇帝位，建立了汉王朝。

在秦楚汉间，尽管历史变动纷繁剧烈，历史运动的方向和脉络

---

❶ 笔者所谓的后战国时代，大致从秦二世元年（前209）开始，到武帝建元元年（前140）结束。秦二世元年七月，陈胜、吴广起义建立张楚政权，宣告战国的复活与统一的秦帝国崩溃的开始，可以作为后战国时代开始的标志。武帝建元六年五月，崇尚道家、实际掌控汉朝政权的窦太后死去，宣告汉初以来因循传统之时代的终结，可以作为后战国时代的结束。从此以后，汉武帝亲政，历史进入大变革时代，新的统一的汉帝国时代开始。不过，为了论述和划分的方便，笔者笼统地以武帝即位为后战国时代的下限。

却清楚明了。在这个时段，秦帝国在战国复国运动中崩溃，历史向战国方向回转。但是，向战国方向回转的历史无法绕开秦帝国，于是出现了战国时代和帝国时代的历史特点混合同在的新时代。西汉王朝建立以后，沿袭了秦楚汉间的历史特点，不久，以同姓王取代异姓王，将这个特殊的历史时代稳定下来，一直持续到武帝即位前后。❶

如前所述，后战国时代直接由秦楚汉间演变而来，其历史特点的来源是战国晚期和秦帝国时期。为了凸显后战国时代的历史特点，笔者对这两个时代的历史特点做一简要的概括：

（一）战国晚期的历史特点❷。1.天下局势：多国相争兼并，一国独大。2.政治体制：从世卿世禄向官僚制过渡，君权强化。3.统治方式：由封建领主制下的宗法社会向郡县制下的编户齐民社会过渡，间接统治之封建原理与直接统治之人头原理并用。4.经济形态：从基于氏族共同体的井田制向基于核心家族之小农经济过渡。5.文化思想：诸子百家争鸣。6.社会风尚：大兴养士之风，游侠盛行。

（二）秦帝国时代的历史特点。1.天下局势：天下唯一的国家，无国际无外交的独国世界——大一统的秦帝国。2.政治体制：皇权官僚集权体制建立，独天下绝对皇权。3.统治方式：郡县制下的编

---

❶ 参见本书第3章第三节。
❷ 关于战国晚期历史特点的概括，主要基于杨宽《战国史》（上海人民出版社，1998年）相关章节做出。"编户齐民"的概念，取之于杜正胜《编户齐民——传统社会结构之形成》（台北允晨文化有限公司，1992年）。直接统治之人头原理，是日本历史学家西嶋定生提出的理论概念。这个概念，是在归纳秦始皇统一天下、建立皇权官僚集权体制之统治原理后做出的。简要而言，作为最高统治者的皇帝，其统治权可以通过法令之颁布和官僚机构之执行而直接下达每一个编户民。这个概念，是相对于西周封建社会之层层分封，统治权层层分散，周天子对于各级封君和各级封君之下的臣民并无直接的统治权而言的。参见西嶋定生『中国古代帝国の形成と構造——二十等爵制の研究』序章第五節「問題点の所在と分析の視角」（東京大学出版会，1961年）。

户齐民制，直接统治之人头原理。4.经济形态：与军功爵制配合的名田制❶，基于核心家族的小农经济。5.文化思想：焚书灭学❷，以吏为师，诸子百家消亡。6.社会风尚：家无私客，游侠灭绝❸。

由秦楚汉间的历史演化而来，混合了战国和帝国两个时代的后战国时代，其历史特点可以概括如下：

（三）后战国时代的历史特点。1.天下局势：汉朝一强主持天下，与多个王国、众多侯国并立共存之联合帝国。2.政治体制：宫廷与政府分权共治，汉朝与诸侯国划界分治，侯国自治。家天下有限皇权。3.统治方式：郡县制下的编户齐民制与王国侯国制下之封建领主制并存，直接统治之人头原理与间接统治之封建原理并存。4.经济形态：（1）与军功爵制配合的名田制，基于核心家族的小农经济；（2）封建领主经济与家内奴隶。5.文化思想：黄老思想主导下的诸子复兴，百家融合。6.社会风尚：养士之风抬头，游侠再盛。

因为感到这个时代在中国历史上具有理论和实际的典型意义，笔者进而从历史理念上对后战国时代的历史特点做长时段的归纳如下：1.新贵族主义：皇族和功臣的分封世袭。2.分权主义：分散权力，注意权力的平衡，统一法制下的分权自治。3.保守主义：不扰民乱民，政府尽可能少干预民间事务，尽可能减少民众的负担。

---

❶ 秦国所实行的与军功爵相匹配的田宅财产制度被称为名田制，这个制度开始于商鞅变法，一直延续到西汉初年。学界关于这个问题的讨论，可参见闫桂梅《近五十年来秦汉土地制度研究综述》(《中国史研究动态》2007年第7期)。

❷ 自东汉以来，焚书坑儒已经成为中国历史中的一个固定概念，用来概括秦帝国的文化政策特点。根据笔者的研究，这个用语和概念，是半桩伪造的历史疑案。简单而言，焚书是见于法令的历史事实，坑儒是东汉时代伪造的历史故事。参见拙论《焚书坑儒的真伪虚实——半桩伪造的历史疑案》(《史学集刊》2010年第6期)，基于这种新的认识，笔者对秦帝国文化政策的特点概括为"焚书灭学"一语。

❸ 参见《荀子·强国》，及拙著《秦崩：从秦始皇到刘邦》第二章"秦帝国的民间暗流"。

4. 调和主义：不做思想管制，没有定于一尊的思想理念，在调和与模糊中留下百家共存的宽容的思想环境。

在传统的意义上解读这个时代，可以用"文景之治"的黄金时代来概括；在现代的意义上重新诠释这个时代，可能是中华帝国两千年王朝循环的历史中，唯一有可能在体制上出现新的转型的时代——这个新的转型的方向，就是脱离专制主义中央集权统一帝国体制，逐步走向统一法制下的分权政治体制。❶

---

❶ 此节内容，是笔者于 2015 年 6 月，在由北京大学历史系主办，普林斯顿大学高等研究院、芝加哥大学和维也纳大学中世纪史研究中心协办的"断裂与转型：帝国之后的欧亚历史和史学"国际会议上的报告之结论部分。全文刊载于会议的论文集，王晴佳、李隆国主编《断裂与转型：帝国之后的欧亚历史与史学》，上海古籍出版社，2017 年。

附录 高帝—武帝期间三公九卿、王国相及郡太守表[1]

表A-1 高帝期三公九卿表

	氏名	官位	爵位	阶层	任期
1	韩信	大将军[2]	淮阴侯	军层	汉元年
2	卢绾	太尉	燕王	军层	汉二年—五年九月
3	周勃	太尉	绛侯	军层	高十一年
4	萧何	丞相	酂侯	军层	汉元年—惠二年
5	周苛	御史大夫	高景侯	军层	汉元年—三年
6	周昌	中尉	汾阴侯	军层	汉元年—三年
		御史大夫			汉四年—九年
7	赵尧	御史大夫	江邑侯	军层+法吏	高十年—吕元年
8	襄	治粟内史	棘丘侯	军层	汉元年

---

[1] 以下各表，主要以《汉书》卷十九《百官公卿表》（以下简称《官表》）及严耕望《两汉太守刺史表》（以下简称《严表》）为底本，全面参考《史记》《汉书》《史记会注考证》《汉书补注》《二十五史补编》等考订而成。由于考证量大，为了节约篇幅，各种考订及人物所属阶层类型判定，除作者认为必要者外，皆省略不记。表中所使用的阶层类型设定，请参见本书第2章。阶层类型后之数字，2表示第二代，3表示第三代，以此类推。又，由于作为基本史料的《史记》和《汉书》之各表实有重新整理排列之必要，在此工作完成前做成的本表，难免有错误和遗漏，进一步的改订，只有留待将来了。

[2] 三公九卿中，太尉为最高军职，不常置。然最高军职尚有大将军，也不常置。武帝时又于大将军加大司马以为最高军职。为广泛反映政局，作者遂将太尉、大将军及加大司马者一并作为三公之一列入。韩信为大将军，见《史记》卷十八《高祖功臣侯者年表》。

续表

	氏名	官位	爵位	阶层	任期
9	夏侯婴	太仆	汝阴侯	军层	汉元年—文八年
10	曹参	中尉	平阳侯	军层	汉二年?
11	靳彊	中尉	汾阳侯	军层	高五年?
12	朱进	中尉	中邑侯	军层	高五年?
13	薛欧	典客	广平侯	军层	高五年
14	丙猜	中尉	高宛侯	军层	高五年
15	义渠	廷尉		不明	高五年—九年
16	王恬启	郎中令	山都侯	军层	高五年—十二年
17	阳成延	少府	梧侯	军层	高五年—吕七年
18	公上不害	太仆❶	汲侯	军层	高六年—十年
19	灵常	中尉	阳羡侯	军层	高六年十二月—
20	郦商	卫尉	曲周侯	军层	高六年—十一年
21	叔孙通	奉常		军层+儒吏	高七年—九年
		奉常			高十二年—惠六年
22	宣义	廷尉	土军侯	军层	高十年—
23	杜恬	廷尉	长修侯	军层	高十一年
24	王氏	卫尉		军层❷	高十一年—十二年
25	戚鰓	中尉	临辕侯	军层	高十一年—惠四年
26	育	廷尉		不明	高十二年—吕七年

表 A-2　惠吕期三公九卿表

	氏名	官位	爵位	阶层	任期
1	周勃	太尉	绛侯	军层	惠六年—文元年
2	萧何	丞相	酂侯	军层	汉元年—惠二年

---

❶ 据张家山汉简《奏谳书》(《文物》1993年第8期)，公上不害曾以太仆行廷尉事，事在高帝十年八月，当在义渠和宣义之间短期在任。

❷ 王氏，《汉书》卷三十九《萧何传》中为萧何辩护者。由其颇知楚汉战争中事推测，当为早年追随刘邦者。

续表

	氏名	官位	爵位	阶层	任期
3	曹参	丞相	平阳侯	军层	惠二年七月—五年八月
4	王陵	丞相	安国侯	军层	惠六年十月—吕元年十一月
5	陈平	郎中令 丞相	曲逆侯	军层	高十二年—惠五年 惠六年十月—文二年十月
6	审食其	典客 丞相 丞相	辟阳侯	军层	惠七年—吕元年 吕元年十一月—七年七月 吕八年九月—后九年
7	吕产	丞相❶	汶侯	宗亲+军层2	吕七年七月—八年九月
8	赵尧	御史大夫	江邑侯	军层	高十年—吕元年
9	任敖	御史大夫	广阿侯	军层	吕元年—三年
10	曹窋	御史大夫	平阳侯	军层2	吕四年—八年
11	夏侯婴	太仆	汝阴侯	军层	汉元年—文八年
12	阳成延	少府	梧侯	军层	高五年—吕七年
13	叔孙通	奉常		军层+儒吏	高十二年—惠六年
14	戚鳃	中尉	临辕侯	军层	高十一年—惠四年？
15	育	廷尉		不明	高十二年—吕七年
16	刘泽	卫尉	营陵侯	宗亲+军层	惠元年—吕四年
17	冯无择	郎中令❷	博城侯	军层	惠六年—吕三年
18	贾寿	郎中令❸		不明	吕四年—吕八年
19	免	奉常		不明	惠七年—吕六年
20	卫无择	卫尉	乐平侯	军层	吕四年—六年？
21	足	卫尉	关内侯	军层	吕六年—文元年
22	围	廷尉		不明	吕七年—八年

❶ 吕产为相国，诸表皆不载。详《史记》卷九《吕太后本纪》，《史记会注考证》所引梁玉绳说。审食其以吕后七年七月迁太傅，其时吕产为相国。吕后八年九月吕产诛，审食其复为左丞相，后九月免。

❷ 冯无择为郎中令，《官表》不载，见《史记》卷九《吕太后本纪》。

❸ 贾寿为郎中令，《官表》不载，见《史记》卷九《吕太后本纪》。

续表

	氏名	官位	爵位	阶层	任期
23	根	奉常		不明	吕七年—文元年
24	刘揭	典客	阳信侯	军层	吕七年—文二年

表 A-3　文帝期三公九卿表

	氏名	官位	爵位	阶层	任期
1	周勃	丞相 丞相	绛侯	军层	文元年十一月—八月 文二年十一月—三年十二月
2	灌婴	太尉 丞相	颍阴侯	军层	文元年十月—三年 文三年十二月—四年十二月
3	张苍	御史大夫 丞相	北平侯	军层	吕八年—文三年 文四年正月—后二年八月
4	申屠嘉	御史大夫 丞相	故安侯	军层	文十六年—后元年 文后二年八月—景二年六月
5	围	御史大夫		不明	文四年　—六年
6	冯敬	典客 御史大夫		军层❶	文三年—六年 文七年—十五年
7	陶青	御史大夫	开封侯	军层 2	文后二年—景元年
8	夏侯婴	太仆	汝阴侯	军层	汉元年—文八年
9	足	卫尉	关内侯	军层	吕六年—文元年
10	刘揭	典客	阳信侯	军层	吕七年—文二年
11	根	奉常		不明	吕七年—文元年
12	张武	郎中令		士吏❷	文元年—后七年？

---

❶ 冯敬，秦将冯无择子，《汉书》卷四十八《贾谊传》引如淳注曰：（冯敬）"冯无择子，名忠直，为御史大夫。"又《汉书》卷一《高帝纪》，冯敬汉二年为魏王豹骑将，当于同年韩信破魏时降汉为将。

❷ 张武，文帝即位前为代郎中令，为文帝亲近之臣无疑。考随从文帝入汉之代国旧臣主要有两种类型：一为宋昌类（见下页注❶），即原从高帝之军层者；一则为文帝在代时所网罗的地方士人。文帝即位时，宋昌因有从高帝之经历而封侯，张武不得封，当因其为后起的地方士人，无同样经历之故。

续表

	氏名	官位	爵位	阶层	任期
13	宋昌	中尉❶	壮武侯	军层	文元年—六年?
14	吴公	廷尉		法吏	文元年—六年
15	免	卫尉		不明	—文后六年
16	饶	奉常		不明	文二年—十一年
17	贺	廷尉		法吏❷?	文六年
18	福	中尉		不明	文六年—
19	靓	典客		不明	文七年—
20	昌	廷尉		法吏?	文十年—
21	嘉	廷尉		法吏?	文十年—
22	昌间	奉常		不明	文十二年—后六年
23	周舍	中尉		不明	文十四年—
24	宜昌	廷尉		法吏?	文十五年—
25	信	廷尉		法吏?	文后元年
26	奚信❸	奉常	成阳侯	军层2	文后七年
27	张释之	廷尉		法吏	文后六年—七年
28	周亚夫	中尉	条侯	军层2	文后六年—景二年

---

❶ 宋昌，楚将宋义孙，以家吏从高帝。据《汉书》卷四《文帝纪》，文帝元年六月诏有"诸从朕六人官皆至九卿"语，其有名可考者仅原代郎中令张武为汉郎中令，原代中尉宋昌为卫将军领南北军。据汉初之制，中尉领北军，卫尉领南军。其时，汉卫尉有足，中尉不知何人。疑其时宋昌以卫将军领中尉事，故列宋昌为九卿之中尉目下。

❷ 廷尉一职，为执掌司法之最高官，职务非常专门化，非通晓法律之吏不能担任。高帝期战乱不已，诸制草创，功臣土军侯宣义、长修侯杜恬先后短期担任过廷尉。高帝至惠吕期间除宣义、杜恬外，担任廷尉者尚有义渠、育、围，所出皆不明。文帝元年，法吏吴公出任廷尉，从此，廷尉一职，几乎例由法吏担任了（景帝二年，军层二世张欧曾任廷尉，然张欧也为"治刑名"者）。基于此，作者遂把吴公以后出任廷尉者中出身不明者，一律归属为法吏类型。

❸ 《官表》作奉常信。疑当为成阳侯奚意子奚信。汉代奉常多以列侯任，奚信以文帝十一年嗣侯，武帝建元元年斩，时间合。

表A-4 景帝期三公九卿表

	氏名	官位	爵位	阶层	任期
1	窦婴	大将军	魏其侯	宗亲+军吏	景三年—
2	申屠嘉	丞相	故安侯	军吏	文后二年八月—景二年六月
3	陶青	御史大夫 丞相	开封侯	军吏2	文后二年—景二年 景二年八月—七年六月
4	周亚夫	中尉 太尉 丞相	条侯	军吏2	文后六年—景二年 景三年—七年 景七年六月—中元年九月
5	刘舍	御史大夫 丞相	桃侯	军吏2	景七年—中二年 景中元年九月—后一年七月
6	卫绾	中尉 御史大夫 丞相	建陵侯	军吏	景四年— 景中三年—中六年 景后元年八月—武建元年六月
7	晁错	御史大夫		法吏	景二年—三年
8	介	御史大夫		不明	景四年—六年
9	直不疑	卫尉 御史大夫	塞侯	军吏	景初年—后元年 景后元年八月—武建元元年
10	石奋❶			军吏	景初年
11	张欧❷	廷尉 奉常		军吏2	景元年—二年 景五年—六年
12	周仁	郎中令		士吏+近臣	景元年—后元年
13	爰盎	奉常		士吏+近臣	—景三年？
14	斿	奉常		不明	景二年—

❶ 石奋为九卿事,《官表》不载,《汉书》卷四十六《石奋传》:"及孝景即位,以奋为九卿。"

❷ 张欧,高帝功臣安丘侯张说少子,文帝时以治刑名侍太子。《官表》所载景帝元年廷尉欧,与同表景帝六年奉常张欧为同一人,此说见《汉书》卷四十六《张欧传》,《汉书补注》引钱大昕说。

续表

	氏名	官位	爵位	阶层	任期
15	殷	奉常		不明	景三年—
16	嘉	中尉		不明	景三年—
17	胜	廷尉		法吏?	景三年—七年
18	萧胜	奉常	武阳侯	军层3	景七年—中二年
19	窦彭祖	奉常	南皮侯	宗亲	景四年—
20	刘舍	太仆	桃侯	军层2	景五年—七年
21	郅都	中尉		法吏	景七年—中三年
22	福	廷尉		法吏?	景中元年—中五年
23	乘昌	奉常	煮枣侯	军层3	景中三年—四年
24	神	少府		不明	景中五年—
25	甯成	中尉		法吏	景中六年—
26	利彭祖❶	奉常	轪侯	军层3	景中六年—后二年
27	瑕	廷尉		法吏?	景中六年—武建元二年
28	贺	郎中令		不明	景后元年—三年
29	广意	中尉		不明	景后二年—
30	惠	治粟内史		不明	景后二年—武建元二年
31	许昌	奉常	柏至侯	军层	景后三年—武建元元年
32	田胜❷		周阳侯	宗亲	景后元年

表A-5 武帝初期（建元—元朔）三公九卿表

	氏名	官位	爵位	阶层	任期
1	卫青	大将军	长平侯	宗亲+军吏	元朔五年—元封五年
2	窦婴	丞相	魏其侯	宗亲+军吏	建元元年六月—二年十月

❶ 利彭祖，《官表》作轪侯吴利，以景帝中六年为奉常，七年更为太常，至景帝后三年由许昌继任。官表《汉书补注》引钱大昕曰："功臣表轪侯黎朱昌，至曾孙扶失侯，史表作利苍，别无轪侯吴利。"考其时之轪侯为利苍孙彭祖，彭祖以文帝十六年嗣侯，景帝后三年卒，其卒年正与吴利之任期合，当为同一人，《官表》名误。

❷ 田胜，其为"诸卿"事，《官表》不载，见《汉书》卷五十九《张汤传》及同传《汉书补注》所引诸氏说。

续表

	氏名	官位	爵位	阶层	任期
3	许昌	丞相	柏至侯	军层3	建元二年三月—六年六月
4	田蚡	太尉 丞相	武安侯	宗亲	建元元年— 建元六年六月—元光四年三月
5	薛泽	丞相	平棘侯	军层3	元光四年五月—元朔五年十一月
6	公孙弘	御史大夫 丞相	平津侯	儒吏+法吏	元朔三年—元朔五年 元朔五年十一月—元狩二年三月
7	赵绾	御史大夫		儒吏	建元元年六月—二年十月
8	严青翟	御史大夫	武强侯	军层3	建元二年三月—六年
9	韩安国	大司农 御史大夫 中尉 卫尉		军吏+士吏	建元三年—六年 建元六年—元光四年 元光五年—六年 元光六年—元朔二年
10	张欧	中尉 御史大夫		军层2	建元元年—元光四年 元光四年—元朔三年
11	番系	御史大夫		不明	元朔五年四月—六年
12	许昌	太常	柏至侯	军层3	景后元三年—建元二年三月
13	赵周	太常	高陵侯	不明	建元二年—五年
14	定	太常		不明	建元六年
15	王臧	太常		不明	元光元年
16	张欧	太常		不明	元光四年—
17	司马当时	太常		不明	元光六年—
18	孔臧	太常	蓼侯	军层2	元朔元年—元朔三年
19	张当居	太常	山阳侯	不明	—元朔五年
20	周平	太常	绳侯	军层4	元朔六年—元狩四年
21	王臧	郎中令		儒吏+近臣	建元元年
22	石建	郎中令		军层2	建元二年—元朔五年
23	李广	卫尉 郎中令		军吏	元光元年—五年 元朔六年—元狩四年

续表

	氏名	官位	爵位	阶层	任期
24	窦甫❶	卫尉		宗亲	建元二年
25	程不识	中尉		军吏	元光元年
		卫尉			元光四年
26	苏建	卫尉	平陵侯	军吏	元朔三年—
27	灌夫	太仆		军吏	建元元年
28	石庆	太仆	牧丘侯	军层2	建元三年—六年
29	公孙贺	太仆	南窌侯	宗亲＋军吏	建元六年—太初元年一月
30	信	廷尉		法吏？	建元二年
31	迁	廷尉		法吏？	建元四年
32	建	廷尉		法吏？	建元四年
33	武	廷尉		法吏？	建元五年
34	殷	廷尉		法吏？	建元六年
35	翟公	廷尉		法吏？	元光五年
36	张汤	廷尉		法吏	元朔三年—元狩二年
37	光	大行令		不明	建元元年—
38	过期	大行令		不明	建元二年—
39	王恢	大行令		军吏	建元五年—元光三年
40	丘	大行令		不明	元光六年—
41	殷	大农令		不明	建元六年
42	郑当时	大农令		士吏＋近臣	元光五年—
43	孟贲	大农令		不明	元朔三年
44	产	大农令		不明	元朔四年
45	李息	中尉		军吏	元朔三年—
46	赵禹	中尉		法吏	元光六年—元朔五年
47	殷客	中尉		不明	元朔五年—

❶ 窦甫，武帝建元二年为长乐卫尉，《官表》不载，事见《汉书》卷五十二《窦婴传》。

表 A-6 武帝中期（元狩—元封）三公九卿表

	氏名	官位	爵位	阶层	任期
1	卫青	大司马	长平侯	宗亲+军吏	元狩四年—元封五年
2	霍去病	大司马	冠军侯	宗亲+军吏	元狩四年—五年
3	公孙弘	丞相	平津侯	儒吏+法吏	元朔五年十一月—元狩二年三月
4	李蔡	御史大夫 丞相	乐安侯	军吏	元狩元年—二年 元狩二年三月—五年三月
5	严青翟	丞相	武强侯	军层3	元狩五年三月—元鼎二年二月
6	赵周	丞相	高陵侯	不明	元鼎二年二月—五年九月
7	石庆	御史大夫 丞相	牧丘侯	军层2	元鼎二年二月—元鼎五年 元鼎五年九月—太初二年一月
8	张汤	廷尉 御史大夫		法吏	元朔三年—元狩二年 元狩二年三月—元鼎二年十一月
9	卜式	御史大夫	左庶长	士吏	元鼎六年—
10	周平	太常	绳侯	军层4	元朔六年—元狩四年
11	李信成	太常	戚侯	军层4	元狩四年—元狩五年
12	栾贲	太常	俞侯	军层2	—元狩六年
13	王充	太常	盖侯	宗亲	元狩六年
14	任越人	太常	广阿侯	军层4	元鼎二年
15	周仲居	太常	郸侯	军层3	元鼎三年
16	周建德	太常	平曲侯	军层3	元鼎五年
17	杜相	太常	阳平侯	军层5	元鼎五年—元封三年
18	萧寿成	太常	酂侯	军层4	元封四年—
19	韩延年	太常 大行令	成安侯	军吏	元封五年—元封六年 元封五年—元封六年
20	李广	郎中令		军吏	元朔六年—元狩四年
21	李敢	郎中令	关内侯	军吏	元狩五年
22	徐自为	郎中令	左庶长	军吏	元狩六年—元封六年
23	苏建	卫尉	平陵侯	军吏	元朔三年—

续表

	氏名	官位	爵位	阶层	任期
24	张骞	卫尉 大行令	博望侯	士吏+近臣	元狩二年 元鼎二年—
25	充国	卫尉		不明	—元狩五年
26	路博德	卫尉	邳离侯	军吏	元鼎五年
27	公孙贺	太仆	南窌侯	宗亲+军吏	建元六年—太初元年一月
28	李友	廷尉		法吏	元狩三年
29	司马安	中尉 廷尉		法吏	元狩元年 元狩三年
30	霸	中尉 廷尉		法吏	元狩三年 元鼎元年
31	王温舒	廷尉		法吏	元鼎三年
32	赵禹	廷尉		法吏	元鼎四年—元封元年
33	杜周	廷尉		法吏	元封二年—
34	李息	大行令		军吏	元狩元年—
35	郑当时	大农令		士吏+近臣	元光五年—
36	颜异	大农令		法吏	元狩四年—元狩五年
37	正夫	大农令		不明	元狩六年
38	孔仅	大农令		士吏❶	元鼎二年
39	刘安国	大农令		宗亲	元鼎四年
40	张成	大农令		军吏	元鼎六年
41	王温舒	中尉		法吏	元鼎四年—五年
42	尹齐	中尉		法吏	元鼎三年
43	豹	中尉		不明	元鼎六年

❶ 孔仅,"南阳大冶",与桑弘羊、东郭咸阳俱为兴利理财之臣。见《汉书》卷二十四《食货志》。

表 A-7 武帝后期（太初—后元）三公九卿表

	氏名	官位	爵位	阶层	任期
1	石庆	丞相	牧丘侯	军层 2	元鼎五年九月—太初二年一月
2	公孙贺	太仆	南窌侯	宗亲+军吏	建元六年—太初元年一月
		丞相			太初元年闰一月—征和二年一月
3	刘屈氂	左丞相	澎侯	宗亲	征和二年三月—三年六月
4	田千秋	大鸿胪	富民侯	士吏	征和三年—四年六月
		丞相			征和四年六月—昭元凤四年一月
5	兒宽	御史大夫		儒吏	元封元年—太初二年
6	王延广	御史大夫		不明	太初三年一月—四年
7	王卿	御史大夫		不明	天汉元年—三年二月
8	杜周	廷尉		法吏	元封二年—
		执金吾			天汉二年—三年二月
		御史大夫			天汉三年二月—太始二年
9	暴胜之	御史大夫		法吏	太始元年三月—征和二年
10	商丘成	大鸿胪	秺侯	军吏	太初二年—征和二年
		御史大夫			征和二年—二年九月
11	桑弘羊	大司农		士吏+近臣	天汉元年
		御史大夫			武后元二年二月—昭元凤元年
12	张昌	太常	睢阳侯	军层 5	太初元年—太初二年
13	石德	太常	牧丘侯	军层 3	太初三年—天汉元年
14	赵弟	太常	新畤侯	军吏	天汉二年—太始三年
15	唯徐光	太常	容成侯	军吏❶	太始三年
16	靳石	太常	江邹侯	军层 4	太始四年
17	郦终根	太常	缪侯	军层 5	征和二年—后元二年
18	魏不害❷	卫尉	当涂侯	法吏	后元元年
		太常			后元二年—昭始元五年

❶ 唯徐光，匈奴王唯徐卢孙，卢降汉比照军功封侯，故归属军吏。

❷ 魏不害，《官表》武帝后元元年"守卫尉不害"，不署姓，疑即为当涂侯魏不害。魏不害以围守尉捕反者征和二年封侯，后元二年为太常。其守卫尉一年，迁任太常，卫尉一职，由遗继任，正合。

续表

	氏名	官位	爵位	阶层	任期
19	徐自为	光禄勋	左庶长	军吏	太初元年
20	韩说	光禄勋	龙额侯	军层4	—征和二年
21	有禄	光禄勋		不明	征和—宣
22	李寿	卫尉	邘侯	法吏	征和四年
23	遣	卫尉		不明	后元二年
24	公孙敬声	太仆		宗亲	太初二年—征和四年
25	上官桀	太仆	安阳侯	宗亲	后元元年
26	吴尊	廷尉		法吏	天汉三年—四年
27	郭居	廷尉		法吏	太始元年—
28	常	廷尉		法吏	征和元年
29	信	廷尉		法吏	征和二年
30	意	廷尉		法吏	征和三年
31	壶充国	大鸿胪		军吏	太初元年—
32	戴仁	大鸿胪		不明	征和四年
33	田广明	大鸿胪	昌水侯	法吏	征和四年—
34	范方渠	执金吾		不明	天汉四年—
35	刘敢	执金吾	原洛侯	宗亲	—征和三年
36	郭广意	执金吾		不明	—后元二年
37	王平	廷尉❶		法吏	武帝末年

表B-1 高帝期王国相表

	氏名	国名	爵位	阶层	任期
1	张苍	赵 代 淮南	北平侯	军层	汉四年—高五年 高六年—七年 高十一年—吕八年
2	曹参	齐	平阳侯	军层	高六年—惠二年

---

❶《汉书》卷七《昭帝纪》始元八年闰九月"遣故廷尉王平等五人持节行郡国"。师古曰:"前为此官今不居者,皆谓之故也。"开元按:以此推算王平为廷尉,当在武帝后期。

续表

	氏名	国名	爵位	阶层	任期
3	昭涉掉尾	燕	平州侯	军层	高四年
4	林挚	燕	平棘侯	军层	高七年
5	贯高	赵		军层❶	—高七年
6	赵午	赵		军层❷	—高七年
7	郦商	赵	曲周侯	军层	高十年
8	陈豨	代	阳夏侯	军层	高七年—九年
		赵			高七年—九年
9	周昌	赵	汾阴侯	军层	高九年—惠元年
10	傅宽	齐	阴陵侯	军层	高十年—十一年
		代			高十一年—惠五年
11	冷耳	楚	下相侯	军层	—高十一年
12	陈婴	楚	堂邑侯	军层	高十二年—吕四年
13	偃	燕		不明	高十二年
14	温疥	燕	栒侯	军层	高十二年—
15	抵❸	燕		不明	—高十二年
16	冯梁❹	代		不明	—高十二年
17	程纵❺	代		不明	—高十二年

表 B-2 惠帝吕后期王国相表

	氏名	国名	爵位	阶层	任期
1	曹参	齐	平阳侯	军层	高六年—惠二年
2	傅宽	代	阴陵侯	军层	高十一年—惠五年
3	张苍	淮南	北平侯	军层	高十一年—吕八年

❶ 贯高，张耳旧臣，当为早年追随张耳参加反秦战争之赵人。
❷ 赵午，张耳旧臣，当为早年追随张耳参加反秦战争之赵人。
❸ 抵，《严表》不载，见《汉书》卷四十一《樊哙传》并《汉书补注》王先谦注。
❹ 冯梁，《严表》系为韩王信相，疑误。当为代王陈豨相，见《汉书》卷四十一《樊哙传》。
❺ 程纵，《严表》不载。见《汉书》卷四十《周勃传》，为陈豨相。陈豨高帝十年自立为代王。

续表

	氏名	国名	爵位	阶层	任期
4	陈婴	楚	堂邑侯	军层	高十二年—吕四年
5	宣义	燕	土军侯	军层	惠初年
6	利苍	长沙	轪侯	军层❶	—惠二年 —吕二年
7	齐受	齐	平定侯	军层	—吕元年—
8	王恬启	梁	山都侯	军层	—吕四年—
9	徐厉	常山	杜兹侯	军层	—吕四年—
10	朱进	吕	中邑侯	军层	—吕四年—
11	召平	齐	子黎侯	不明	—吕八年—
12	越	长沙	醴陵侯	军层	吕三年—四年—
13	吕更始	楚	藤侯	宗亲+军层	吕四年—八年
14	吕胜	淮阳	赘其侯	宗亲	吕四年—八年
15	蔡兼	常山	樊侯	军层	—文元年

表 B-3 文帝期王国相表

	氏名	国名	爵位	阶层	任期
1	越	长沙	醴陵侯	军层	吕三年—四年—文三年？
2	驷钧	齐	清郭侯	宗亲	吕八年—文六年
3	春	淮南		士吏❷	文元年—六年
4	爰盎	齐 吴		士吏+近臣	文七年？— —文后元中
5	何成	胶东		士吏❸	文十六年—景

---

❶ 利苍，仅见于《史记》《汉书》功臣侯表，两表皆仅载以长沙相封侯。自马王堆轪侯墓发掘以来，就其为何许人一事，即有各种说法，迄无定论。考虑到汉初功臣侯者，皆据军法因军功，或比照军功封赐，受封者皆有从军积功劳之历，利苍也不当例外。就这个问题，笔者近年撰有论文《释"功比"——说轪侯利苍与平皋侯刘它》，发表于 2016 年 8 月在宁夏固原召开的"丝绸之路暨秦汉时期固原区域文化国际学术研讨会"，因种种原因，尚未正式刊行。

❷ 春，原为淮南王刘长郎中，长置为相，当为长选用之本地士人。

❸ 何成，出身不详，然与刘邦集团无渊源。家世居汝阴，《后汉书》卷四十三引《何氏家传》称何氏"代为名族"，当为地方之士人。

续表

	氏名	国名	爵位	阶层	任期
6	栾布	燕	俞侯	军层	文元年—景
7	窦婴	吴	魏其侯	宗亲＋军吏	文
8	苏意	楚		不明	—文后六年

表 B-4　景帝期王国相表

	氏名	国名	爵位	阶层	任期
1	栾布	燕	俞侯	军层	文—景
2	何成	胶东		士吏	文十六年—景
3	石奋	不明❶		军层	
4	冯唐	楚		士吏	景立时
5	灌夫	代		军吏	景初—
6	张释之	淮南		法吏	景二年—
7	张尚	楚	子山阳侯	不明	—景三年
8	建德	赵	子遽侯	不明	—景三年
9	爰盎	楚		士吏	景三年后—
10	苏息	赵	江陵侯	军吏	—景六年—
11	程嘉	江都	建平侯	军吏	景四年—景六年—
12	轩丘豹	梁		士吏❷	—景七年—
13	田叔	鲁		士吏	景七年后—
14	牛牴	齐		不明	—武建元前

表 B-5　武帝初期（建元—元朔）王国相表❸

	氏名	国名	爵位	阶层	任期
1	灌夫	燕		军吏	建元中
2	石庆	齐	牧丘侯	军层 2	武初

❶ 石奋，《汉书》卷四十六传载"及孝景即位，以为九卿，迫近，惮之，徙为诸侯相"。然不详何国。

❷ 轩丘豹，梁孝王自置相。时梁王多用梁人及山东游士，轩丘豹当其中。

❸ 大体而言，景帝三年的吴楚七国之乱前后的诸侯王国是根本不同的，特别是武帝以后，其王国相当于郡守，然为了统计上的便利，仍把武帝期的王国相单独列出来。

续表

	氏名	国名	爵位	阶层	任期
3	郑当时	江都		士吏+近臣	—建元四年
4	董仲舒	江都 胶西		儒吏+法吏	元光 武初
5	主父偃	齐		士吏+近臣	—元朔三年
6	李蔡	代	乐安侯	军吏	—元朔五年

表 B-6　武帝中期（元狩—元封）王国相表

	氏名	国名	爵位	阶层	任期
1	即墨成	城阳		儒吏	元鼎
2	韩千秋	济北		军吏	—元鼎四年
3	卜式	齐	左庶长	士吏	—元鼎六年
4	汲偃	不明		士吏	元鼎六年后
5	赵禹	燕		法吏	元封二年
6	褚大	梁		儒吏	元封中

表 B-7　武帝后期（太初—后元）王国相表

	氏名	国名	爵位	阶层	任期
1	王廷广	胶		不明	—太初三年

表 C-1　高帝期郡太守表

	氏名	官位	爵位	阶层	任期
1	任敖	上党	广阿侯	军层	汉初—惠—吕元年
2	周苛	内史	高景侯	军层	汉元年
3	阎泽赤	河上	故市侯	军层	汉元年—九年
4	襄	上	棘丘侯	军层	汉二年
5	张苍	常山	北平侯	军层	汉三年—四年
6	冯解散	雁门	阏氏侯	军层	汉三年—十二年
7	杜恬	内史	长修侯	军层	高五年

续表

	氏名	官位	爵位	阶层	任期
8	靳彊❶	南	汾阳侯	军层	高五年—惠—吕三年？
9	宣义	中地	土军侯	军层	高六年—九年
10	孙赤	上党	堂阳侯	军层	—高十年
11	赵衍	河间	须昌侯	军层	高九年—十年
12	张相如	河间	东阳侯	军层	高十年—文二年？
13	刘襄	九江	桃侯	军层	高十一年？
14	周昌	内史	汾阴侯	军层	高
15	正彊❷			军层	高
16	田叔	汉中		士吏	高末—惠吕—文初
17	孟舒	云中		士吏❸	高末—惠吕—文—
18	陉	不明		不明	—高十二年
19	圂	雁门		不明	—高十二年
20	邀❹	云中		不明	—高十二年
21	偃❺	淮阳		不明	—高六年—

表 C-2　惠帝吕后期郡太守表

	氏名	官位	爵位	阶层	任期
1	任敖	上党	广阿侯	军层	汉初—惠—吕元年
2	靳彊	南	汾阳侯	军层	高五年—惠—吕三年
3	张相如	河间	东阳侯	军层	高十年—文元年
4	田叔	汉中		士吏	高末—惠吕—文初

❶ 张家山汉简《奏谳书》十四，高帝八年有"南郡守彊"。此南郡守彊，当为汾阳侯靳彊。其详细，参见拙论《说南郡守强和醴阳令恢》，《中国史研究》1998年第2期。

❷ 正彊，《严表》不载，《太平御览》六四三引《楚汉春秋》："正彊数言事而当，上使骖乘，解王剑以佩之。天下定，出以为守。有告之者，上曰：'天下方急，汝何在？'曰：'亡'。上曰：'正彊沐浴霜，与我从军，而汝亡，告之何也？'下廷尉。"

❸ 孟舒，当同于田叔，为后起之赵国士人。见《史记》卷一百四《田叔列传》。

❹ 陉、圂、邀，《严表》不载，见《汉书》卷四十《周勃传》。

❺ 高帝十二年，燕相有偃，疑同此淮阳守偃当为同一人。

续表

	氏名	官位	爵位	阶层	任期
5	孟舒	云中		士吏	高末—惠吕—文—
6	申屠嘉	淮阳	故安侯	军层	惠—吕—文十六年
7	尊	颍川	关内侯	军层	—吕—文元年—
8	周信	河南	成阴侯	军层	—吕四年—
9	季布	河东		士吏	吕—文
10	吴公	河南		法吏	吕—文元年

表 C-3　文帝期郡太守表

	氏名	官位	爵位	阶层	任期
1	田叔	汉中		士吏	高末—惠吕—文初
2	孟舒	云中		士吏	高末—惠吕—文—
3	申屠嘉	淮阳	故安侯	军层	惠—吕—文十六年
4	尊	颍川		军层	—吕—文元年—
5	吴公	河南		法吏	吕—文元年
6	季布	河东		士吏	吕—文
7	魏尚	云中		军吏	—文—
8	董赤	内史		军层2	—文十四年—
9	周亚夫	河内	条侯	军层2	文十五年—后六年
10	公孙浑邪	陇西	平曲侯	军吏	文十五年—景六年

表 C-4　景帝期郡太守表

	氏名	官位	爵位	阶层	任期
1	公孙浑邪	陇西	平曲侯	军吏	文十五年—景六年
2	晁错	内史		法吏	景元年—二年
3	李广	上谷 上 陇西 北地 雁门 代 云中		军吏	景初—

续表

	氏名	官位	爵位	阶层	任期
4	郅都	济南 雁门		法吏	—景六年 景中二年—
5	冯敬	雁门		不明	—景后二年
6	灌夫	淮阳		军吏	—景后三年
7	班长	上谷		士吏	—景—
8	张孺	上谷		不明	—景—
9	文翁	蜀		法吏	景末—
10	周阳由❶	不明		宗亲+法吏	景—武

表 C-5　武帝初期（建元—元朔）郡太守表

	氏名	官位	爵位	阶层	任期
1	李广	代 雁门 陇西 云中 右北平		军吏	景末—武初 景末—武初 —元光元年 元光六年 —元朔六年
2	文翁	蜀		法吏	景末—武
3	灌夫	淮阳		军吏	景后三年—建元元年
4	郑当时	济南 右内史		士吏+近臣	建元初 建元四年—
5	汲黯	东海 右内史		士吏+近臣	建元四年五月—建元六年 元朔五年—元狩三年
6	严助	会稽		士吏	建元六年—元光元年
7	共友	代		不明	元朔三年
8	番系	右内史 河东		不明	元光五年—元朔四年 元朔四年—元朔五年

❶ 周阳由，《汉书》卷九十传曰"景帝时由为郡守"，然不详何郡。

续表

	氏名	官位	爵位	阶层	任期
9	石庆	内史沛	牧丘侯	军层2	建元二年——元朔六年
10	朱买臣	会稽		士吏	元朔六年—元狩元年
11	李椒	代		军吏	元朔前后
12	孔安国	临淮		儒吏	元朔
13	郝贤	上谷	众利侯	军吏	—元朔六年—元狩二年
14	边通	济南		法吏	武初
15	程不识	不明		军吏	武初？
16	甯成	内史		法吏	—建元元年
17	印	内史		不明	建元元年—
18	充	内史		不明	元光二年—
19	公孙弘	左内史	平津侯	儒吏+法吏	元光五年—元朔三年
20	李沮	左内史		军吏	元朔三年

表 C-6　武帝中期（元狩—元封）郡太守表

	氏名	官位	爵位	阶层	任期
1	苏建	代	平陵侯	军吏	元朔六年前后
2	郝贤	上谷	众利侯	军吏	—元朔六年—元狩二年
3	公孙戎奴	上党	从平侯	军吏	元狩二年
4	董朝	济南	成侯	军层3	元狩三年
5	解	渔阳	关内侯	军吏	元狩四年
6	路博德	右北平	邳离侯	军吏	元狩四年
7	郑当时	汝南		士吏+近臣	元狩三年四月—元封
8	司马安	淮阳		法吏	元狩四年
9	义纵	南阳定襄		法吏	元狩三年四月—元狩四年
10	常惠	河西	关内侯	军吏	元狩四年
11	遂成	云中		军吏	元狩四年

续表

	氏名	官位	爵位	阶层	任期
12	王温舒	河内 右内史		法吏	—元狩四年 元封五年—五年
13	弥仆	东		法吏	元狩
14	公孙度	山阳	平津侯	儒吏+法吏❶	元狩—元封四年
15	汲黯	右内史 淮阳		士吏+近臣	元朔五年—元狩三年 元鼎五年—元鼎六年
16	张卬	汉中		法吏	元狩元鼎之际
17	杨季	庐江		法吏	元鼎前
18	申屠臾	九江	清安侯	军层3	—元鼎元年
19	虫皇柔	汝南	曲成侯	军层3	—元鼎二年
20	胜	河东		不明	元鼎四年—
21	利扶	东海	軑侯	军层3	—元封元年
22	公孙遂	济南		不明	—元封二年前
23	胜屠公	河东		不明	元封
24	褚广	河东		法吏	元封
25	杜延寿	河南		法吏	元封五年后—太初二年前
26	杜□	河东		法吏	元封五年后—太初二年前
27	石□	河内		军层3	元封五年后—太初二年前
28	贲	右内史		不明	元鼎四年
29	敞	右内史		不明	元狩元年
30	义纵	右内史		法吏	元狩四年—五年
31	王朝	右内史		士吏❷	元狩六年
32	苏纵	右内史		不明	元鼎元年
33	兒宽	左内史		儒吏	元鼎四年—元封元年
34	李信成	右内史	戚侯	军层4	元鼎四年
35	咸宣	左内史		法吏	元封元年—六年

❶ 公孙度,公孙弘子,所属阶层从其父。
❷ 王朝,《汉书》卷五十九《张汤传》:"王朝,齐人,以术至右内史。边通。学短长,刚暴人也,官至济南相。"盖皆持"术学"之士人也。

表 C-7 武帝后期（太初—后元）郡太守表

	氏名	官位	爵位	阶层	任期
1	石□	河内		军层3	元封五年后—太初二年前
2	李哆	上党		军吏	太初四年
3	鲁赐	东海		儒吏	太初天汉
4	王延广	济南		不明	—天汉元年
5	范方渠	弘农		不明	—天汉四年
6	司马安	河南		法吏	太始
7	攘	雁门		不明	太始四年
8	刘屈氂	涿	澎侯	宗亲	—征和二年三月
9	田广明	淮阳	昌水侯	法吏	—征和四年
10	田云中	淮阳		法吏	征和四年—
11	刘福	常山	檀侯	宗亲	武末
12	萧奋	淮阳		儒吏	武末
13	冯当	蜀		法吏	武后期
14	吴霸	牂牁		不明	武末—昭初
15	孙幸	珠崖		不明	武末
16	咸宣	右扶风		法吏	太初元年—
17	王䜣	右扶风	宜春侯	法吏	征和四年—昭元凤元年
18	无忌	京兆尹		法吏	太初元年—
19	曹氏	京兆尹		不明	天汉太始年间
20	于已衍	京兆尹		不明	—征和二年
21	建	京兆尹		不明	后元元年
22	殷周	左冯翊		法吏	太初元年
23	韩不害	左冯翊		不明	天汉四年
24	贾嘉❶	不明		士吏	武后期
25	贾□	不明		士吏	武后期

❶《史记》卷八十四《屈原贾生列传》："孝武皇帝立，举贾生之孙二人至郡守，而贾嘉最好学，世其家，与余通书。至孝昭时，列为九卿。"推断其时，当为武帝后期。

《商君书·境内篇》为秦军法残文说

一、关于《商君书》及《境内篇》的诸研究

关于《商君书》的成书、真伪及其价值,前辈学者多有论述。❶ 由于有关《商君书》全书的研究并非本文的主旨,遂不在此赘述。然而,在迄今为止的研究中,有三点可以说是比较一致的:1. 关于《商君书》的真伪及其价值的研究,基于该书不同篇乃是由不同作者在不同时期写成的,研究应当分篇个别进行。2.《商君书》的内容,绝大部分与秦及商鞅有关。3. 今本《商君书》的成书,不会早于战国末年。

关于《境内篇》的研究,前辈学者的意见比较一致,即该篇为《商君书》中最具史料价值的一篇,时代最早,几乎没有后人文字的窜入,内容是战国时代秦国之法令及制度,已成为学术界的定说。然而,在战国时代秦国众多的法令和制度当中,《境内篇》究竟属于什么法令和制度呢?此乃本文的论旨所在。

---

❶ 关于《商君书》的研究,可以参考的主要著作有:陈启天《商鞅评传》,商务印书馆,1935 年。高亨《商君书译注》,中华书局,1974 年。贺凌虚《商君书今注今译》,台北:台湾商务印书馆,1987 年。郑良树《商鞅及其学派》,台北:学生书局,1987 年。

二、《境内篇》为秦军法残文说

有关《境内篇》的诸说中，最值得注目者有二：

1. 陈启天的法令说。陈氏说："本篇似是一种法令。刘咸炘说，《境内》或本鞅条上之文。然细读全文，只见方法，不见说明，像法令的体裁，不像条陈的体裁。""因此我疑本篇是商鞅所行法令残留下来的一部分。经年过久，脱误最多。"❶

2. 守屋美都雄的令文之实施细则说。守屋氏首先接受陈氏的部分看法，同意《境内篇》为秦之法令。他进一步认为，《史记·商君列传》所记的商鞅所行的令文，如"有军功者，各以率受上爵"，"明尊卑爵秩等级，各以差次名田宅，臣妾衣服以家次"等，及《韩非子·定法篇》所引商君之法的片段，如"斩一首者，爵一级"等，都是明确可靠的商鞅的有关军功褒赏的令文。如果把《境内篇》拿来同上述两令文加以比较的话，则会发现二者在体裁上仍有差异。守屋氏之结论说，《境内篇》固为法令，但更准确地讲，当如《史记》及《韩非子》所言，是商鞅所行的军功褒赏令文的实施细则。❷

就作者之所见而言，守屋氏之研究，乃是迄今有关《境内篇》研究中最接近于真实的，作者对守屋氏之说深表赞同，并欲在守屋说之基础上做进一步之探讨。

据《汉书》卷三十五《吴王刘濞传》，汉景帝三年（前154）吴王刘濞的《遗诸侯书》曰：

---

❶ 陈启天《商鞅评传》，第131—132页。
❷ 守屋美都雄「漢代爵制の源流として見たる商鞅爵制の研究」，收于氏著『中国古代の家族と国家』。

……能斩捕大将者，赐金五千斤，封万户；列将，三千斤，封五千户；裨将，二千斤，封二千户；二千石，千斤，封千户：皆为列侯。其以军若城邑降者，卒万人，邑万户，如得大将；人户五千，如得列将；人户三千，如得裨将；人户千，如得二千石；其小吏皆以差次受爵金。它封赐皆倍军法。其有故爵邑者，更益勿因。愿诸王明以令士大夫，不敢欺也。

  此文乃吴王所颁布军功褒赏令的令文，这点是相当明确的。如果把吴王此令文中"其小吏皆以差次受爵金"，同上引商鞅令文中"各以差次名田宅"等对照的话，可以发现二者是非常类似的。有汉一代，封侯是只能由皇帝颁行的特赏。❶吴王叛乱逾制，直接书封侯事于令文中，然而，封侯以外的一般行赏，则仍旧按照汉朝的既有制度执行，即文中所谓"它封赐皆倍军法"，也就是按照汉军法的规定多一倍优厚施行。

  这里非常值得注意的一点是，在吴王的令文中，汉军法是作为军功褒赏令文的实施细则而发布的。我们知道，汉的制度是继承秦的，汉军法是由刘邦的大将韩信于汉二年，在汉中基于秦军法制定的。❷那么，一个很自然的考虑就是，已经判明为商鞅军功褒赏令文的实施细则之《境内篇》，也可以相应地推定为秦军法。当然，以上的推论，仅仅是从令文和令文的实施细则，这两种不同的法律文书的体裁的对照上做出的。下面，笔者试图从《境内篇》的内容分析入手，来进一步说明上述推论。

  关于《境内篇》内容的分类，学界的看法大同小异，大体可用

---

❶ 参见本书第6章第一节之四。
❷ 参见本书第1章第二节之二。

陈启天和高亨两氏之说代表之。按照陈启天的说法，《境内篇》的内容可以归纳为四部分：1. 户籍法；2. 军队的编制（含军队的褒赏）；3. 军队的狱法；4. 攻城的方法。❶ 高亨把同篇分为六部分：1. 户籍登记；2. 按照爵位等级给予奴仆的方法；3. 军队的组织、军官的等级及其卫兵的数目，战争中有功行赏，有罪行罚，其标准、规定及方法；4. 有爵位的人犯了罪，如何对其裁判及处置方法；5. 有爵位的人死后，按照等级增加墓树；6. 攻打别国城邑之时，有关战斗布置，敢死队的编制和行赏处罚。❷

就陈启天的分类而言，笔者以为，由于《境内篇》中有关褒赏的条文很多，把这一部分单独分类比较恰当。就高亨的分类而言，基于同样的考虑，应将其第2部分归入于军队的褒赏，将其第3部分分别归入于军队的编制、军队的行赏、军队的行罚。这样一来，《境内篇》就可以综合地归纳为以下的六部分：1. 户籍法；2. 军队的编制；3. 军队有功行赏；4. 军队有罪行罚；5. 攻城的方法；6. 战死者的吊慰规定。

秦的户籍制度在商鞅变法时进行了调整，直接关涉军役制度。然而，《境内篇》中有关户籍的条文，恐怕并非纯粹的户籍之法，而是军功行赏规定中涉及户籍的"斩首捕虏以尺籍"的相关部分。至于所谓有关攻城方法的条文，当是军令，具体而言，当为军令之一种，即城战令之条文（详见本文第三节之相关部分）。基于以上考虑，可以把《境内篇》划分为五个部分：1. 军队的编制；2. 军队的行赏；3. 军队的行罚；4. 军令（城战令）；5. 战死者的吊慰规定。

据此分类，《境内篇》的内容都是秦的军事性律文。前文已经

---

❶ 陈启天《商鞅评传》，第131—132页。
❷ 高亨《商君书译注》，第146页。

从《境内篇》的体裁上推论其当为秦军法之残文,现在则进一步从内容上加以印证。

三、《境内篇》与汉"军法"及上孙家寨汉简的对照研究

已如前述,汉军法是基于秦军法制定的,至今尚存若干条文。1978年青海省大通县上孙家寨出土了一批汉简❶,被认为是汉代的军法❷。下文试图将被推定为秦军法的《境内篇》、文献中残存的汉军法及上孙家寨汉简进行对照研究,以求进一步辨明《境内篇》之性质。

《商君书》约有二十多种古本❸,《境内篇》也因版本而有异同。由于笔者视《境内篇》为前人辑秦军法之残简而成,所以,首先采用通行的严万里校本❹。将全文分段编号如下:

(1)四境之内丈夫女子皆有名于上者着死者削
(2)其有爵者乞无爵者以为庶子级乞一人其无役事也其庶子役其大夫月六日其役事也随而养之
(3)军爵自一级已下至小夫命曰校徒操出公爵自二级已上至不更命曰卒
(4)其战也五人来簿为伍一人羽而轻其四人能人得一首则复
(5)夫劳爵
(6)其县过三日有不致士大夫劳爵能

---

❶ 青海省文物考古工作队《青海大通县上孙家寨——五号汉墓》,国家文物局古文献研究室、大通上孙家寨汉简整理小组《大通上孙家寨汉简释文》及朱国炤《上孙家寨木简初探》,俱见《文物》1981年第2期。
❷ 李零《青海大通县上孙家寨汉简性质小议》,《考古》1983年第6期。
❸ 高亨《商君书译注》,第4—5页。
❹ 严万里《商君书校》,浙江书局《二十二子》本。

（7）五人一屯长百人一将

（8）其战百将屯长不得斩首得三十三首以上盈论百将屯长赐爵一级

（9）五百主短兵五十人二五百主将之主短兵百千石之令短兵百人八百之令短兵八十人七百之令短兵七十人六百之令短兵六十人国封尉短兵千人将短兵四千人战及死吏而□短兵能一首则优

（10）能攻城围邑斩首八千已上则盈论野战斩首二千则盈谕吏自操及校以上大将尽赏行间之吏也

（11）故爵公士也就为上造也故爵上造就为簪袅就为不更故爵为大夫

（12）爵吏而为县尉

（13）则赐虏六加五千六百

（14）爵大夫而为国治

（15）就为大夫故爵大夫就为公大夫就为公乘就为五大夫

（16）则税邑三百家

（17）故爵五大夫

（18）皆有赐邑三百家有赐税三百家

（19）爵五大夫

（20）有税邑六百家

（21）者受客

（22）大将御参皆赐爵三级

（23）故客卿相论盈就正卿

（24）就为大庶长

（25）故大庶长就为左更

（26）故四更也

（27）就为大良造

（28）以战故暴首三乃校三日将军以不疑致士大夫劳爵其县

（29）四尉訾由丞尉

（30）能得爵首一者赏爵一级益田一顷益宅九亩一除庶子一人乃得人兵官之吏

（31）其狱法高爵訾下爵级高爵能无给有爵人隶仆爵自二级以上有刑罪则贬爵自一级以下有刑罪则已

（32）小夫死以上至大夫其官级一等其墓树级一树

（33）其攻城围邑也国司空訾莫城之广厚之数国尉分地以徒校分积尺而攻之为期日先已者当为最启后已者訾为最殿再訾则废

（34）内通则积薪积薪则燔柱

（35）陷队之士面十八人

（36）陷队之士知疾斗不得斩首

（37）队五人

（38）则陷队之士人赐爵一级死则一人后

（39）不能死之千人环规谏黥劓于城下

（40）国尉分地以中卒随之

（41）将军为木壹与国正监与正御史参望之其先入者举为最启其后入者举为最殿

（42）其陷队也尽其几者几者不足乃以欲级益之

其次：1.按照前述笔者的分类标准，将《境内篇》的所有条文分类、标点。2.有脱字则插入［　］中。3.误字，则在原字处引线，并改正于（　）中。4.衍字，则在原字处画线，并加注（衍）字。5.订正之理由，一般不注，只书据某氏。若有新解，则加说明。6.诸氏之注释，略称于下：①朱氏——朱师辙《商君书解诂定本》，上海：古籍出版社，1956年；②孙氏——孙诒让《札迻》，光绪二十年刊本；③俞氏——俞樾《诸子平议》，同治辛未年刊本；④陶氏——陶鸿庆《读诸子札记》，北京：中华书局，1959年；⑤高氏——高亨《商君书译注》；⑥守屋氏——守屋美都雄「漢代爵制の源流として見たる商鞅爵制の研究」；⑦古賀氏——古賀登「漢長安城と阡陌・県郷亭里制度」，東京：雄山閣，1980年；⑧Duyvendak——J. J. L. Duyvendak, *The Book of Lord Shang*, The University of Chicago Press, 1963。7. 引用的上孙家寨汉简，（ ）内为其整理编号。

（一）军队的编制

（3）军爵自一级已下至小夫，命曰校徒操出（士）①，公爵自二级已上至不更，命曰卒。

①据俞氏。

（4）其战也，五人来（束）①簿为伍，一人羽（兆）②而轻（到）③其四人，能人得一首则复④。

①③据孙氏。

②据高氏，逃也，兆借为逃。开元按：汉军中有"伍符"之制，即同伍五人同符共保。《尉缭子·束伍令》："五人为伍，共一符，收于将吏之所。""伍符"之制与"尺籍"之制共见于史书，当同编入于汉军法。❶

④偿也。《礼记》卷十八《曾子问》："除丧则不复昏礼乎。"郑注："复，犹偿也。"《汉书》卷七十《陈汤传》："犹不足以复费。"师古注："复，偿也。"开元按：此言以功偿罪，即汉军法所谓"自当无赏"，见（30）之释文。

---

❶ 参见《史记》卷一百二《张释之冯唐列传》及《集解》引如淳注。

（7）五［十］①人一屯长，百人一将。

　　①据守屋氏。

（9）五百主，短兵五十人。二五百主，将之主，短兵百［人］。千石之令，短兵百人。八百之令，短兵八十人。七百之令，短兵七十人。六百之令，短兵六十人。国封（衍）①尉，短兵千人。［大］②将，短兵四千人。战及死叀（事）③而□［到］④短兵，能［人得］⑤一首则优（复）⑥。

　　①据俞氏。

　　②据高氏。开元按：高氏释"短兵"为持短兵器之卫兵，是。《楚辞·九歌·国殇》"车错毂兮短兵接"，王逸注："短兵，刀剑也。"

　　③④⑤⑥据孙氏。

以上四条是有关军爵之称谓、军伍之编制、军官及卫兵之设置的律文，概而言之，皆是有关军队编制之律文。

汉代，有关军队编制的规定，当编入军法。残存汉军法中，尚留有不少关于军队编制之条文。如《汉书》卷六十七《胡建传》："《军法》曰：'正亡属将军，将军有罪以闻，二千石以下行法焉。'"此乃关于军正，即军法官设置及其职权之规定。又如《后汉书》卷二十七《宣秉传》注引《军法》："五人为伍，二伍为什。"《周礼·夏官司马》郑众注引《军法》："百人为卒，五人为伍。"《说文》金部铎条引《军法》："五人为伍，五伍为两，两司马执铎。"《说文》金部铙条引《军法》："卒长执铙。"以上四条，皆为关于军队的伍、什、卒、两等军制规定之律文。

上孙家寨汉简中，有关军队编制的条文，占了相当的部分。根据整理者之一朱国炤先生的意见，该简的第二、三部分的内容是有关军队的编制、阵法及旗帜徽章的。❶ 如果把其中有关阵法的部分另当别论❷，则余下的部分都可以视为有关军队编制的条文。如："一人曰□，二人曰（148），"五人曰伍"（126），"色别，五百以旃上齿色别，士吏以下旃下齿色别，什以肩章别，伍以肩左右别，士以肩章尾色别"（374），"卒各十人一车，车幡诸（？）弩□□"（366）。

《境内篇》所反映的军制，与残存汉军法及上孙家寨汉简所反映的军制之间，当有相当密切的关联，由于已属另外的论题，在此姑且不论。

（二）军队的行赏

在汉代，关于军队的褒赏规定的律文，是编入于军法的（见本书第1章第二、三节）。下面试图从两方面加以分类论述。

1. 斩首捕虏拜爵论

上孙家寨木简残存的目录中，第二十一章的标题是"□首捕虏□□论廿一"。据朱国炤先生的意见，"首"前的缺字当为"斩"❸。简文中，"拜爵"一语多次出现，有关斩首捕虏拜爵的条文极多，笔者因此于"论"前二空补入"拜爵"二字，推论汉军法的第二十一章的标题可能是"斩首捕虏拜爵论廿一"。此点，可以和秦简相印证。《睡虎地秦简》军爵律有"从军当以劳、论及赐"。所谓劳，即为劳绩，以日、月计。所谓论，即为论功拜爵，所论之功，当以斩首捕虏为主。所谓赐，当为因爵赐赏，包括田宅金钱诸

---

❶ 朱国炤《上孙家寨木简初探》，《文物》1981年第2期。
❷ 所谓"阵法"的部分当为军令，参见李零《青海大通县上孙家寨汉简性质小议》及本节军令部分。
❸ 朱国炤《上孙家寨木简初探》，《文物》1981年第2期。

种。❶此三者,皆当为秦军队褒赏的方法原则,其具体实施细则,自当有专章专节的详细规定。上孙家寨汉简中之"□首捕虏□□论廿一",或许就是汉军法中关于此种"论"之专章。下面,试从上孙家寨汉简中选出部分有关条文,和《境内篇》的相关部分加以对照。

（8）其战,百将、屯长不得斩首,得三十三首以上盈论,百将、屯长赐爵一级。

　　朱氏注："百将屯长,责在指挥,故不得斩首。""百人之中,能得三十三首以上,则以盈满论功,百将、屯长,皆赐爵一级。"

（22）大将御、参,皆赐爵三级。

　　朱氏注："御谓车御,参谓参乘,御参战胜论功,皆赐爵三级。"

以上二条,谓负有指挥责任,不能斩首杀敌的军官如百将、屯长,及不便斩首杀敌的军中人员如大将的车御、参乘等,别有论功拜爵之规定。上孙家寨汉简中有"二千级,若校尉四百级以上,及吏官属不得战者,拜爵各一级,爵毋过五大夫"（373）。此条与上二条相似,言及不能直接参战杀敌之军人的拜爵问题。

（10）能攻城围邑,斩首八千已上则盈论,野战,斩首二千则盈谕（论）①,吏自操及校以上,大将尽赏行间之吏也②。

　　①据朱氏。

---

❶《睡虎地秦墓竹简》,"秦律十八种"。

《商君书·境内篇》为秦军法残文说　**317**

②据 Duyvendak 译文断句。开元按：秦汉时代，军吏卒之行赏，由大将于军中按军法施行。大将之行赏，当由王或皇帝。

上孙家寨汉简有"城战斩首捕虏，毋过"（169）。尽管该简已残，但是残文同上引（10）类似，都是有关城战之时斩首捕虏的褒赏规定。

如前文所述，汉代的军功褒赏，乃按照军法所定的标准施行。汉五年刘邦发布的"高帝五年诏"中，有"法以有功劳行田宅"文，此"以功劳行田宅"之法即汉军法。❶一般而言，以功劳赐军爵，以军爵确定赏赐如田宅金钱等的标准，此二者当于军法中同时规定。

（30）能得爵首一者①，赏爵一级，益田一顷，益宅九亩②，一除庶子一人，乃得人（入）③兵官之吏。

①诸本多作"甲首"。诸注家多以"爵首"难解。考秦汉之军功褒赏制，并非仅斩首一级，即可拜爵一级。斩首一级的同时，其他的相关条件也相合的情况下，才拜爵一级。此相关条件之全貌尚不得而知，然而，至少其中之一是可以知道的。据（4），同伍之兵士，战时若一人逃亡，同伍四人皆当处死。在此情况下，兵士若斩敌一首，并不能拜爵一级，而仅免其死罪。（9）同，卫兵所护卫之军官战死，卫兵斩首一级可免其死罪而不能拜爵。据《汉书》卷五十四《李广传》，汉军法中有"自当无赏"之规定，即战时杀敌之数与该军所亡之数相当时，该军褒赏不行。上孙家寨汉简有"二级当一级；以为五大

---

❶ 参见本书第 1 章第一节之三。

夫者，三级当一级。首房不满数，籍须复战。军罢而不满数，赐钱级"（359、349）。此简之内容，从制度上尚不能全面解释，然而，斩首拜爵之时附有其他条件这一点，却是可以肯定的。综上所述，此处若从严本，作"爵首"，似也可通，其意可释为符合拜爵条件的首级。

②张家山汉简《二年律令·户律》中按爵位名有田地的单位为顷（百亩），名有宅地的单位为宅（九亩），与此文同。日本学者平中苓次在「秦代土地制度の一考察」（收于氏著『中国古代の田制と税法』，東洋史研究叢刊之十六，東洋史研究会，1967年）认为"益宅九亩"当为"益宅五亩"，日本学界接受了这个意见，我在本书初版中也采用了这个意见，今改正。由此数字之确认，《境内篇》之史料价值也再一次得到证实。可参见本书第1章第三节之一。

③据朱氏。

此外，《境内篇》中有关军爵赏赐标准之条文尚有十五条，即前引（2）（11）（15）（16）（17）（18）（19）（20）（21）（22）（23）（24）（25）（26）（27）。以上诸条，据守屋氏之研究，皆为军功褒赏制中有关赏赐标准之条文。

又据古贺氏之研究，前引（12）（13）（14）三条，皆军功爵者为官之时的特别赏赐。如此的话，此三条皆关涉（30）中之"乃得人（入）兵官之吏"的内容，可以归入于军功爵赏赐标准之类中。

2. 斩首捕虏以尺籍

上孙家寨汉简中，残存之第二十二章标题为"□虏以尺籍廿二"。如前所述，该简第二十一章的标题似应为"斩首捕虏拜爵论"，比照于此，笔者推想第二十二章的标题可能是"斩首捕虏以尺籍"。有关该内容之简文有"尺籍，籍书首"（179）。

《史记》卷一百二《张释之冯唐列传》《集解》引如淳注引《军法》："吏卒斩首，以尺籍书下县移郡，令人故行，不行夺劳二岁。"《集解》曰："或曰以尺简书，故曰尺籍也。"《索隐》曰："尺籍者，谓书其斩首之功于一尺之板。"据此，可知汉军法规定：军吏卒有斩首之功，当以尺籍书之，由军中送至本人所在之县政府，并上达于郡政府。从制度面言，军法如此规定，直接关涉当时之户籍制度。

秦汉之户籍制度，户主之所在县、里、姓名、年龄、爵、田宅财产等，皆以木简书之编为户籍。❶户籍所记事项有变动时，必须通过官府改写户籍。军人有了斩首之功，据军法于军中拜了爵，确定了当受领之赏赐后，原户籍中所记入之相应事项就必须改写，由军中向县送"尺籍"，县据"尺籍"以改写户籍。并且，军人于军中拜了爵并确立了当受领之赏赐标准后，其实施，特别是田宅之赏赐，当由军中写于"尺籍"送县后，由县施行。汉五年刘邦所发布"高帝五年诏"中，军功爵者应受领之田宅，皆由县小吏执行，即为其证。❷

（28）以战故，暴首三（衍）①，乃校三日，将军以不疑，致士大夫劳、爵其县。

①据守屋氏。

开元按：《史记》卷九十二《淮阴侯列传》，井陉之战结

---

❶ 汉之户籍，奴婢是否登录，学界尚有争论。可参见傅举有《从奴婢不入户籍谈到汉代的人口数》（《中国史研究》1983年第4期），及杨作龙《汉代奴婢户籍问题商榷》（《中国史研究》1985年第2期）。

❷ 参见本书第1章第一节之三。

束后,"诸将效首虏休,毕贺",《索隐》引晋灼云:"效,数也。"又引郑玄注《礼》:"效,犹呈见也。"其意与本条同,皆言战后有斩首捕虏之核实制度。核实后行赏,由将军之幕府把军吏卒所受领之"劳"与"爵"记入尺籍,分送本人所在之县。❶

(6)其县过三日,有不致士大夫劳、爵,能(耐)①。

①据孙氏,能乃耐之借字。

耐,秦简多出,即耏。《说文》:"耏,罪不至髡也,从而从彡。耐,或从寸,诸法度字从寸。"即为剃须之法。已如前述,劳与爵于军中赐予后,书于尺籍送县,县当据此实施与田宅等相应赏赐并改写户籍,若过三日仍不执行,县之有关者当处以耐罪。前引《史记》卷一百二《张释之冯唐列传》,《集解》引如淳注引《军法》条文,即与此类似之律文。其中"令人故行,不行夺劳二岁"之文,沈家本《汉律摭遗》曰:"此尺籍书当由幕府遣使行之,若有故行及不行者,别有夺劳之罚,似也可通。"❷ 开元按:《说文》"故,使为之也。"沈说合于汉军法之制,是。此条与上引如淳注类同,言尺籍由军中到县后,若不执行当有耐罪之罚。

(5)夫劳爵

诸说纷纭,或言衍,或言误,皆不得解。已如前述,《境内篇》当为秦军法之残简辑成,断简、错简不少。"夫劳爵"似应视为断简,类似该篇中"致士大夫劳爵其县"之断片。就分类而言,当归入于"斩首捕虏以尺籍"。

---

❶ 幕府,参见《史记》卷一百二《张释之冯唐列传》,及卷一百九《李将军列传》。
❷ 沈家本《汉律摭遗》卷二十一军法,收于《历代刑法考》,中华书局,1985年。

(三) 军队的行罚

(31) 其狱法，高爵訾下爵级。高爵能（耐）①，无给有爵人隶仆，爵自二级以上，有刑罪则贬，爵自一级以下，有刑罪则已。

①据孙氏。

(29) 四尉，訾由丞尉。

訾，量也。《说文通训定声》："訾，假借为咨。《国语·齐语》'訾相其质'。韦注：訾，量也。"此条当同 (31)，言处罚审议事。又，四尉，殊难解。《墨子·备城门》"城上四隅童异高五尺，四尉舍焉。"据孙诒让《墨子间诂》注，此"四尉"同《境内篇》之"四尉"。❶ 开元按：此"四尉"当为城战时率士卒驻守城上四角楼之尉也。若是，则此条也可能是下面所言"城战令"之律文。

用兵有赏必有罚，军队之行罚规定，当同褒赏规定一同编入军法。残存汉军法中，尚存有关行罚之条文。《汉书》卷六《武帝纪》天汉三年条如淳注引《军法》："行逗留畏愞者要斩。"又据《汉书》卷三十八《高五王传》，刘章"行军法"斩诸吕之一。据程树德《九朝律考》，此处刘章所行之军法，当为军法之《从军逃亡》律。❷ 又据沈家本，汉军法中尚有"后期""亡失多"等条文。❸

(四) 军令

《境内篇》中，有不少有关城战的条文。

---

❶ 孙诒让《墨子间诂》，中华书局，1986年。
❷ 程树德《九朝律考》卷一《汉律考五律令杂考下》，中华书局，1988年
❸ 沈家本《汉律摭遗》卷二十一《军法》，收于《历代刑法考》。

（33）其攻城围邑也，国司空訾其（其）①城之广厚之数，国尉分地，以徒校分积尺而攻之，为期曰，先已者当为最启，后已者訾为最殿，再訾则废。

　　①据朱氏。

（34）内（穴）①通则积薪，积薪则燔柱。

　　①据孙氏。

（39）不能死之千人环规，谏（衍）①黥劓于城下。

　　①据高氏。

（41）将军为木壹（台）①，与国正监，与正（王）②御史参望之，其先入者，举为最启，其后入者，举为最殿。

　　①据陶氏。②严万里曰："《范本》下正字作王。"

（35）陷队之士，面十八人。

（36）陷队之士，知疾斗不得斩首。

（37）队五人。

（38）则陷队之士，人赐爵一级，死则一人后。

（40）国尉分地，以中卒随之。

（42）其陷队也，尽其几者，几者不足，乃以欲级益之。

以上条文，先学诸氏多释为攻城之方法。然而，已如前述，《境内篇》之体裁乃法令细则而非一般叙述文，故一般性地解释为攻城之方法则难以令人满意。守屋氏曾指出，该篇有关攻城之条文，与《墨子·号令篇》所见类似。❶据渡边卓氏的研究，《墨子·号令篇》同秦之制度，特别是与秦之军律有密切之关

---

❶ 守屋美都雄「漢代爵制の源流として見たる商鞅爵制の研究」，参见氏著『中国古代の家族と国家』。

系。❶因此，上引《境内篇》中有关城战之条文当为有关城战之军令，即城战令之残文。

汉代之军令，是编入军法之中的。据《汉书》卷七十《陈汤传》，陈汤与甘延寿斩匈奴郅支单于之首回国后，元帝与群臣议论如何行赏时，"议者皆以为宜如《军法·捕斩单于令》"。此"捕斩单于令"即为编入军法之多种军令之一种。

上孙家寨汉简中，存有诸种军令之残文，试摘录于下："□□□为《□捕令》，令曰：伍人□"（074）；"《军斗令》，孙子曰，能当三□"（047）；"《□令》，孙子曰：军行患军辖之，相（？）□□"（157、106）；"《合战令》，孙子曰：战贵齐成以□□"（355）。

关于军令之具体内容，简文中有："行杀之，擅退者，后行杀之"（063）；"矢前有还顾目北者，后行杀之，如杀适（敌）人，故以后禁前，是"（002、009）。

《通典》卷一四九引后汉魏武《步战令》："……临阵皆无欢哗，明听鼓音。旗幡麾前则前，麾后则后，麾左则左，麾右则右，麾不闻令而擅前后左右者斩。伍中有不进者，伍长杀之。伍长有不进者，什长杀之。什长有不进者，都伯杀之。督战部曲将拔刃在后，察违令不进者斩之……"若将以上两文对照的话，可以说是类似的律文。

在《通典》同卷所引的魏武诸军令中，除上引《步战令》外，尚有《船战令》。据此而推想，军令中也当有《城战令》一类。上孙寨汉简中有："常，令军吏财将卒守，无以□□城中。城陷而自投常中者，皆以为无人斩首若捕□"（377）；"□节（即）功（攻）

---

❶ 渡邊卓『古代中国思想の研究』，第三部「墨家の集団とその思想」。

城□□□"（083）；"功（攻）城，能以其曲□"（121）。以上诸条，可能就是《城战令》之条文。

（五）战死者的吊慰规定

（32）小失（夫）^①死以上至大夫，其官（棺）^②级一等，其墓树级一树。

①据俞氏。

②据Duyvendak氏。

此条为有关战死者之吊慰规定。汉军法中尚残存有同类律文。《史记》卷一百七《魏其武安侯列传》引《军法》："父子俱从军，有死事，得与丧归。"

通过以上研究，笔者以为，《商君书·境内篇》乃是战国时代秦国军法残文之辑录，其具体内容为有关军队之编制、褒赏、处罚、战死者吊慰等法规的实施细则，也有部分军令，主要是城战令的令文。秦国的军法，为汉王朝所继承。如果将《商君书·境内篇》与文献中残存的汉军法条文、被视为汉军法的上孙家寨汉简加以对照的话，可以看出三者的性质和内容类似，为同一渊源的法规条文。

主要参考文献

中文部分

安作璋、熊铁基 《秦汉官制史稿》,济南:齐鲁书社,1985 年
爱因斯坦 《爱因斯坦晚年文集》,海口:海南出版社,2000 年
卜宪群 《秦制、汉制与楚制》,《中国史研究》1995 年第 1 期
　　　　《秦汉官僚制度》,社会科学文献出版社,2002 年
　　　　《评〈汉帝国的建立与刘邦集团〉》,《中国史研究》2001 年第 2 期
　　　　《垓下位置研究评议》(与刘晓满合著),《安徽广播电视大学学报》
　　　　　　2010 年第 4 期
陈启天 《商鞅评传》,上海:商务印书馆,1935 年
陈苏镇 《〈春秋〉与"汉道":两汉政治与政治文化研究》,北京:中华书
　　　　局,2011 年
陈寅恪 《唐代政治史述论稿》,收入《陈寅恪史学论文选集》,上海:上
　　　　海古籍出版社,1992 年
陈直 《史记新证》,天津:天津人民出版社,1979 年
　　　《汉书新证》,天津:天津人民出版社,1979 年
　　　《居延汉简研究》,天津:天津古籍出版社,1986 年
程树德 《九朝律考》,北京:中华书局,1988 年
杜正胜 《古代社会与国家》,台北:允晨文化有限公司,1992 年
　　　　《编户齐民——传统社会结构之形成》,台北:联经出版事业公司,
　　　　　　1992 年
傅斯年 《傅斯年全集》,台北:联经出版事业公司,1980 年

高亨 《商君书译注》，北京：中华书局，1974 年

高恒 《秦汉法制论稿》，厦门：厦门大学出版社，1994 年

高敏 《秦汉史论集》，郑州：中州书画社，1982 年

葛剑雄 《西汉人口地理》，北京：人民出版社，1986 年

龚留柱 《避免史学"碎片化"，"会通"之义大矣哉》，《史学月刊》2011 年第 5 期

郭沫若 《金文丛考》，上海：上海人民出版社，1954 年

《中国古代社会研究》，北京：人民出版社，1977 年

郭子直 《战国秦封宗邑瓦书铭文新释》，《古文字研究》第十四辑，北京：中华书局，1986 年

国家文物局古文献研究室、大通上孙家寨汉简整理小组 《大通上孙家寨汉简释文》，《文物》1981 年第 2 期

贺凌虚 《商君书今注今译》，台北：台湾商务印书馆，1987 年

侯外庐 《中国古代社会史论》，北京：人民出版社，1955 年

《中国封建社会史论》，北京：人民出版社，1979 年

后晓荣 《秦代政区地理》，北京：社会科学文献出版社，2009 年

湖南省博物馆、中国科学院考古研究所 《长沙马王堆一号汉墓》，北京：文物出版社，1973 年

胡平生 《居延汉简中的"功"与"劳"》，《文物》1995 年第 4 期

霍金，斯蒂芬 《时间简史》，长沙：湖南科学技术出版社，2000 年

劳榦 《劳榦学术论文集甲编》，台北：艺文印书馆，1976 年

李零 《青海大通县上孙家寨汉简性质小议》，《考古》1983 年第 6 期

李开元 《史学理论的层次模式和史学的多元化》，《历史研究》1986 年第 1 期

《西汉轪国所在与文帝的侯国迁移策》，《国学研究》第二卷，北京：北京大学出版社，1994 年

《说南郡守强和醴阳令恢》，《中国史研究》1998 年第 2 期

《"历史"释义》，《史学理论研究》2006 年第 2 期

《说赵高不是宦阉——补〈史记·赵高列传〉》，《史学月刊》2007

  年第 8 期

  《末代楚王史迹钩沉——补〈史记〉昌平君列传》,《史学集刊》2010 年第 1 期

  《焚书坑儒的真伪虚实——半桩伪造的历史疑案》,《史学集刊》2010 年第 6 期

  《解构〈史记·秦始皇本纪〉——兼论 3＋N 的历史学知识构成》,《史学集刊》2012 年第 4 期

  《秦崩：从秦始皇到刘邦》, 北京：生活·读书·新知三联书店, 2015 年

  《楚亡：从项羽到韩信》, 北京：生活·读书·新知三联书店, 2015 年

  《秦谜：重新发现秦始皇》(彩图增订版), 上海：上海人民出版社, 2020 年

  《汉兴：从吕后到汉文帝》, 生活·读书·新知三联书店, 2021 年

连云港市博物馆、东海县博物馆、中国社会科学院简帛研究中心、中国文物研究所 《尹湾汉墓简牍》, 北京：中华书局, 1997 年

林甘泉等编 《中国古代分期讨论五十年》, 上海：上海人民出版社, 1982 年

梁方仲 《中国历代户口、田地、田赋统计》, 上海：上海人民出版社, 1980 年

廖伯源 《历史与制度：汉代政治制度试释》, 香港：香港教育图书公司, 1997 年

  《简牍与制度——尹湾汉墓简牍官文书考证》, 台北：文津出版社, 1998 年

刘兵 《克丽奥眼中的科学——科学编史学初论》, 济南：山东教育出版社, 1996 年

刘复生 《军功阶层与有限皇权》,《读书》2001 年第 7 期

柳春藩 《秦汉封国食邑赐爵制度》, 沈阳：辽宁人民出版社, 1984 年

吕静 《春秋时期盟誓研究》, 上海：上海古籍出版社, 2007 年

金观涛、刘青峰 《兴盛与危机：论中国社会超稳定结构》, 香港：香港中

文大学出版社，1992 年

马孟龙 《西汉侯国地理》，上海：上海古籍出版社，2013 年

宁可 《宁可史学论集》，北京：中国社会科学出版社，1999 年

彭浩、陈伟、工藤元男主编 《二年律令与奏谳书：张家山二四七号汉墓出土法律文献释读》，上海：上海古籍出版社，2007 年

青海省文物考古工作队 《青海大通县上孙家寨一一五号汉墓》，《文物》1981 年第 2 期

青海省文物考古研究所 《上孙家寨汉晋墓》，北京：文物出版社，1993 年

沈家本 《汉律摭遗》，收于《历代刑法考》，北京：中华书局，1985 年

睡虎地秦墓竹简整理小组 《睡虎地秦墓竹简》，北京：文物出版社，1978 年

孙诒让 《墨子间诂》，北京：中华书局，1986 年

谭其骧主编 《中国历史地图集》，北京：地图出版社，1982 年

陶希圣 《中国社会之史的分析》，上海：新生命书局，1928 年

田余庆 《秦汉魏晋史探微》，北京：中华书局，1993 年

《当代名家学术思想文库·田余庆卷》，沈阳：万卷出版公司，2011 年

王鸣盛 《十七史商榷》，北京：商务印书馆，1957 年

王世民 《西周春秋金文中的诸侯爵称》，《历史研究》1983 年第 3 期

王兴国 《贾谊评传》，南京：南京大学出版社，1992 年

王彦辉 《张家山汉简〈二年律令〉与汉代社会研究》，北京：中华书局，2010 年

吴荣曾 《西汉王国官制考实》，《北京大学学报》1990 年第 3 期

吴仰湘 《汉初"诛吕安刘"之真相辨》，《湖南师范大学社会科学学报》1998 年第 1 期

邢义田 《秦汉史论稿》，台北：东大图书公司，1987 年

《治国安邦》，北京：中华书局，2011 年

阎步克 《阎步克自选集》，桂林：广西师范大学出版社，1997 年

《从爵本位到官本位：秦汉官僚品位结构研究》，北京：生活·读书·新知三联书店，2009 年

闫桂梅 《近五十年来秦汉土地制度研究综述》,《中国史研究动态》2007年第7期

严耕望 《秦汉地方行政制度》,台北:"中研院"历史语言研究所,1990年
《两汉太守刺史表》,台北:"中研院"历史语言研究所,1993年

严万里 《商君书校》,浙江书局《二十二子》本

杨伯峻 《论语译注》,北京:中华书局,1980年
《春秋左传注》,北京:中华书局,1981年

杨鸿年 《汉魏制度丛考》,武汉:武汉大学出版社,1985年

杨宽 《战国史》,台北:台湾商务印书馆,1997年

杨振红 《出土简牍与秦汉社会》,桂林:广西师范大学出版社,2009年

叶炜 《自觉的理论意识——读李开元先生〈汉帝国的建立与刘邦集团〉》,《北京大学学报》(哲学社会科学版)2001年第1期

游逸飞 《评李开元〈秦崩:从秦始皇到刘邦〉》,《新史学》第22卷第1期,2011年

于振波 《张家山汉简中的名田制及其在汉代的实施情况》,《中国史研究》2004年第1期

张大可、徐日辉 《张良萧何韩信评传》,南京:南京大学出版社,2002年

张继海 《李开元〈汉帝国的建立与刘邦集团〉》,《中国学术》第四辑,北京,2000年

张建国 《西汉刑制改革新探》,《历史研究》1996年第6期

张俊民 《悬泉汉简与班固〈汉书〉所引诏书文字的异同》,《文献》2013年第2期

张维华 《汉史论集》,济南:齐鲁书社,1980年

赵翼 《陔余丛考》,北京:商务印书馆,1957年
《廿二史札记校证》,王树民校证,北京:中华书局,1984年

郑良树 《商鞅及其学派》,台北:学生书局,1987年

中国社会科学院考古研究所《汉长安城未央宫》,北京:中国大百科全书出版社,1996年

周晓陆 《秦封泥所见安徽史料考》,《安徽大学学报》(哲学社会科学版)

2003 年第 3 期

周振鹤 《西汉政区地理》，北京：人民出版社，1987 年
朱国炤 《上孙家寨木简初探》，《文物》1981 年第 2 期
朱绍侯 《军功爵制研究》，上海：上海人民出版社，1990 年
　　　　《朱绍侯文集》，开封：河南大学出版社，2005 年
祝总斌 《两汉魏晋南北朝宰相制度研究》，北京：中国社会科学出版社，
　　　　1990 年

日文部分

西嶋定生 『中国古代帝国の形成と構造——二十等爵制の研究』，東京：
　　　　東京大学出版会，1961 年
　　　　『中国古代国家と東アジア世界』，東京：東京大学出版会，
　　　　　　1983 年
　　　　『中国経済史研究』，東京：東京大学出版会，1966 年
　　　　『秦漢帝国』，東京：講談社，1997 年
増淵龍夫 『中国古代の社会と国家』，東京：岩波書店，1996 年
木村正雄 『中国古代帝国の形成』，東京：不昧堂書店，1965 年
　　　　『中国古代農民反乱の研究』，東京：東京大学出版会，1983 年
守屋美都雄 『中国古代の家族と国家』，京都：東洋史研究会，1968 年
濱口重国 『秦漢隋唐史の研究』，東京：東京大学出版会，1966 年
好並隆司 『秦漢帝国史研究』，東京：未来社，1978 年
尾形勇 『中国古代の家と国家』，東京：岩波書店，1979 年
　　　　『中華文明の誕生』（平勢隆郎と共著），東京：中央公論社，1996 年
渡邊信一郎 『中国古代国家の思想構造』，東京：校倉書房，1994 年
鶴間和幸 『秦の始皇帝——伝説と史実のはざま』，東京：吉川弘文館，
　　　　2001 年
　　　　『秦帝国の形成と地域』，東京：汲古書院，2013 年
飯尾秀幸 「『アジア的専制』と戦後中国古代史研究」，『歴史評論』第
　　　　542 号，1995 年

「中国古代国家発生論のための前提」,『古代文化』第 48 巻, 1996 年

「戦後の『記録』としての中国古代史研究」,『中国——社会と文化』第 11 号, 1996 年

藤田勝久 『史記戦国史料の研究』, 東京：東京大学出版会, 1997 年

『史記戦国列伝の研究』, 東京：汲古書院, 2011 年

『史記秦漢史料の研究』, 東京：汲古書院, 2015 年

古賀登 『漢長安城と阡陌・県郷亭里制度』, 東京：雄山閣, 1980 年

紙屋正和 『漢時代における郡県制の展開』, 朋友書店, 2009 年

重近啓樹 『秦漢税役体系の研究』, 東京：汲古書院, 1999 年

滋賀秀三 「中国上代の刑罰についての一考察——誓と盟を手がかりとして」,『石井良助先生還暦祝賀法制史論集』, 東京：創文社, 1976 年

『中国法制史論集——法典と刑罰』, 東京：創文社, 2003 年

米田賢次郎 「秦漢帝国の軍事組織」,『古代史講座』五, 東京：学生社, 1962 年

平勢隆郎 『中国古代紀年研究』, 東京：汲古書院, 1996 年

『中華文明の誕生』(尾形勇と共著), 東京：中央公論社, 1996 年

「越の正統と『史記』」,『史料批判研究』創刊号, 1998 年

大庭脩 『秦漢法制史の研究』, 東京：創文社, 1982 年

山田勝芳 『秦漢財政収入の研究』, 東京：汲古書院, 1993 年

栗原朋信 『秦漢史の研究』, 東京：吉川弘文館, 1986 年

「両漢時代の官民爵について」,『史観』第 22・23、26・27 冊, 早稲田大学史学会, 1930、1931 年

渡邊卓 『古代中国思想の研究』, 東京：創文社, 1971 年

大櫛敦弘 「統一前夜——戦国後期の『国際』秩序」,『名古屋大学東洋史研究報告』第 19 号, 1995 年

吉開将人 「印からみた南越世界——嶺南古璽印考」,『東洋文化研究所紀要』第 136、137、138 号, 1998、1999 年

鎌田重雄 『漢代史研究』, 東京：日本学術振興会, 1949 年

竹内康浩 「『春秋』から見たる五等爵制」,『史学雑誌』第103編第8号, 1994年
髙木智見 「春秋時代の結盟習俗について」,『史林』第68巻第6号, 1985年
工藤元男 『睡虎地秦簡よりみた秦代の国家と社会』, 東京: 創文社, 1998年
　　　　 「戦国時代の会盟と符」,『東洋史研究』第53巻第1号, 1994年
小倉芳彦 『中国古代政治思想研究』, 東京: 青木書店, 1970年
白川静 『字統』, 東京: 平凡社, 1984年
　　　 「載書関係字説」,『甲骨金文学論叢』四集, 京都: 立命館大学, 1956年
小南一郎 「天命と德」,『東方学報』第63冊, 1991年
藤田高夫 「漢代の軍功と爵制」,『東洋史研究』第53巻第2号, 1994年
　　　　 「前漢後半期の外戚と官僚機構」,『東洋史研究』第48巻第4号, 1990年
吉本道雅 「春秋載書考」,『東洋史研究』第43巻第4号, 1985年
仁井田陞 『唐宋法律文書の研究』, 東京: 東京大学出版会, 1983年
籾山明 「法家以前——春秋における刑と秩序」,『東洋史研究』第39巻第2号, 1980年
栗原益男 「鉄券授受からみた君臣関係について」,『史学雑誌』第65編第6、7号, 1956年
佐原康夫 「漢代の官衙と属吏について」,『東方学報』第61冊, 1989年
加藤繁 『支那経済史考証』, 東京: 東洋文庫, 1952年
吉田忠典 「『帝国』という概念について」,『史学雑誌』第108編第3号, 1999年
富谷至 「二つの刑徒墓——秦—後漢の刑役と刑期」,『中国貴族社会研究』, 京都: 京都大学人文科学研究所, 1987年
阿部幸信 「李開元著『漢帝国の成立と劉邦集団——軍功受益階層研究』」,『史学雑誌』第110編第6号, 2001年

　　　　「漢初『郡国制』再考」,『日本秦漢史学会会報』第 9 号,
　　　　2008 年
松島隆真　「漢王朝の成立——爵を手がかりに」,『東洋史研究』第 69 巻
　　第 2 号, 2010 年
楯身智志　「漢初高祖功臣位次考——前漢前半期における宗廟制度の展
　　開と高祖功臣列侯の推移」,『東洋学報』第 90 巻第 4 号, 2009 年
邉見統　「高祖系列侯位次の政治的意義——位次の制定と改定を中心
　　に」,『史学雑誌』第 123 編第 7 号, 2014 年

索 引

B

八旗军团 259

霸业 021, 090-092, 103, 131, 153, 177, 192, 204, 209, 250, 263, 264

白马之盟 021, 106, 107, 121, 126, 193-195, 199, 200, 204-208, 224, 226, 247, 249, 250, 264, 271, 273, 274

保守主义 022, 282

编户齐民社会 120, 255, 281

C

参照性 010, 023, 027, 028

曹魏集团 258

长揖 049

丞相 037, 040, 044, 059, 077, 118, 120, 123, 128, 129, 152, 163, 164, 166, 169, 170-172, 180, 186, 209-214, 217, 219-228, 230-235, 241, 245-250, 264, 272-274, 284-287, 289-291, 293, 295

丞相府 212, 213

楚爵 046, 047, 053-055, 057, 185, 186

楚制 047, 054, 055, 057, 060, 081, 089, 122-124, 129, 130, 134, 135, 138, 169, 172, 251, 254, 277-279, 326

楚子 039, 041, 175-177

从起地 021, 163, 164, 165, 167, 168, 175, 177, 180

D

大夫 036-038, 045-049, 053, 056, 064-068, 071, 118, 129, 154, 163, 169, 171, 172, 174, 182, 185, 187, 206, 209, 210, 213, 214, 225, 226, 230, 235, 240, 242, 245, 272, 284, 286, 287, 289, 291, 293, 295, 309, 311-313, 317, 319, 320, 321, 325

代国旧臣 227-232, 236-238, 248,

335

274, 275, 287

轪国　081, 233, 235, 327

轪侯　185, 235, 290, 298, 305

砀郡政权　135, 136, 260-262

砀泗楚人集团　172, 176, 190, 191, 221, 223, 225, 227, 254, 276

德　003, 057, 074, 094, 095, 100, 115, 117, 119, 127, 133, 146-149, 151-154, 197, 209, 229, 230, 247, 252, 263, 275, 279, 293-295, 299, 304, 322, 326, 333

低爵　047, 066

帝国　002-013, 017, 021-024, 027, 028, 047, 054, 065, 070, 076, 077, 090-092, 102, 104, 118, 132, 136-138, 146, 148, 153, 156, 185, 197, 210-214, 220, 233, 237, 239, 240-242, 248, 250, 252-262, 264-270, 272, 273, 279-284, 326, 330-333

帝业　021, 089-091, 250

地域构成　018, 159, 160, 162, 173, 175-177, 180, 183, 184, 186, 190, 191, 221, 253, 275, 276

地域移动　159, 160, 162, 177, 190, 253, 275, 276

典客　166, 170-172, 209, 212, 213, 235, 285, 286, 287, 288

东方专制主义　003

多国合纵集团　188, 190, 191, 221, 254

E

二重统治结构论　012

二十等爵制　004, 007, 009, 045, 047, 054, 121, 281, 331

F

法吏　074-076, 078, 079, 083-085, 169, 187, 237, 239-243, 245, 248, 253, 284, 288-296, 299, 300, 302-306

法吏集团　237, 239, 240, 242, 243

法统　137-141, 193, 260-262, 275-277

法制无为　271

丰沛元从集团　168, 172, 190, 191, 217, 221-224, 233, 253, 254, 276

分权共治　282

分权主义　021, 282

焚书灭学　282

封建领主制　281, 282

封建制　090, 118-121, 123, 129

封爵之誓　193-196, 199-204, 207, 208

复国建王　092, 093, 094, 097, 102

复活型历史叙事　033

父家长性家的内奴隶制　006

父老　007, 057, 094, 100, 134, 141

G

垓下之战　035, 059, 068, 069, 071,

147, 179, 184

甘誓　194, 196

高层史学　009, 010, 014, 032

高帝五年诏　002, 015, 016, 035, 036, 038－043, 047, 052－054, 060－066, 068, 071－073, 075, 136, 252, 269, 318, 320

高皇帝所述书　016, 037, 038

高爵　036, 047－049, 052, 065, 066, 313, 322

高祖传十三篇　016

个别人身支配　012

公车司马门　213

公乘　036, 047, 048, 053, 064, 066, 312

公大夫　036, 046－049, 053, 064, 066, 067, 312

功　001, 002, 006, 009, 011, 012, 015－018, 021－024, 027, 028, 035, 036, 042, 046－050, 052－064, 066－069, 071－075, 077, 079－086, 090, 094, 095, 097－103, 105, 106, 110, 112, 119, 121, 123－128, 131, 136, 143, 146－151, 153, 154, 156－159, 162－164, 167, 169, 172, 173, 175, 182, 184, 185, 186, 188, 189, 191－195, 200－209, 214, 216－233, 235－259, 261, 263, 264, 268－270, 272－275, 278, 282, 284, 288－290, 295, 298,

308－310, 314, 316－320, 324, 325, 327, 328, 331, 333, 334

宫廷　009, 021, 038, 076, 209－220, 223, 224, 226, 228－235, 236－238, 246－250, 253, 258, 264, 267, 272－275, 282

共天下　153－158, 247, 263

古代帝国论　011

观测规模和认识层次的同步性　020

关陇集团　257

官爵　047, 054, 082

官民无为　271

光武集团　258

贵族王政　093, 095－098, 100, 101, 104, 106－108, 111, 122, 263, 264

过去向认识　013

H

涵盖性　010, 022, 027

韩信申军法　058, 060

汉朝　002, 016, 022, 035, 050, 060, 074, 077, 081, 084, 088, 114－118, 127－129, 131, 136, 138, 146, 150, 207, 209, 210, 213－215, 218, 222, 226, 228－231, 233, 235, 236, 238, 242, 243, 245, 247－250, 253, 262－268, 272－274, 280, 282, 309

汉初军功受益阶层　018, 022, 024, 035, 060, 068, 072－075, 077, 080－

086, 131, 136, 157—159, 191—193, 209, 220—223, 225—228, 231—233, 235—243, 247—255, 257, 261, 263, 264, 269, 272—275

汉帝国　002, 006—009, 013, 017, 022, 023, 054, 065, 102, 104, 118, 131, 136—138, 146, 153, 156, 185, 213, 220, 239, 242, 248, 250, 252—255, 257—262, 264—269, 272, 273, 280, 326, 330

汉高祖手诏　037

汉爵　046, 053, 054, 055, 063

汉王国　041, 102, 124, 125, 127, 130, 131, 135—137, 140, 145, 146, 148, 153, 160, 181, 193, 213, 216, 233, 251, 254, 260, 261, 262, 267, 268, 269, 278, 279, 329

汉制　046, 048, 054, 128, 129, 130, 277, 326

汉中改制　021, 089, 124, 135, 261, 277, 278

合纵连横　090, 091, 181, 204

侯国　021, 039—043, 055, 071, 081, 089, 118, 119, 123, 135, 141, 142, 174, 176, 177, 181, 190, 191, 230—235, 254, 264—268, 274, 282, 327, 329

侯国迁移　021, 081, 230, 232—235, 274, 327

侯籍　016, 162

后战国时代　001, 021, 087, 131, 142, 204, 209, 257, 264, 280, 281, 282

划界分治　282

怀王之约　021, 103, 125, 134, 140—146, 186, 193, 260, 277, 278

宦官　074, 076, 219

皇权官僚集权体制　003, 005, 008, 011, 270, 281

黄老道家　155, 156, 271

J

基层史学　009, 010, 013, 014, 020, 032

基础下向性　014, 019, 032

家国两极论体系　012

家人之礼　012

贾谊左迁　021, 234

间接统治之封建原理　090, 281, 282

绛灌　225, 235

结构功能分析　011

近臣　076, 214, 226, 238, 250, 289, 291, 292, 294, 295, 298, 300, 303, 304, 305

绝对皇权　281

军层　075, 078, 079, 083, 084, 163—167, 169, 170, 171, 180—183, 220, 221, 284—293, 295—302, 304—306

军法　001, 021, 047, 048, 050, 058, 060,

063, 066-068, 071, 162, 186, 252, 253, 256, 278, 298, 307-309, 311, 314-318, 320, 321, 322, 324, 325

军功社会　256, 257

军功受益阶层　001, 002, 018, 021-024, 027, 028, 035, 060, 068, 072-075, 077, 079-086, 131, 136, 157-159, 191-193, 209, 220-223, 225-228, 231, 235-243, 245-259, 261, 263, 264, 269, 270, 272-275

军功王政　097, 101, 102, 103

军吏　036, 040, 041, 045, 048, 060, 061, 062, 065, 071-076, 078, 079, 082-085, 139, 186, 221, 239, 242-246, 248, 250, 252, 253, 256, 289-296, 299, 300, 302-304, 306, 318, 320, 321, 324

军吏集团　085, 239, 242-245, 253

君臣无为　271, 275

君臣之礼　012

郡国制　077, 118, 264, 265, 334

郡县制　077, 090, 091, 118, 120-123, 264, 266, 268, 281, 282

K

亢礼　036, 049

L

郎中令　170-172, 209-211, 213, 215-220, 223, 227-229, 231, 274, 285-291, 293

理论工具　019, 025, 027

理论联系实际　024, 025, 029

理论脱离实际　001, 023, 025, 026, 029

历史认识　020, 021

例证法　017, 018, 086

连横反楚　089, 091, 092, 097, 102, 125, 131

联合帝国　021, 077, 264, 265, 268, 282

列侯之国　081, 230, 231, 234, 235, 237, 238, 241, 274

刘备集团　258

M

马上天下　268, 269, 270

蒙古骑马军团　258

蒙门之盟　197, 198

名田制　062, 282, 330

N

拟制的兄弟关系　198, 204

P

沛县政权　134, 137, 138, 260

彭城会战　070, 071

平民王政　092-096, 100, 101, 121

Q

七大夫　036, 046-048, 056, 064, 065

起源分析　008, 009, 011, 012, 013

亲缘型　074, 076

秦楚汉之历史连续性　016, 275

秦爵　046, 047, 053, 054, 055

秦人集团　180, 186, 190, 191, 221, 254, 276

秦制　041, 046-048, 053-055, 060, 089, 123, 124, 135, 186, 240, 277-279, 326

请即位疏　148, 149, 150, 151, 153, 156, 157

群盗集团　131, 132, 133, 134, 137, 138, 251, 260, 261, 262, 268

R

任侠　006, 214

儒吏　074, 076, 078, 079, 083-085, 170, 171, 243, 285, 286, 291, 293, 295, 300, 304, 305, 306

S

三代之誓　194-196

3＋N　001, 009, 029-033, 328

三权并立　248, 249, 264, 272, 273, 274

禅让　270

上尊号文　150

少府　101, 118, 167, 170, 171, 209-213, 219, 285, 286, 290

少吏　051, 052

诗书治天下　268

石渠门　213

史料　001, 002, 007-009, 011, 013-022, 031-033, 035, 036, 039, 062, 070, 081, 085, 119, 120, 123, 127, 148, 159, 162, 163, 179, 185, 195, 203, 255, 278, 279, 284, 307, 319, 331, 332

史论　004, 010, 022, 027, 054, 102, 120

史实　007, 009-011, 014, 015, 020-024, 027, 042, 076, 125, 155, 172, 198, 236, 268, 276

史学理论的层次模式　010, 014, 020, 027, 032, 327

史真　009, 014, 019, 031-033, 277, 280

史著　031-033

士吏　071, 074, 076, 078, 079, 083-085, 239, 287, 289, 291-295, 298-306, 316

庶子　048, 064, 311, 313, 318

双务契约　198, 199, 207

司马门　213

孙吴集团　258

T

太仆　163, 170-172, 183, 189, 209,

210-213, 285-287, 290, 292, 294-296

太尉　126, 147, 163, 169, 170, 172, 182, 188, 202, 209, 210, 212, 214, 218, 224, 228, 231, 232, 284, 285, 287, 289, 291

泰誓　194, 196

汤誓　194, 196

调和主义　022, 282

廷尉　118, 170, 171, 182, 209, 210, 212, 213, 237, 241, 285, 286, 288-290, 292-296, 301

同姓诸侯王　102, 104-106, 125, 127-130, 207

统计例证法　017, 018, 086

统一帝国　023, 090, 091, 197, 255, 256, 257, 258, 261, 268, 283

W

王国　021, 035, 038, 040, 041, 043, 068, 074, 077-084, 087-090, 092, 093, 096-099, 102-119, 121-132, 135-137, 140, 141, 145, 146, 148, 149, 153, 154, 160, 163, 176, 177, 179, 181, 183, 191, 193, 207, 213, 216, 217, 220, 224, 226, 227, 228, 231, 233, 235-240, 243-245, 247-250, 252-254, 260-269, 272-279, 282, 285, 298-301, 329

王国分封　021, 090, 102, 107, 110, 118-125, 127-130, 140, 176, 264, 266

王业　021, 089, 090

王政复兴　093-100, 103, 106, 121-126, 141-144

卫尉　040, 164, 166, 170-172, 180, 209-211, 213, 215-218, 220, 228, 229, 245, 285-289, 291-296

卫尉寺　211, 213

文武之道　268

文治　268, 270

无为而治　270, 271

五大夫　046, 053, 056, 064, 066, 067, 174, 185, 312, 317, 319

五等爵制　120, 333

武功　151, 268

X

西嶋旧说　005-009, 011-013

西嶋新说　007, 009, 011, 012

徙陵政策　015

贤能型　074

萧曹　222, 225

小吏　036, 050-052, 068, 082, 101, 165, 222, 240, 309, 320

新贵族王政　104, 106, 107, 108, 111, 263

新贵族主义　021, 282

索引　341

Y

亚洲停滞论　003
异姓诸侯王　102-105, 124-130
优宠军功政策　015
有限皇权　021, 023, 028, 153, 158, 208, 247, 248, 250, 262, 270, 271, 272, 282, 328
御史大夫　037, 038, 046, 118, 129, 163, 169, 171, 172, 182, 209, 210, 212-214, 225, 226, 235, 240, 242, 245, 284, 286, 287, 289, 291, 293, 295
御史寺　213

Z

战国复国　093, 096, 122, 138, 141, 281
张楚　015, 088, 089, 093, 094, 100, 122, 134, 135, 137-140, 148, 177, 204, 260-262, 276, 280
张家山汉简　007, 016, 039, 043, 044, 046, 048, 053, 055, 062-066, 082, 108, 133, 185, 188, 252, 277, 285, 301, 319, 329, 330
长吏　036, 050, 051, 052, 061, 081, 164
赵匡胤集团　028, 258
政府　002, 009, 016, 021, 042, 045, 055, 060-063, 065, 071, 077, 081, 082, 084, 117, 118, 138, 149, 150, 151, 169, 173, 185, 186, 203, 209-213, 215, 216, 218-220, 222-224, 226, 234, 236, 238, 242, 248, 249, 250, 264, 267, 271-274, 279, 282, 320
执帛　053, 056
执圭　053, 056
直接统治之人头原理　090, 091, 281, 282
治粟内史　166, 170, 209, 210, 212, 213, 284, 290
中层史学　009-011, 014, 015, 016, 020, 032
中国社会史论战　004
中华帝国时代　005, 011, 013, 254, 255, 258, 268, 269, 270
中华帝国问题　003, 005, 010-012, 254, 255, 257, 258, 259
中尉　040, 117, 118, 128, 129, 163, 167, 169, 170-172, 181, 182, 184, 209, 210, 212, 213, 217, 218, 226-229, 242, 245, 284-286, 288-292, 294
众建列国　090, 097, 098, 103
周亚夫之死　246, 247, 250
朱元璋集团　259
诸侯国人　039, 041-043, 190, 254

诸侯人　040, 041, 043, 175, 176
诸侯子　035, 036, 039-043, 048, 060, 176, 177
专制皇权　148, 158, 208, 246-248, 250, 262, 263
自体性　010, 023, 027

宗法社会　281
宗亲　074, 076, 078, 079, 083-085, 171, 239, 286, 289-296, 298, 299, 303, 306
宗正　118, 209, 210, 212, 213

后　记

　　本书是笔者提交东京大学并获得通过的博士论文之中文稿，其部分内容，已分别以单篇形式发表：

《前漢初年における軍功受益階層の成立——高帝五年詔を中心として》(《史学雑誌》第99编第11号，東京，1990年)

《秦末漢初的王国和王者》(《燕京学报》新第5期，北京，1998年)

《秦末漢初の盟誓——封爵の誓と白馬の盟をめぐって》(《東方學》第96辑，東京，1998年)

《前漢政権の成立と劉邦集団——特にその皇帝権の起源について》(《東洋學報》第80卷第3号，東京，1998年)

《前漢政権における専制皇帝権の成立に関する政治条件——法吏集団と軍吏集団の興起をめぐって》(《就実論集》第28号，岡山，1998年)

《劉邦集団の地域構成》(《就実女子大学史学論集》第13号，岡山，1998年)

《前漢初年における宮廷と政府——軍功受益阶层とのかかわりをめぐって》(《史學雑誌》第108编第10号，東京，1999年)

　　在拙稿临近出版之际，感慨万千却无法一一道来。十三年前，笔者在史学危机的呼声中提出了包含基层史学、中层史学、高层史学，外加哲学层史学的层次模式史学理论，更结同道，有作新史学之意。不意同年底东渡扶桑，骤然换了天地环境，人文语言，一切中断重来，又从零开始。异国他乡，寒窗岁月，甘苦得失自知。然而，多年以来，始终有一支撑自己的执念：要将自创的理论作一亲身的实践。本书的写成，正是该执念的完成，尽管只是部分，却是一个完整的阶段。

人生易老事难成。能够在语言人文环境的大变更中完成本书，应该感谢多年来一直关怀赐教于我的诸位师友，特别是田余庆、松丸道雄、尾形勇三位导师，更有已经仙逝的西嶋定生先生和邓广铭先生两位恩师。家父运元先生多年来一直鞭策鼓励我，没有他的督促，断无本稿今日的完成。

最后，我要感谢三联书店欣然接受拙稿和许医农女士在出版方面的大力帮助。

李开元

一九九九年九月于冈山旭川河畔

三联·哈佛燕京学术丛书

[一至十八辑书目]

第一辑

中国小说源流论 / 石昌渝著

工业组织与经济增长的理论研究 / 杨宏儒著

罗素与中国 / 冯崇义著
——西方思想在中国的一次经历

《因明正理门论》研究 / 巫寿康著

论可能生活 / 赵汀阳著

法律的文化解释 / 梁治平编

台湾的忧郁 / 黎湘萍著

再登巴比伦塔 / 董小英著
——巴赫金与对话理论

第二辑

现象学及其效应 / 倪梁康著
——胡塞尔与当代德国哲学

海德格尔哲学概论 / 陈嘉映著

清末新知识界的社团与活动 / 桑兵著

天朝的崩溃 / 茅海建著
——鸦片战争再研究

境生象外 / 韩林德著
——华夏审美与艺术特征考察

代价论 / 郑也夫著
——一个社会学的新视角

走出男权传统的樊篱 / 刘慧英著
——文学中男权意识的批判

金元全真道内丹心性学 / 张广保著

第三辑

古代宗教与伦理 / 陈来著
——儒家思想的根源

世袭社会及其解体 / 何怀宏著
——中国历史上的春秋时代

语言与哲学 / 徐友渔 周国平 陈嘉映 尚杰 著
——当代英美与德法传统比较研究

爱默生和中国 / 钱满素著
——对个人主义的反思

门阀士族与永明文学 / 刘跃进著

明清徽商与淮扬社会变迁 / 王振忠著

海德格尔思想与中国天道 / 张祥龙著
——终极视域的开启与交融

第四辑

人文困惑与反思 / 盛宁著
——西方后现代主义思潮批判

社会人类学与中国研究 / 王铭铭著

儒学地域化的近代形态 / 杨念群著
——三大知识群体互动的比较研究

中国史前考古学史研究 / 陈星灿著
(1895—1949)

心学之思 / 杨国荣著
——王阳明哲学的阐释

绵延之维 / 丁　宁著
——走向艺术史哲学

历史哲学的重建 / 张西平著
——卢卡奇与当代西方社会思潮

第五辑

京剧·跷和中国的性别关系 / 黄育馥著
(1902—1937)

奎因哲学研究 / 陈　波著
——从逻辑和语言的观点看

选举社会及其终结 / 何怀宏著
——秦汉至晚清历史的一种社会学阐释

稷下学研究 / 白　奚著
——中国古代的思想自由与百家争鸣

传统与变迁 / 周晓虹著
——江浙农民的社会心理及其近代以来的嬗变

神秘主义诗学 / 毛　峰著

第六辑

人类的四分之一：马尔萨斯的神话与中国的现实 / 李中清　王　丰著
(1700—2000)

古道西风 / 林梅村著
——考古新发现所见中西文化交流

汉帝国的建立与刘邦集团 / 李开元著
——军功受益阶层研究

走进分析哲学 / 王　路著

选择·接受与疏离 / 王攸欣著
——王国维接受叔本华　朱光潜接受克罗齐美学比较研究

为了忘却的集体记忆 / 许子东著
——解读50篇"文革"小说

中国文论与西方诗学 / 余　虹著

第七辑

正义的两面 / 慈继伟著

无调式的辩证想象 / 张一兵著
——阿多诺《否定的辩证法》的文本学解读

20世纪上半期中国文学的现代意识 / 张新颖著

中古中国与外来文明 / 荣新江著

中国清真女寺史 / 水镜君　玛利亚·雅绍克 著

法国戏剧百年 / 宫宝荣著
(1880—1980)

大河移民上访的故事 / 应　星著

第八辑

多视角看江南经济史 / 李伯重著
(1250—1850)

推敲"自我"：小说在18世纪的英国 / 黄梅著

小说香港 / 赵稀方著

政治儒学 / 蒋　庆著
——当代儒学的转向、特质与发展

在上帝与恺撒之间 / 丛日云著
——基督教二元政治观与近代自由主义

从自由主义到后自由主义 / 应奇著

SDX & HARVARD-YENCHING ACADEMIC LIBRARY

第九辑

君子儒与诗教 / 俞志慧著
——先秦儒家文学思想考论

良知学的展开 / 彭国翔著
——王龙溪与中晚明的阳明学

国家与学术的地方互动 / 王东杰著
——四川大学国立化进程（1925—1939）

都市里的村庄 / 蓝宇蕴著
——一个"新村社共同体"的实地研究

"诺斯"与拯救 / 张新樟著
——古代诺斯替主义的神话、哲学与精神修炼

第十辑

祖宗之法 / 邓小南著
——北宋前期政治述略

草原与田园 / 韩茂莉著
——辽金时期西辽河流域农牧业与环境

社会变革与婚姻家庭变动 / 王跃生著
——20世纪30—90年代的冀南农村

禅史钩沉 / 龚隽著
——以问题为中心的思想史论述

"国民作家"的立场 / 董炳月著
——中日现代文学关系研究

中产阶级的孩子们 / 程巍著
——60年代与文化领导权

心智、知识与道德 / 马永翔著
——哈耶克的道德哲学及其基础研究

第十一辑

批判与实践 / 童世骏著
——论哈贝马斯的批判理论

语言·身体·他者 / 杨大春著
——当代法国哲学的三大主题

日本后现代与知识左翼 / 赵京华著

中庸的思想 / 陈赟著

绝域与绝学 / 郭丽萍著
——清代中叶西北史地学研究

第十二辑

现代政治的正当性基础 / 周濂著

罗念庵的生命历程与
思想世界 / 张卫红著

郊庙之外 / 雷闻著
——隋唐国家祭祀与宗教

德礼之间 / 郑开著
——前诸子时期的思想史

从"人文主义"到
"保守主义" / 张源著
——《学衡》中的白璧德

传统社会末期华北的
生态与社会 / 王建革著

第十三辑

自由人的平等政治 / 周保松著

救赎与自救 / 杨天宏著
——中华基督教会边疆服务研究

中国晚明与欧洲文学 / 李奭学著
——明末耶稣会古典型证道故事考诠

茶叶与鸦片：19世纪经济全球化
中的中国 / 仲伟民著

现代国家与民族建构 / 昝涛著
——20世纪前期土耳其民族主义研究

第十四辑

自由与教育 / 渠敬东　王　楠著
——洛克与卢梭的教育哲学
列维纳斯与"书"的问题 / 刘文瑾著
——他人的面容与"歌中之歌"
治政与事君 / 解　扬著
——吕坤《实政录》及其经世思想研究
清代世家与文学传承 / 徐雁平著
隐秘的颠覆 / 唐文明著
——牟宗三、康德与原始儒家

第十五辑

中国"诗史"传统 / 张　晖著
民国北京城：历史与怀旧 / 董　玥著
柏拉图的本原学说 / 先　刚著
——基于未成文学说和对话录的研究
心理学与社会学之间的
诠释学进路 / 徐　冰著
公私辨：历史衍化与
现代诠释 / 陈乔见著
秦汉国家祭祀史稿 / 田　天著

第十六辑

辩护的政治 / 陈肖生著
——罗尔斯的公共辩护思想研究
慎独与诚意 / 高海波著
——刘蕺山哲学思想研究
汉藏之间的康定土司 / 郑少雄著
——清末民初末代明正土司人生史
中国近代外交官群体的
形成（1861—1911）/ 李文杰著
中国国家治理的制度逻辑 / 周雪光著
——一个组织学研究

第十七辑

新儒学义理要诠 / 方旭东著
南望：辽前期政治史 / 林　鹄著
追寻新共和 / 高　波著
——张东荪早期思想与活动研究
（1886—1932）
迈克尔·赫茨菲尔德：学术
传记 / 刘　珩著

第十八辑

"山中"的六朝史 / 魏　斌著
长安未远：唐代京畿的
乡村社会 / 徐　畅著
从灵魂到心理：关于经典精神分析的
社会学研究 / 孙飞宇著
此疆尔界："门罗主义"与
近代空间政治 / 章永乐著